Heinz Külling

Mann und Frau, Eltern und Kinder als Bewohner ihres Hauses in den Pastoralbriefen

TVZ

Heinz Külling

Mann und Frau, Eltern und Kinder als Bewohner ihres Hauses in den Pastoralbriefen

T V Z

Theologischer Verlag Zürich

Der Theologische Verlag Zürich wird vom Bundesamt für Kultur mit einem Strukturbeitrag für die Jahre 2016–2018 unterstützt.

Bibliografische Informationen der Deutschen Nationalbibliothek
Die Deutsche Nationalbibliothek verzeichnet diese Publikation in der Deutschen Nationalbibliografie; detaillierte bibliografische Daten sind im Internet über http://dnb.dnb.de abrufbar.

Umschlaggestaltung
Simone Ackermann, Zürich

Druck
Rosch Buch GmbH, Scheßlitz

ISBN 978-3-290-17898-7

www.tvz-verlag.ch

Meiner Frau Käthi Külling
in Dankbarkeit gewidmet

Inhalt

I Einleitung

Das Thema der vorliegenden Untersuchung betrifft die Stellung und Funktion von Mann und Frau im privaten und öffentlichen Bereich, die sie als Bewohner ihres Hauses und als Eltern und Erzieher ihrer Kinder innehaben. Seine Aktualität ist heute nicht geringer als zur Zeit der Entstehung der Pastoralbriefe, denen die Aufmerksamkeit in erster Linie gilt und deren Ausführungen Orientierung für unsere Gegenwart vermitteln sollen. Am Anfang des 18. Jahrhunderts erhielten sie die Bezeichnung «Hirtenbriefe». Sie richten sich an die beiden Paulusschüler Timotheus und Titus, die beauftragt werden, Presbyter bzw. Episkopen und Diakone einzusetzen, damit sie in ihren Gemeinden für die dem Evangelium gemässe Ordnung besorgt sind, d. h. sie als ihre «Hirten» leiten und unterrichten.

1. Zur Pseudepigrafie der Pastoralbriefe

Ein solches Unternehmen erfordert jedoch zuerst Rechenschaft hinsichtlich der Übereinstimmung dieser Briefe mit den übrigen Schriften des Neuen Testaments. Sowohl die beiden Schreiben an Timotheus als auch der Titusbrief nennen Paulus als ihren Verfasser. Auch gehören ihre Adressaten zu seinen engsten Mitarbeitern. Gemäss dem 1. Timotheusbrief hat Paulus nach seiner Abreise nach Mazedonien Timotheus in Ephesus mit dem Auftrag zurückgelassen, gewissen Leuten zu gebieten, «nichts Fremdes zu lehren» (1Tim 1,3). Den zweiten Brief schreibt der in Rom gefangene Apostel angesichts seines nahen Todes als ein Vermächtnis, das er ihm als seinem besten Gefährten hinterlässt. Timotheus wird in 1Kor 4,17 von Paulus als «mein geliebtes und treues Kind im Herrn» bezeichnet und in Phil 2,20 als sein «Gleichgesinnter» (ἰσόψυχος), der wie keiner sonst sich um die ihm anvertrauten Angelegenheiten sorgt. Im Titusbrief beauftragt Paulus seinen Adressaten, dass dieser nach seiner Abreise von Kreta «das Fehlende ordne», d. h. in jeder Stadt Presbyter einsetze, deren eigenes Verhalten keinen Anlass zu Tadel erregt (Tit 1,5–6).

Die in diesen Briefen geschilderte Situation lässt sich jedoch nicht mit den Ausführungen der früheren Paulusbriefe und der Apostelgeschichte in Übereinstimmung bringen. Dies erweckte Zweifel, ob Paulus als ihr Verfasser gelten kann. Die Debatte zu diesem Thema wurde 1804 durch J. E. C. Schmid eröffnet und sodann von D. F. Schleiermacher weitergeführt. Dieser richtete sein Augenmerk vor allem auf den 1. Timotheusbrief. Neben der Schwierigkeit, ihn in die Biografie des Paulus einzuordnen, verwies er auf die unpaulinische Sprache. Die Auseinandersetzung über die beiden Streitpunkte erfolgte während der folgenden zwei Jahrhunderte teilweise mit grosser Heftigkeit.

Die fehlende Übereinstimmung mit den biografischen Daten äussert sich darin, dass zwar sowohl 1Tim 1,3 als auch Apg 20,1 von einer Wegreise des Apostels von Ephesus nach Mazedonien berichten. Jedoch widerspricht die Schilderung der Apostelgeschichte der im 1. Timotheusbrief vorausgesetzten Situation. Denn nach Apg 19,22 hat Paulus den Timotheus von Ephesus nach Mazedonien geschickt, und dies im Gegensatz zur Notiz in 1Tim 1,3, wo er ihn aufforderte, in Ephesus zu bleiben. Später findet man Timotheus mit weitern Gefährten im Gefolge des Paulus (Apg 20,4). Doch dies ist die letzte ihn betreffende Erwähnung. Einen Hinweis, dass er das Werk des Paulus in Ephesus fortsetzte, kennt die Apostelgeschichte nicht. Im 2. Timotheusbrief könnte die erwähnte Gefangenschaft des Paulus in Rom[1] mit dem Bericht in Apg 28,30–31 übereinstimmen. Jedoch nicht die Mitteilung in 2Tim 4,20b, dass Paulus den Trophimus krank in Milet zurückliess, denn gemäss Apg 20,4 war Trophimus unter den Gefährten, die den Apostel nach Jerusalem begleiteten, wo er sich auch mit ihm aufgehalten hat (Apg 21,29). Kreta, wo Paulus den Titus zurückgelassen hat (Tit 1,5), erscheint in Apg 27,7–12 im Bericht über die Seereise des gefangenen Paulus nach Rom. Der kurze Aufenthalt bei den «schönen Häfen» bot ihm aber keine Gelegenheit zu einer nachhaltigen missionarischen Tätigkeit, wie sie der Titusbrief voraussetzt. Auch das in Tit 3,12 beabsichtigte Überwintern des Paulus in Nikopolis kann im Bericht der Apostelgeschichte nirgends eingeordnet werden.

Diese offensichtlichen Widersprüche veranlassten jene Exegeten, die Paulus als Autor der Pastoralbriefe anerkennen wollten, die von ihm geschilderten Ereignisse in die Zeit nach der in Apg 28,30–31 erwähn ten Gefangenschaft in Rom zu verlegen. Paulus sei aus dieser Haft freigekommen und habe gemäss der in Röm 15,24.28 geäusserten Absicht in Spanien missioniert, um sich dann wieder in seinen ehemaligen Wirkungskreis in die Gebiete des östlichen Mittelmeers zu begeben, wo er laut dem Bericht des 1. Timotheus- und des Titusbriefes in Ephesus und Kreta tätig war. Schlatter, der in den Pastoralbriefen echte Paulusbriefe erkennt, hält fest, man sei gezwungen, die Hinrichtung des Paulus von der Gefangenschaft in Rom zu trennen, die die Apostelgeschichte be-

---

1 Siehe 2Tim 1,16–17; 2,9; 4,16.

richtet.[2] Im 1. Clemensbrief findet sich übrigens die Notiz, Paulus sei bis «an die Grenze des Westens»,[3] d. h. nach Spanien gekommen, die diese Meinung unterstützt. In den Petrusakten und im Muratorischen Fragment wird ebenfalls auf diese Reise hingewiesen. Möglicherweise sind aber diese Angaben lediglich eine kurze Erinnerung an die beiden Stellen im Römerbrief. Jedenfalls weiss der Bericht in Apg 28,30–31 nichts von einer Freilassung des Paulus. Vielmehr erwähnt er sein Verkündigen und Lehren, das er ungehindert gegenüber seinen Besuchern ausübte. Damit wird bekräftigt, dass sein Plan, Rom zu erreichen und auch dort «Zeugnis abzulegen», in Erfüllung gegangen ist (Apg 19,21; 23,11). Lukas scheint darin die Vollendung des Lebenswerkes von Paulus zu erkennen. Aber über eine Rückkehr in die Gegenden des östlichen Mittelmeers erwähnt er kein Wort. Im Gegenteil! Er überliefert in der Rede an die Vorsteher von Ephesus dessen Bemerkung: «Ihr werdet mein Angesicht nicht mehr sehen.» (Apg 20,25) Und damit stimmt die Mitteilung des Apostels an die römische Gemeinde überein, dass er in den bisherigen Gebieten keinen Wirkungskreis mehr finde (Röm 15,23).

Dass Paulus nicht mit Sicherheit als der Verfasser der Pastoralbriefe gelten kann, wird ebenfalls durch literarische Eigentümlichkeiten gestützt. Die Briefe enthalten eine stattliche Anzahl von Vokabeln, die Paulus nicht kennt.[4] Es fehlen auch wichtige paulinische Begriffe[5] sowie die charakteristischen Partikeln,[6] die den individuellen Stil des Apostels prägen. Zum gesamten Wortschatz der Briefe gehören 171 Wörter, die sich nicht in den übrigen neutestamentlichen Schriften finden lassen,[7] und etliche von ihnen sind erst seit dem Ende des 1. Jahrhunderts belegt. Die Befürworter der Autorschaft des Paulus begründen diese sprachlichen Abweichungen durch die veränderte Situation, in der er zur Zeit der Abfassung dieser Schriften stand. Manche äussern die Vermutung, dass ein Sekretär gemäss einzelnen kurzen Anweisungen des Apostels die Briefe aufgesetzt und selbstständig gestaltet habe, was in unterschiedlichem Vokabular und Stil seinen Ausdruck fand.[8] Andere vertreten die Ansicht, dass der Verfasser Fragmente echter Briefe aus der

---

2 Siehe die Ausführungen in Schlatter 1971, S. 274–283.

3 Fischer 1993, 1. Band, 1Clem 5,7

4 Dazu gehören z. B. μακάριος, φιλανθρωπία, εὐσέβεια, εὐσεβεῖν, εὐσεβής, δεσπότης, dunάστης, λόγος ὑγιής, ὑγιαινῶν λόγος, ὑγιαινούση διδασκαλία, παραθήκη sowie ein häufiger Gebrauch der Wortgruppe von σωφροσύνη.

5 Siehe σῶμα, δικιοσύνη θεοῦ, καυχᾶσθαι, ἔργα νόμου, κατεργάζεσθαι.

6 Siehe ἄν, ἄρα, διό, εἴτε, ἔτι, νυνί, οὐκέτι, κἀγώ, πάλιν.

7 Siehe Hasler 1978, S. 7.

8 Siehe Jeremias 1965, Band 4, S. 8.

Hand des Paulus beigefügt habe. Jedoch diese beiden Vorschläge rechnen bereits nicht mehr mit einer vollständigen Echtheit der Briefe.

Der dargestellte Sachverhalt spricht dafür, dass die Pastoralbriefe von einer andern Hand als der von Paulus verfasst wurden. Jedoch zeigen sie das Bestreben, in Übereinstimmung mit der überlieferten Lehre zu bleiben, wie sie Paulus vertreten hat. Er gilt für sie als das massgebliche Vorbild. So bekennen sie sich zu dessen Rechtfertigungslehre und halten die guten Werke nicht als ein Zeichen menschlicher Tüchtigkeit und Fähigkeit, sondern als eine Frucht der göttlichen Barmherzigkeit (2Tim 1,9; Tit 3,4–7), wie sie auch für eine befürwortende Haltung zum Staat eintreten (1Tim 2,1–2a; Tit 3,1). Die von Paulus vertretene Lehre soll den Gemeinden der Asia mit ihrem Zentrum in Ephesus und den Christen auf der Insel Kreta als massgeblich dargelegt werden. Obwohl nicht von Paulus verfasst, können die Briefe nicht als eine Fälschung bezeichnet werden. Der Verfasser unterstellt, was er der Kirche seiner Gegenwart mit ihren Vorstehern mitteilen will, der Autorität des Paulus. Es ist seine Überzeugung, dass Paulus, wäre er an seiner Stelle, nicht anders schreiben würde. Die Adressaten der Briefe sollen auf den Ursprung aufmerksam werden, von dem sie herkommen. Paulus selbst will zu ihnen reden, sie beraten und ermahnen, wie er dies einst gegenüber seinen beiden Mitarbeitern Timotheus und Titus getan hat. Die Leser werden gleichsam in seine Gegenwart versetzt, um der Wahrheit des Evangeliums erneut zu begegnen.

Die Schilderung einzelner Ereignisse aus der apostolischen Tätigkeit des Paulus dienen dieser Vergegenwärtigung. Sie stellen den Lesern die Person des Apostels vor und benutzen dazu Angaben aus Überlieferungen, die ihnen möglicherweise schon bekannt waren, nun aber in Erinnerung gerufen werden. Der Verfasser hat sie gesammelt, um sie an geeigneten Stellen in seinen Briefen einzufügen.[9] Sie berichten vom schmerzlichen Verlust ehemaliger Mitarbeiter wie Phygelus und Hermogenes, aber ebenso von der erquickenden Barmherzigkeit des Onesi-

---

[9] Die Art dieser Darstellung war übrigens in der antiken Literatur verbreitet. Roloff 1988, S. 37–39, weist darauf hin, dass Schüler des Pythagoras dessen Lehre in Schriften veröffentlichten, die sie als authentische Werke ihres Meisters ausgaben, obwohl dieser nichts schriftlich festgehalten hatte. Man bezweckte, die Gedanken des Meisters bekannt zu machen, und hat sich selbst unter seine Autorität gestellt. Gemäss Roloff 1988, S. 46, wurden die Pastoralbriefe um 80–100 verfasst, die ihm als die Zeit der neutestamentlichen Pseudepigrafie gilt. Sichere Bezeugungen ihrer Existenz findet man allerdings erst seit 170–200 n. Chr.

phorus, der sich wegen des gefangenen Apostel nicht geschämt hat (2Tim 1,15–18). Dazu erwähnen die Briefe weitere Namen wie Hymenäus und Alexander (1Tim 1,20), Philetus (2Tim 2,17), Demas, Crescens, Lukas, Tychikus, Karpus, Priska und Aquila, Erastus, Trophimus, Eubulus, Pudens, Linus und Claudia (2Tim 4,9–21). Sie nennen konkrete Personen, die mit der apostolischen Tätigkeit des Paulus verbunden waren und über deren Verhalten die Leser Bescheid wissen sollen. Ebenso zeigen sie Timotheus als echten Nachfolger, der den Verfolgungen und Leiden, die in Antiochien, Ikonium und Lystra über den Apostel gekommen sind, nicht ausgewichen ist (2Tim 3,10–11). Der Hinweis auf seine Grossmutter Lois und seine Mutter Eunike dient der Schilderung seines Glaubens, der aus der frommen Tradition jüdischer Vorfahren gewachsen ist, was auf die wichtige Bedeutung der häuslichen Erziehung hinweist (2Tim 1,5). Man vernimmt aber auch von der Fürsorge, die der Apostel gegenüber seinem treuen Mitarbeiter kennt, indem er ihm empfiehlt, wegen seiner schwachen Gesundheit nicht nur Wasser, sondern etwas Wein zu trinken (1Tim 5,23). Und seine Bitte, ihm den in Troas zurückgelassenen Mantel und die Pergamentblätter nach Rom zu bringen, zeigt die Hilfe, die er von ihm in jeder Angelegenheit erwarten kann (2Tim 4,13). Diese einzelnen Details beabsichtigen, ein lebendiges Bild der Person und Wirksamkeit des Paulus zu zeichnen, das die Gemeinde daran erinnert, wie das von ihm verkündigte Evangelium sein gesamtes Leben durchdrungen hat. Die Empfänger der Briefe haben deshalb allen Grund, Paulus ihr Vertrauen zu schenken. Wie für Timotheus gilt für sie der Zuspruch: «Du aber bleibe bei dem, was du gelernt und in dem du dich als treu erwiesen hast, wobei du weisst, von wem du es gelernt hast.» (2Tim 3,14)

2. Schreiben an bedrohte Gemeinden

Der von den Pastoralbriefen verfolgte Zweck dient der Stärkung und Festigung der christlichen Gemeinden in Ephesus und auf Kreta, die von häretischen Lehren bedroht waren. 1Tim 6,20 spricht von der «fälschlich so genannten Erkenntnis», woraus Exegeten die Vermutung ableiteten, dass es sich um gnostische Lehren handle. Die beiden Apostelschüler Timotheus und Titus werden angewiesen, Bischöfe bzw. Presbyter und Diakone als leitende Organe einzusetzen, die aufgrund der «gesunden Lehre» fähig sind, ihre Gemeinden vor den bedrängenden Irrtümern zu bewahren (1Tim 1,3; Tit 1,5). Sie werden jedoch ihre Aufgabe nur erfüllen können, wenn sie eine dem Evangelium gemässe Haltung und

Lebensweise beachten. Die Grundlage, auf die sich diese Amtsinhaber bei ihrer Verkündigung stützen, ist in dem ihnen anvertrauten Glaubensgut (παραθήκη) festgehalten, wie es sich in den christologischen und liturgischen Formulierungen manifestiert, die in den Text der Briefe eingestreut sind. Aus ihnen ergibt sich die angemessene Haltung für die am Gottesdienst beteiligten Personen (1Tim 2,1–15). Aus ihnen resultiert ebenso die innere Ordnung des Hauses mit seinen Bewohnern (Tit 2,1–10) sowie der Wert der Ehe und die Ablehnung der von den Häretikern propagierten Speisegebote (1Tim 4,3). Die Pastoralbriefe stellen ihren Adressaten die für die christlichen Gemeinden wichtigen Leitsätze vor Augen, nach denen ihre Glieder ihr Dasein gestalten. Sie tun dies angesichts zahlreicher Übel, die sich bei etlichen in den Gemeinden wirkenden Personen eingeschlichen haben. Denn für sie ist die Gottesfurcht zum Gelderwerb geworden (1Tim 6,5). Sie suchen nicht mehr die klare Unterweisung, sondern füllen den Gottesdienst mit nichtssagenden Mythen und unvernünftigen Fabeln aus, die anstelle von Auferbauung lediglich Streitigkeiten verursachen (1Tim 1,3–4). Auch schieben Kinder den Unterhalt für ihre verwitwete Mutter auf die Gemeinde ab und verweigern damit die von ihnen geforderte Barmherzigkeit gegenüber ihren Hausbewohnern (1Tim 5,4.8). Diesen Missständen stellen die Pastoralbriefe die «gesunde Lehre» gegenüber, die sie von Paulus kennenlernten und an die sie erneut erinnert werden, so dass sie wieder zum Zeugnis fähig werden, dass Gott allen Menschen seine Errettung gewähren will.

3. Der Anlass für die der vorliegende Untersuchung

Die Pastoralbriefe nennen Paulus als ihren Verfasser und bekennen sich damit zur paulinischen Tradition. Von dieser Grundlage her wenden sie sich an ihre Adressaten. Die nachfolgende Darstellung stützt sich auf die Voraussetzung, dass die in diesen Schriften behandelten Themen ebenso für die gegenwärtige Zeit bedeutungsvoll sind. Eines ihrer hauptsächlichen Anliegen betrifft die Beziehung von Mann und Frau mit ihren jeweiligen Funktionen, die sie im privaten Bereich ihres Hauses und in der Öffentlichkeit ausüben. Wie heute bestanden auch damals in dieser Angelegenheit Unsicherheit, Verlegenheit, Verwirrung und Ratlosigkeit und Stimmen wurden laut, die die Auflösung von Ehe und Familie forderten. Das veranlasste die Pastoralbriefe, erneut nach den betreffenden Grundlagen zu fragen, wie sie in dem von Paulus und der Kirche verkündigten Evangelium sichtbar geworden sind. Und dies ist für die vorliegende Untersuchung zum Anlass geworden, aufgrund der Ausführungen der Pastoralbriefe Erkenntnisse zu gewinnen, die auch für unsere Zeit erhellend und hilfreich sind.

4. Übersicht über den Inhalt und die Methode

Die Untersuchung fragt zuerst nach dem Verhalten von Mann und Frau im Gottesdienst und dabei ausführlich nach dem Predigt- und dem Lehrverbot für die Frau sowie nach den Ursachen zu deren Beseitigung in der Gegenwart. Sie wendet sich sodann der Heirat, dem Kindergebären und der Hausverwaltung der Frau zu, die als ihre grundlegenden Funktionen gelten, wobei sie als Vorsteherin ihres Hauses nicht nur in eigener Verantwortung, sondern in Verbindung mit ihrem Mann urteilt und handelt. Ein weiteres umfangreiches Kapitel betrifft die Erziehung der Kinder, welche die Eltern nicht eigenmächtig, sondern gemäss der erziehenden Gnade Gottes ausüben. Es wird durch einen Exkurs über die entsprechenden Ausführungen im Epheser-, Kolosser- und in den Paulusbriefen ergänzt. Die Darstellung schliesst mit einer Auslegung der an Timotheus gerichteten Anweisungen für sein Verhalten gegenüber den ältern und jüngern Männern und Frauen und vor allem den Witwen, die innerhalb der christlichen Gemeinde leben.

Die Pastoralbriefe gehören zum neutestamentlichen Kanon. Sie wurden allerdings spät dem Corpus Paulinum zugeordnet, weil Unsicherheit darüber herrschte, ob Briefe an einzelne Personen dieselbe kanonische Gültigkeit besitzen wie an Gemeinden gerichtete Schreiben. Ihre Kanonisierung erfolgte gegen Ende des 2. Jahrhunderts.[10] Ihre Aufnahme in den neutestamentlichen Kanon schliesst das Urteil ein, dass sie bestrebt sind, mit den übrigen Schriften die evangelische Wahrheit zu bezeugen. Sie dürfen deshalb im Vergleich zu diesen nicht als minderwertig betrachtet werden. Dies gilt auch hinsichtlich der echten Paulusbriefe, zu denen der Römerbrief, die Korintherbriefe, der Galater, der Philipper-, der 1. Thessalonicher- und der Philemonbrief zu zählen sind. Die Gleichwertigkeit der Pastoralbriefe ist allerdings nicht in ihrem Stil, in der Art der Gedankenführung oder in ihren literarischen Merkmalen zu suchen. Einzelne Kommentatoren bemerken zwar, dass sie hinter dem gedanklichen Tiefgang eines echten Paulusbriefes zurückstehen. Jedoch gibt es Stimmen, die bei ihnen das Beste wiedererkennen, was Paulus besass. Unbestreitbar aber reden sie für ihre Zeit und Situation

---

10 Siehe Roloff 1988, S. 46–47.

als Zeugen für die Wahrheit des Evangeliums und hierin erweisen sie ihre Kanonizität.

Aufgrund dieser Tatsache berücksichtigt die folgende Untersuchung die entsprechenden Paralellen in den übrigen neutestamentlichen Schriften, die zum Verständnis einzelner Aussagen der Pastoralbriefe erhellend sind. Auch achtet sie beim Thema der Erziehung auf die Hinweise im Epheser-, Kolosser- und in den echten Paulusbriefen, um ein umfassendes Bild zu gewinnen und die grundlegende Einheit der neutestamentlichen Schriften in dieser Angelegenheit hervorzuheben. Zugleich ist diese Auslegung bestrebt, die betreffenden alttestamentlichen Ausführungen in ihre Überlegung einzubeziehen. Sie folgt dabei der Feststellung in 2Tim 3,15–16, dass sie «weise machen zur Errettung durch den Glauben an Jesus Christus» und dass sie nützlich seien «zur Lehre, zur Überführung, zur Besserung und zur Erziehung in der Gerechtigkeit». Diese Feststellung gibt den Anstoss zur Berücksichtigung der Schöpfungsberichte in der Genesis bei der Darstellung der Funktion und Beziehung der Geschlechter und zur Aufmerksamkeit auf das Buch der Sprüche und des Deuteronomiums als Quellen zur Erziehung im alttestamentlichen Israel, die auch für das Neue Testament massgeblich sind. Und ebenso sind alttestamentliche Aussagen wegleitend für die Bedeutung des Hauses als des Wohnbereichs der Familie. Die Pastoralbriefe sind aber auch literarische Zeugnisse für das Vordringen des Evangeliums in die heidnische Umwelt. Dies äussert sich darin, dass sie wichtige Begriffe aus dem griechischen Lebens- und Kulturkreis in ihr Vokabular aufgenommen haben. Denn die Erkenntnisse und Errungenschaften der heidnischen Völker werden durch die christliche Botschaft nicht ausgelöscht und vernichtet, sondern erneuert und zur Vollendung gebracht. Dies rechtfertigt, dass z. B. Begriffe wie εὐσέβεια («Gottesfurcht») oder σωφροσύνη («Besonnenheit») in ihrer ursprünglichen philosophischen Bedeutung erklärt werden, um sodann auf ihr evangelisches Verständnis im Neuen Testament hinzuweisen.

II Mann und Frau im Gottesdienst – Das gottesdienstliche Predigtverbot für die Frau

1. Das gottesdienstliche Gebet

Vielfalt und Ausrichtung des gottesdienstlichen Gebets

> «1 Ich ermahne nun an erster Stelle, Bitten, Gebete, Fürbitten und Danksagungen für alle Menschen darzubringen, 2 für Könige und alle, die in massgeblichen Stellungen sind, damit wir ein stilles und ruhiges Leben führen in aller Gottesfurcht und Anerkennung. 3 Das ist gut und angenehm vor Gott, unserm Erretter, 4 der will, dass alle Menschen gerettet werden und zur Erkenntnis der Wahrheit kommen.» (1Tim 2,1–4)

Im Mittelpunkt des Lebens der christlichen Gemeinde steht der Gottesdienst, dessen Teilnehmer sich in ihrem Gebet an den Gott richten, der alle Menschen zur Errettung und Wahrheit führen will. Die Betenden stellen somit nicht ihre eigenen Interessen oder religiösen Bedürfnisse in den Mittelpunkt. Sondern sie sind berufen und bestimmt, die Anliegen der Menschheit vor Gott zu bringen, zu deren Gunsten die christliche Gemeinde lebt und wirkt. Dass sie sich dazu im Gebet äussert, weist darauf hin, dass für sie das Geschick der Menschheit im göttlichen Willen begründet ist.

Die Verrichtung dieses Gebets ist für den Verfasser des Briefes von erstrangiger Wichtigkeit.[11] Die Rede ist von Bitten (δεήσεις), Gebeten (προσευχαί), Fürbitten (ἐντεύξεις) und Danksagungen (εὐχαριστίαι). Diese Vielfalt zur Bezeichnung des gottesdienstlichen Gebets ist im Neuen Testament einmalig[12] und sie verrät, dass der Verfasser die verschiedenen Aspekte des gottesdienstlichen Betens in seine Darlegung einschliesst. So bezeichnet denn δέησις die Bitte um Abhilfe bei einem Mangel oder einer Bedürftigkeit.[13] Jedenfalls verrät das Bitten der Kirche, dass sie um die Ratlosigkeit und Hilflosigkeit der Menschen Bescheid weiss, sie auch zu ihrer Angelegenheit macht und für ihre Linderung und Beseitigung eintritt.

---

11 Das griechische πρῶτον bezeichnet hier keine zeitliche Abfolge, sondern weist auf eine sachliche Wichtigkeit hin.

12 Phil 4,6 nennt προσευχή, δέησις und εὐχαριστία. Eph 6,18 und 1Tim 5,5 erwähnen προσευχὴ καὶ δέησις.

13 Δέομαι heisst «bedürfen, entbehren, nötig haben», sodann «bitten, beten». Menge 1991, S. 163.

Ihr Bitten ist aber jederzeit ein Akt, der als Gebet erfolgt. Προσευχή bezeichnet von seiner Grundbedeutung her die Anrufung Gottes.[14] Mit ihrem Beten vollzieht die Kirche ihre Hinwendung zu Gott, dessen Wille für ihr Dasein und Wirken wegleitend ist. Das Beten und Bitten gehört also zu ihren unentbehrlichen Aktionen. Deshalb ermahnt Eph 6,18: «Mit jedem Gebet und jeder Bitte betet zu jeder Zeit», und 1Kor 11,4–5 belegt, dass das Beten ein wesentlicher Teil der gottesdienstlichen Zusammenkünfte ist. Schon Jesus hat es regelmässig geübt und es begleitet die apostolische Tätigkeit des Paulus. 1Tim 2,1 steht in dieser Tradition.

Ἔντευξις («Fürbitte») findet sich in den neutestamentlichen Schriften lediglich in 1Tim 2,1 und 4,5.[15] Das Wort bezeichnet unter anderem die «Eingabe, Bittschrift».[16] Hier liegt der Ursprung der Bedeutung «Bittgebet, Fürbitte». Und dies trifft für 1Tim 2,1 zu. Durch diese Fürbitte tritt die christliche Gemeinde zugunsten der Menschen vor Gott. Sie wird gleichsam zu deren Advokaten, der sich ihrer Angelegenheiten annimmt. Die Wahl dieses Ausdrucks zeigt, dass der Verfasser des Briefes ihr eine Funktion zuspricht, die sie zur Fürsprecherin der Menschheit macht.

Zum gottesdienstlichen Gebet gehört schliesslich die Danksagung (εὐχαριστία).[17] Sie ist die dem Schöpfer geschuldete Pflicht, durch die er als der Geber aller Gaben anerkannt und geehrt wird. Denn die Erkenntnis Gottes führt neben seiner Verehrung zur Dankbarkeit (Röm 1,21). Auch Jesus hat sie geübt,[18] und dies wird im εὐχαριστεῖν der Abendmahlsberichte ausdrücklich hervorgehoben.[19]

Die Fürbitte für die Regierenden

Die Bitte für alle Menschen schliesst die Könige und Kaiser sowie diejenigen ein, die eine regierende oder verwaltende Funktion innehaben. Βασιλεύς («König») ist nach orientalischem Sprachgebrauch auch der römische Kaiser,[20] und «die in massgeblichen Stellungen sind» gelten als

---

14 Siehe ThWNT II, S. 806, Z. 35–36. Dies gilt ebenso für das Simplex εὔχεσθαι und εὐχή. Ebenda, S. 774, Z. 5–6.

15 In der LXX nur in 2Makk 4,8.

16 ThWNT VIII, S. 244, Z. 23–41; Bauer 1958, Sp. 532. So nennt sich der 1. Clemensbrief ἔντευξις, also eine Bittschrift, die von der römischen an die korinthische Gemeinde wegen deren schwerer innerer Auseinandersetzung übergeben wurde (1Clem 63,2).

17 Zur Bedeutung siehe Bauer 1958, Sp. 649; Menge 1991, S. 304.

18 Mt 15,36; Mk 8,6; Joh 6,11.23.

19 Mt 26,27; Mk 14,23; Lk 22,19; 1Kor 11,24.

20 Siehe ThWNT I, S. 576, Z. 32–33; Dibelius 1966, S. 29.

kaiserliche Regierungsbeamte und Statthalter. Die Bitte macht offensichtlich, dass deren Funktion für die gesamte Menschheit von entscheidender Wichtigkeit ist. Die christliche Gemeinde weiss dies und in ihrer Fürbitte zeigt sich ihre Sorge, dass die Regierenden ihren Auftrag wahrheitsgemäss und gewissenhaft ausüben. Dass sie deren Funktion hoch einschätzt, bekräftigt die Ermahnung an Titus: «Erinnere sie, sich den Behörden und Bevollmächtigten unterzuordnen.» (Tit 3,1)

1Petr 2,14 umschreibt das Regieren des Kaisers und seiner Statthalter mit den Worten: «... zur Bestrafung der Übeltäter, doch zum Lob der Wohltäter».[21] Dies entspricht der Aussage in Röm 13,3, wo Paulus über den Auftrag der staatlichen Behörden ausführt, dass sie als Diener Gottes die Guten unterstützen sowie die Bösen bestrafen. Sie sind von Gott dazu bestimmt, das Wohlergehen der Menschheit zu fördern, indem sie in erster Linie der Bosheit und dem Unrecht entgegentreten, die die Frevler begünstigen und die Aufrichtigen benachteiligen. Gemäss 1Clem 61 zielt die Fürbitte der Gemeinde dahin, «dass sie (die Herrschenden) die von dir (Gott) gegebene Herrschaft untadelig versehen» oder «dass sie in Frieden und Sanftmut gottesfürchtig die von dir gegebene Vollmacht ausüben». Dies ist das vornehmliche Ziel der staatlichen Organe, das sie im Namen Gottes anstreben sollen. Und die korrekte Ausübung dieses Auftrags ermöglicht den christlichen Gemeinden ein stilles und ruhiges Leben. Die zwei entsprechenden griechischen Begriffe umschreiben die Haltung, die diesen Gemeinden zukommt. Ἤρεμος ist ein neutestamentliches Hapaxlegomenon mit der Bedeutung «still» und bezeichnet ein Verhalten, das auf ein auffälliges und anmassendes Benehmen verzichtet. Ἡσύχιος («ruhig») findet sich auch in 1Petr 3,4 und steht dort neben πραύς («sanftmütig»), das die Ergebung in den göttlichen Willen charakterisiert. Das Verbum ἡσυχάζειν und das Substantiv ἡσυχία beschreiben im Neuen Testament ein Verhalten, das sich nicht zu Unruhe, Aufruhr und Widerspruch verleiten lässt, sondern sich der gültigen Ordnung einfügt.[22]

Geprägt ist dieses Verhalten von der εὐσέβεια, der Gottesfurcht.[23] Sie impliziert zugleich den Respekt gegenüber den von Gott eingesetzten Ordnungen, auf denen das staatliche und familiäre Leben beruht.[24]

21 ... εἰς ἐκδίκησιν κακοποιῶν ἔπαινον δὲ ἀγαθοποιῶν.

22 Man beachte 1Tim 2,11–12, das der Frau verbietet, entgegen der damaligen Bestimmung im Gottesdienst zu lehren. Vielmehr soll sie in Ruhe (ἐν ἡσυχίᾳ) lernen.

23 In der LXX ist diese Vokabel die Übersetzung des hebräischen יִרְאַת יְהוָה (Jes 11,2; 33,6) und Apg 10,2 ergänzt εὐσεβής mit φοβούμενος τὸν θεόν.

24 Siehe die Ausführungen auf Seiten 30–31.

Deshalb tritt die christliche Gemeinde für lebensfreundliche private und öffentliche Zustände ein, die ebenso von den Regierenden und Behörden anzuerkennen und zu fördern sind. Dadurch wird die von Gott gewährte Errettung offensichtlich. Die Ergänzung σεμνότης bezeichnet an der vorliegenden Stelle, was für die Briefempfänger die Anerkennung dieser Ordnung erheischt.

Die stille und ruhige Lebensweise, zu der die Christen aufgerufen sind, ermöglicht ihnen die Ausübung ihres Auftrags an der Menschheit, bei der sie nicht durch öffentliche Unruhen und Gewalttaten gehindert werden sollen. Indem nun die regierenden Instanzen ihrer Pflicht, für Gerechtigkeit und Frieden zu sorgen, nachkommen, leisten sie einen eigenen unentbehrlichen Beitrag zur Erfüllung dieses Auftrags. Sie bezeugen als staatliche Gewalten, dass die Menschheit zu einem heilsamen und friedvollen Leben bestimmt ist und nicht in Unrecht und Elend versinke. Dazu sind sie von Gott eingesetzt und dienen damit zugleich der christlichen Gemeinde. Sie unterstützen sie, wenn auch vielfach unbewusst, bei ihrem Auftrag. Und die Fürbitte der Gemeinde tritt dafür ein, dass Gott sie bei diesem Werk festhalte und leite, damit sie nicht in gewalttätige Tyrannei verfallen und ihre eigentliche Bestimmung verfehlen.

Dieses stille und ruhige Leben, das der christlichen Gemeinde gewährt wird, dient nicht ihrer Behaglichkeit, bei der sie ihre religiösen oder mystischen Liebhabereien pflegt. Es ist auch nicht der Ausdruck einer sklavischen Untertänigkeit, die nach dem Beifall der Mächtigen lechzt und sogar bereit ist, obrigkeitliches Unrecht zu tolerieren und zu fördern. Sondern es bildet die Voraussetzung für ein wirkungsvolles Eintreten zugunsten der Menschheit. Indem die Christen Gott bitten, dass ihnen dieses Werk durch die regierenden Instanzen ermöglicht werde, erwarten sie von ihnen ein gerechtes und friedvolles Handeln, durch das sie selber in ihrem eigenen Auftrag zugerüstet und gestärkt werden.

Gott, der Erretter aller Menschen

Die Verbindung der in 1Tim 2,5–6 vorliegenden liturgischen Teile mit dem in V 1–2 erwähnten Thema des gottesdienstlichen Gebets wird durch die Aussage in den V 3–4 hergestellt. Das Gebet für alle Menschen und im Besonderen für die Könige und ihre Beauftragten, das die christliche Gemeinde vollzieht, entspricht dem göttlichen Willen. Deshalb ist es vor Gott «gut und angenehm».[25] V 3 nennt ihn «Gott, unsern Erretter». Und V 4 ergänzt, dass es sein Wille ist, dass alle Menschen errettet werden. Erretten ist also eine hervorragende göttliche Eigenschaft und Aktion, die für das Handeln der Kirche von grundlegender Bedeutung ist.

Es sind im Besonderen die Pastoralbriefe, die diesem Sachverhalt ein erhebliches Gewicht zumessen. Die Verbindung «Gott, unser Erretter» erscheint im Neuen Testament achtmal, wobei sechsmal in den wenigen Kapiteln dieser Briefe.[26] Die Annahme ist deshalb berechtigt, dass für diese Schriften das massgebliche Handeln Gottes sich in dieser Funktion manifestiert.[27] Bereits die erstmalige Erwähnung von θεός («Gott») in 1Tim 1,1 ist durch die Ergänzung σωτήρ gekennzeichnet. Sie hält fest, dass Paulus sein Apostelamt aufgrund der Anordnung Gottes, des Erretters, ausübt, was Tit 1,3 bestätigt und 1Tim 4,10 auch für Timotheus festhält. Und die Güte und Menschenfreundlichkeit Gottes, von denen Tit 3,4 spricht, bestätigen die Berechtigung für diesen Titel.

Die Bestätigung der Aussage von Gott, dem Erretter aller Menschen, durch das Bekenntnis in 1Tim 2,5–6

«5 Denn einer ist Gott, einer auch Mittler zwischen Gott und den Menschen, der Mensch Christus Jesus, 6 der sich selbst als Lösegeld für alle dahingab, das Zeugnis für geeignete Zeiten.»

Die Pastoralbriefe fügen an mehreren Orten ihrer Ausführungen liturgische Formulierungen ein. So ausser in 1Tim 2,5–6 in 1Tim 3,16; 6,15–16; 2Tim 2,11–13 und Tit 3,4–7. Sie stammen aus der gottesdienstlichen Tradition. Ihr Zweck ist es, darzulegen, dass die jeweiligen Aussagen, die zur Debatte stehen, im Glauben der Kirche begründet und nicht lediglich als persönliche Meinung des Verfassers der Briefe zu halten sind.

---

25 Καλὸν καὶ ἀποδεκτόν. Im Neuen Testament findet sich ἀποδεκτός noch in einer ähnlichen Formulierung in 1Tim 5,4 und bezeichnet die dem Menschen angemessene Haltung vor Gott.

26 In den übrigen neutestamentlichen Schriften noch in Lk 1,47 und Jud 25. Auch das Alte Testament kennt sie. Neben Hab 3,18 und Jes 17,10 findet sie sich gelegentlich in den Psalmen. Siehe ψ 23,5; 24,5; 64,6; 78,9; 94,1. Σωτήρ ist vornehmlich die Übersetzung des hebräischen יֵשַׁע («Errettung, Hilfe»).

27 Das bekräftigt auch die Tatsache, dass sein Wirken in 1Tim 2,4; 2Tim 1,9; 4,18 und Tit 3,5 mit σῴζειν («erretten») umschrieben wird.

Die liturgische Formel in V 5–6 begründet die in V 4 ausgesprochene Universalität, dass alle Menschen gerettet werden. Die Rede von Gott, dem Erretter aller Menschen, wird nun ergänzt mit dem Hinweis auf die Mittlerschaft zwischen Gott und der Menschheit durch den Menschen Jesus Christus. Als Mittler (μεσίτης) vertritt er die Menschen gegenüber Gott und Gott gegenüber den Menschen. Er ist gleichsam der «Unterhändler», der durch sein Werk die gemeinsame Sache, die Gott mit dem Menschen verbindet, ersichtlich macht. Durch ihn wird die Beziehung zwischen Gott und Mensch garantiert. Dabei ist im vorliegenden Text Jesus Christus lediglich als ein Mensch bezeichnet. Seine Gottheit wird damit allerdings nicht geleugnet. Dass sie von den Pastoralbriefen anerkannt wird, zeigt sich darin, dass sie sowohl Jesus Christus als auch Gott den Titel «Erretter» zusprechen. Jedoch wird hervorgehoben, dass Christus als Erretter den Menschen angehört und sie repräsentiert. Die Art ihrer Errettung ist in seinem irdischen Wirken an den Tag getreten und macht ersichtlich, dass er voll und ganz zu ihren Gunsten eintritt.

V 6a umschreibt sein Werk mit den Worten «der sich selbst als Lösegeld (ἀντίλυτρον) für alle hingegeben hat».[28] Die Nähe dieses Gedankens zum Ausspruch in Mt 20,28 und Mk 10,45 ist offensichtlich. Dort wird ausgeführt, dass der Menschensohn gekommen ist, «um sein Leben als Lösegeld für viele hinzugeben», und dies im Gegensatz zur niederdrückenden Herrschaft menschlicher Regenten über ihre Völker. Derselbe Sachverhalt liegt ebenfalls den Abendmahlsberichten zugrunde, wie die Rede von dem «für euch» bzw. «für viele» vergossenen Blut oder hingegebenen Leib Christi in 1Kor 11,24, Mt 26,28, Mk 14,24 und Lk 22,19–20 zeigt. Dass er den Verfassern der Pastoralbriefe bekannt war, bestätigt ebenfalls Tit 2,14, wo mit dem Ausdruck λυτροῦν («loskaufen») auf das Erlöserwerk Christi hingewiesen wird, das durch seine Hingabe zu unsern Gunsten erfolgte. Auch sind Anklänge an Röm 5,17–18 vorhanden, wo ausgeführt wird, dass Christus im Gegensatz zur Übertretung Adams durch seine gerechte Tat die Gerechtsprechung zum Leben bewirkte, die er als der Eine für alle Menschen vollbrachte.[29] Die Formulierung «einer ist Gott» in 1Tim 2,5 betont die Einzigartigkeit Gottes, von der ebenfalls Dtn 6,4 und Mal 2,10 sprechen. Diese äussert sich jedoch in der vorliegenden liturgischen Formulierung der christlichen Kirche im Wirken Jesu Christi, der durch seine Hingabe die göttliche Errettung für alle Menschen vollzogen hat.

---

28 Hinter dieser Aussage steht ursprünglich wohl die jesajanische Vorstellung vom Gottesknecht, der sein Leben als Schuldopfer einsetzt (Jes 53,10).

29 V 18: … δι᾽ ἑνὸς … εἰς πάντας ἀνθρώπους.

Und ihm ist Paulus als Verkündiger, Apostel und Lehrer der Völker verpflichtet (V 7).

2. Männer und Frauen im Gottesdienst

Den allgemeinen Ausführungen zum Gebet (1Tim 2,1–7) folgt eine Anweisung für die am Gottesdienst beteiligten Männer und Frauen. Die Hinwendung zu diesem Thema zeigt, dass auch nach dem 1. Timotheusbrief die gottesdienstlichen Versammlungen aus Männern und Frauen bestehen, wie dies z. B. ebenfalls für die Gemeinde in Korinth zur Zeit des Paulus bekannt ist (1Kor 11,2–16). Die Verhaltensweise und Funktion der beiden Geschlechter hat jedoch gelegentlich zu Unsicherheiten und Spannungen geführt, die nur durch eine grundsätzliche theologische Erwägung zu klären waren.

Wie sich aus 1Tim 2,1–7 ergibt, bildet der Gottesdienst der entscheidende Mittelpunkt der Gemeinde. Hier enthüllt sich ihr wahrhaftiges Bild und ihr eigentlicher Auftrag, den sie an der gesamten Menschheit zu erfüllen hat. Dabei ist die Funktion von Mann und Frau von wesentlicher Bedeutung. Dass die christliche Gemeinde der Menschheit ihre Errettung verkündigt, äussert sich auch darin, dass sie für die zwischen den Geschlechtern angemessene Beziehung eintritt, in welcher beide die ihnen zukommende Stellung einnehmen, die sich in ihrem Verhalten im Gottesdienst widerspiegelt.

Die gottesdienstliche Haltung der Männer

> «Ich will nun, dass die Männer an jedem Ort beten, indem sie Gott gefällige Hände erheben, ohne Zorn und Zwietracht.»[30] (1Tim 2,8)

Die Anweisung zum Gebet, die den Männern erteilt wird, bezieht sich auf die Anordnung in 1Tim 2,1. An die Stelle der vier Substantive, die dort zur Bezeichnung des gottesdienstlichen Betens dienen, tritt jedoch lediglich das Verbum προσεύχεσθαι («beten»), das mit dem Hinweis auf die Haltung der Betenden ergänzt wird. Sie steht jetzt im Mittelpunkt.

[30] Die Worte «an jedem Ort» (ἐν παντὶ τόπῳ) weisen auf die Anwesenheit christlicher Gemeinden in der damaligen Völkerwelt. Es handelt sich um die Erfüllung der Verheissung in Mal 1,11: «Denn vom Aufgang der Sonne bis zum Niedergang ist mein Name geehrt unter den Völkern und an jedem Ort wird meinem Namen Räucherwerk und reines Opfer dargebracht.»

Und sie findet ihren sichtbaren Ausdruck in den erhobenen, «gottgefälligen Händen».

Ihr Vorbild ist die im alttestamentlichen Israel und im Judentum verbreitete Gebetsgeste. Siehe ψ 62,5: «In deinem Namen will ich meine Hände erheben.» Oder ψ 133,2: «Hebt eure Hände empor zum Heiligtum und lobt den Herrn.» Gemäss Strack II, S. 261, handelt es sich um eine Gebärde derjenigen, die sich beim Gebet auf die Erde niederwerfen oder die stehend oder kniend beten. Von ihr berichtet ebenfalls 1Clem 2,3 und 29,1. Jedoch war sie auch in heidnischen Kulten üblich. Siehe Seneca: «Puras ad caelum manus tollere».[31] Was aber bezweckt ihre ausdrückliche Erwähnung, die in den neutestamentlichen Schriften nur in 1Tim 2,8 erfolgt?

Der Ausdruck «Hände erheben» bezeichnet in seinem eigentlichen Sinn das Aufheben der Hände zu einer auffälligen und bedeutungsvollen Gebärde. So erhebt David gemäss Sir 47,4 seine mit dem Schleuderstein bewaffnete Hand, um anzuzeigen, dass er den Wurf gegen Goliath ausführen wird. Oder Josua erhebt gemäss Sir 46,2 seine Lanze, um sichtbar zu machen, dass er den Krieg gegen Jericho eröffnet. Betende, zum Heiligtum oder Himmel erhobene Hände bekunden die Haltung eines Menschen, der sich dem göttlichen Willen zur Verfügung stellt und ihm zu Diensten steht. Sie deuten in 1Tim 2,8 auf die Hingabe hin, die diese Männer Gott schulden. Und das entspricht der eigentlichen Absicht des Betens, das als προσεύχεσθαι ein Gelöbnis zu Gott in sich schliesst.[32]

Für das Verständnis des Adjektivs «gottgefällig», im Griechischen ὅσιος,[33] besteht ein hinreichender Grund, die alttestamentliche Bedeutung ins Auge zu fassen, weil sechs der acht neutestamentlichen Schriftstellen, die die Vokabel gebrauchen, sich auf das Alte Testament berufen.

Dies trifft für Apg 2,27 und 13,35 als alttestamentliche Zitate zu sowie für Offb 15,4 und 16,5, die auf Dtn 32,4 und ψ 144,17 zurückweisen. In Hebr 7,26 ist ὅσιος eine Eigenschaft des alttestamentlichen Hohepriesters. Alttestamentlichen Ursprungs ist auch das Substantiv ὁσιότης in Lk 1,75 und in Eph 4,24, das aus Weish 9,3 stammt.

---

31 Zitiert nach Dibelius 1966, S. 36.

32 Das Simplex εὔχεσθαι heisst ursprünglich «geloben». Nach Menge 1991, S. 304–305, «feierlich die Stimme erheben», nämlich zu einem Gelübde, einem Versprechen, einer Beteuerung oder Versicherung.

33 Siehe dazu ThWNT V, S. 488–492.

Es ist die israelitische Gemeinde, die sich zum Gottesdienst versammelt und die als die «Gemeinde der Gottgefälligen» (ἐκκλησία ὁσίων) gilt.[34] Sie sind das Volk, das Gott sein Herz zuwendet und das als seine Dienerschaft seinen Anordnungen Folge leistet und seinen Willen beachtet, aber auch Gottes Bewahrung und Zuwendung erfährt und dem er Schutz und Errettung gewährt.[35] In der LXX ist ὅσιος meistens die Übersetzung des hebräischen חָסִיד, einer mit חֶסֶד verwandten Vokabel. Es bezeichnet die Person, welche die von ihr geforderte Treue bewahrt.[36] Diese Haltung hat Paulus bei der Ausübung seines apostolischen Amtes gegenüber den Thessalonichern eingenommen, indem er unter anderem bemerkt, wie gottgefällig «wir gegenüber euch, den Glaubenden geworden sind» (1Thess 2,10). Tit 1,8 setzt deshalb den Begriff ὅσιος auf die Liste der Eigenschaften, die die Anforderungen für das Bischofsamt umschreiben. Ähnlich ist die Bedeutung im ausserbiblischen Bereich. Der ὅσιος respektiert die göttlichen und natürlichen Ordnungen und Beziehungen. Plato definiert den Begriff als das «den Göttern Angenehme».[37]

Die Hände, die die Männer im Gottesdienst zu Gott erheben, sind dem göttlichen Willen verpflichtet. Es sind sie die Hände derer, welche die von Gott festgesetzten Ordnungen und Gebote beachten und für ihr Urteilen und Handeln als massgeblich halten. Insofern sind sie mit den alttestamentlichen «Treuen» (חֲסִידִים) zu vergleichen. Von massgeblicher Verbindlichkeit ist für sie der in Jesus Christus sich offenbarende göttliche Wille, den 1Tim 2,4 in die Worte fasst, dass alle Menschen gerettet werden. Sie wenden sich an den Gott, der sich für die Errettung der Menschheit entschieden hat. Für ihn stehen sie zum Dienst bereit. Sie haben sich darum von jeglichen gottwidrigen Praktiken fernzuhalten. Ihr Handeln vollzieht sich gemäss der in Christus aufgerichteten Ordnung, die die Hingabe zugunsten der ihm anvertrauten Menschheit bezeugt.

Die Ergänzung «ohne Zorn und Zwietracht»[38] steht in engem Zusammenhang mit dem soeben dargelegten Sachverhalt. Der dem göttlichen Willen verpflichtete Mann bleibt Zorn und Zwietracht fern. 1Tim 2,8 schliesst sich mit seiner Warnung vor dem Zorn jenen neutestamentlichen Aussagen an, die ausführen, dass der Zürnende nicht imstande ist, Gottes Willen zu erfüllen, weil er dem Unrecht, das er rächen und beseitigen will, selber verfällt. Bei seinem Zorn lauert die Sünde vor

---

34 Ψ 149,1. Zu ihr sind die ὅσιοι in ψ 29,5; 131.9.16; 144,10 zu zählen.

35 Ψ 11,2; 15,10; 31,6; 85,2; 96,10; 115,6.

36 Siehe die Ausführungen ThWNT V, S. 489, Z. 27 bis S. 490, Z. 29.

37 Euthyphron, 6e: τοῖς θεοῖς προσφιλὲς ὅσιον.

38 χωρὶς ὀργῆς καὶ διαλογισμοῦ.

der Tür, die ihn fortreisst und ihn, meistens gegen seine Absichten, zu Untaten treibt. Paulus schreibt dementsprechend: «Rächt euch nicht selbst, Geliebte, sondern gebt Raum dem Zorn Gottes.» (Röm 12,19) Seine Warnung erfolgt aufgrund der Voraussetzung, dass Gott als Einziger Herr seines Zornes ist, um in angemessener Weise dem Unrecht und der Bosheit entgegenzutreten (Röm 3,5b). Doch der menschliche Zorn kann Gottes Gerechtigkeit nicht aufrichten (Jak 1,20). Eph 4,31 und Kol 3,8 reihen ihn unter die Übel ein, die der nach Gottes Bild erneuerte Mensch ablegt. Es darf nicht dessen Absicht sein, das Zorngericht zu vollziehen. Eine grundsätzliche Ablehnung des menschlichen Zorns kennen die biblischen Schriften allerdings nicht. Aber er ist nur im Auftrag Gottes tolerierbar, wie er z. B. den Regierenden zur Zurechtweisung der Übeltäter auferlegt ist (Röm 13,4). Die Ablehnung jeder eigenmächtigen Zorneshaltung gilt aber in besonderem Mass für das gottesdienstliche Gebet. Der Betende ist ausschliesslich auf den göttlichen Willen ausgerichtet. Gemäss dem Herrengebet betet er: «Dein Wille geschehe!» (Mt 6,10b). Deshalb darf er dem Zorn keinen Raum bieten. Dieser steht ja nicht in Übereinstimmung mit dem Werk Christi, das die Menschheit nicht vernichten, sondern erretten will. Und dies hat für den 1. Timotheusbrief massgebliches Gewicht.[39] Man wird durch die Wörter «ohne Zorn» an Mk 11,25a erinnert: «Und wenn ihr dasteht und betet, vergebt, wenn ihr etwas gegen jemanden habt.»

Ähnlich wie ὀργή erscheint auch der Begriff διαλογισμός im Neuen Testament vornehmlich unter einem negativen Aspekt.[40] Seine eigentliche Bedeutung ist «Gedanke, Erwägung, Überlegung» sowie «Erörterung, Unterredung», sodann «Zweifel, Bedenklichkeit».[41]

> Das Neue Testament gebraucht den Begriff hauptsächlich in der Bedeutung einer falschen Überlegung, hinter der sich Unverständnis, Hinterhältigkeit und Grössenwahn verbergen. So sprechen Mt 15,19 und Mk 7,21 von den bösen Überlegungen, die neben Mord, Ehebruch, Unzucht, Diebstahl, falschem Zeugnis und Lästerung sich im menschlichen Herzen verbergen. Sie finden sich gemäss Lk 5,22 und 6,8 bei den Schriftgelehrten und Pharisäern und gemäss Lk 9,46–47 und 24,38 ebenso bei den Jüngern

---

[39] Man findet diesen Gedanken auch bei den Rabbinen. Strack III, S. 645, überliefert zu Rabbi R. Chanina, dass er an einem Tag, da er zornig und aufbrausend war, nicht betete. Er sagte: «In Feindschaft soll man nicht danken.»

[40] Dies trifft teilweise auch für die LXX zu. Siehe Jes 59,7; ψ 55,6; 93,11. Ohne peiorative Bedeutung ψ 138,2; Weish 7,20; Sir 9,15.

[41] Siehe Menge 1991, S. 171; ThWNT II, S. 96–98.

Jesu. Auch in Lk 2,35 – «damit aus vielen Herzen die Gedanken offenbar werden» – ist das negative Verständnis näherliegend. Ausserhalb der Synoptiker spricht Röm 1,21 von den Erwägungen derer, die Gottes Wahrheit missachten. Und Röm 14,1 warnt vor widersprüchlichen Ansichten, die die im Glauben Schwachen verunsichern, und Jak 2,4 von hochmütigen Gedanken, die die Armen verachten.

In 1Tim 2,8 liegt die Bedeutung des Begriffs auf der angezeigten Linie. Er bezeichnet ein für das gottesdienstliche Gebet unpassendes Denken, Erwägen und Sinnen, das einem falschen, bösartigen oder rachsüchtigen Zweck dient. Dafür spricht auch die Verbindung mit ὀργή («Zorn»). Beide Begriffe warnen davor, dass das Gebet anstatt der Ausrichtung auf den göttlichen Willen einem eigensüchtigen Begehren und Wünschen folgt.[42] Sie betonen damit das eigentliche Anliegen, das den Mittelpunkt jedes Gebets bildet und wofür das gottesdienstliche Beten Massstab und Norm ist. Solches Beten sollen die Männer ausüben, um anzuzeigen, dass die christliche Gemeinde für Gottes Willen in der Welt einsteht.

Die gottesdienstliche Haltung der Frauen

Die Darlegung über das Verhalten der Frauen im Gottesdienst (1Tim 2,9–15) ist weit ausführlicher als diejenige über die Männer. Dies verrät, dass ihre Stellung und Funktion in der christlichen Gemeinde keineswegs unumstritten war,[43] was zu Unsicherheiten hinsichtlich ihres privaten und öffentlichen Benehmens führte. Die Darlegung zerfällt in zwei Abschnitte. Der erste betrifft die äussere Erscheinung der Frau (V 9–10) und der zweite das gottesdienstliche Lehrverbot (V 11–15). Die Ausführungen stehen in enger Verbindung mit der vorangehenden Darstellung über die Männer. Darauf deutet die einleitende Vokabel «ebenso» (ὡσαύτως) hin, die gemäss V 8 mit «ich will» (βούλομαι) ergänzt werden muss.[44] Der angemessenen Erscheinung der Frau im Gottesdienst wird damit kein geringeres Gewicht zugemessen als dem

---

42 Διαλογισμός wurde im Lauf der Auslegungsgeschichte oft als ein Gedanke verstanden, der die Erhörung des Gebets bezweifelt. Neue Kommentatoren wie Jeremia 1965, S. 18, Hasler 1978, S. 24, Roloff 1988, S. 125, treten jedoch für die Bedeutung «Streit, Zank» oder «Zwietracht» ein. So auch die Zürcher Bibel 2007 mit ihrer Übersetzung «feindselige Gedanken».

43 Auch für die korinthische Gemeinde traf dies zu, wie 1Kor 11,2–16 und 14,33b–35 berichten.

44 Ähnlich in 1Tim 3,8 und 3,11.

Mann. Es ist vielmehr ein Anliegen des ersten Timotheusbriefes, ihre Bedeutung hervorzuheben, was auf ihre Hochschätzung hinweist.

Zur äussern Erscheinung der Frau im Gottesdienst

> «9 Ebenso dass Frauen in ordentlicher Haltung mit Schamhaftigkeit und Besonnenheit sich schmücken, nicht mit Haarflechten und Gold oder Perlen oder kostbarem Gewand, 10 sondern was für Frauen schicklich ist, die sich durch gute Werke zur Gottesfurcht bekennen.»(1Tim 2,9–10)

Das eigentliche Anliegen, das die Frau im Gottesdienst zu vertreten hat und das sie auch in ihrer übrigen Tätigkeit leiten soll, lautet: «Was für Frauen schicklich ist, die sich durch gute Werke zur Gottesfurcht bekennen». Ihre Gottesfurcht äussert sich in einer Haltung, die von Schamhaftigkeit und Besonnenheit geprägt ist und im Gegensatz zu jenem Schmuck steht, der durch Haarflechten, Gold, Perlen oder kostbarer Kleidung imponiert. Das griechische Substantiv θεοσέβεια («Gottesfurcht»), das zu deren Bezeichnung dient, hat als neutestamentliches Hapaxlegomenon nur in der vorliegenden Beschreibung Anwendung gefunden.

> Dieser Umstand ist umso bemerkenswerter, als die Pastoralbriefe zur Bezeichnung der Gottesfurcht sonst durchwegs den Ausdruck εὐσέβεια und die mit ihm verwandten Vokabeln εὐσεβεῖν («gottesfürchtig sein») und εὐσεβής («gottesfürchtig») gebrauchen, denen sie neben dem 2. Petrusbrief als einzige unter den neutestamentlichen Schriften eine besondere Gewichtigkeit zumessen. Ἐυσέβεια weist im ausserbiblischen Bereich hauptsächlich auf den Respekt und die Ehrfurcht gegenüber den geltenden Ordnungen hin,[45] auf denen das familiäre oder häusliche sowie das öffentliche oder staatliche Leben beruhen. Sie stehen unter dem Schutz der Götter, so dass die εὐσέβεια bzw. das εὐσεβεῖν, zugleich die Ehrfurcht gegenüber ihren Verfügungen in sich schliesst. Wer Gottesfurcht übt, achtet auf den göttlichen Willen. So berichtet denn Xenophon über Sokrates, er habe als Gottesfürchtiger nichts ohne die Entscheidung der Götter getan. Und die Inschriften der hellenistischen Zeit nennen als wichtigsten Grund für die Ehrung verdienter Männer deren Furcht gegenüber den Göttern.[46]
> In der LXX sind sowohl εὐσέβεια als auch θεοσέβεια Äquivalente hebräischer Ausdrücke für die Gottesfurcht. Beide bezeichnen den menschlichen Respekt gegenüber Gottes Ordnungen, wie z. B. der Ehe (Gen 20,11), und damit den Abscheu vor ungerechtem und willkürlichem Handeln

45 Siehe Seiten 104–105.
46 Gemäss ThWNT VII, S. 176, Z. 4–6 und 35–36.

(Ex 18,21). Der Gottesfürchtige ist wahrhaftig, untadelig, gerecht und hält sich von jeder bösen Angelegenheit fern (Hiob 1,1.8). Dass aber 1Tim 2,10 von der sonst in den Pastoralbriefen üblichen Bezeichnung εὐσέβεια abweicht, könnte auf eine überlieferte Formulierung hinweisen, die die guten Werke der Frau unter den Begriff θεοσέβεια zusammenfasst.

Das Verbum «bekennen», im Griechischen ἐπαγγέλεσθαι, deutet an, dass die an der vorliegenden Stelle erwähnten Frauen aufgerufen sind, sich zur Gottesfurcht zu bekennen.[47] Es handelt sich also um eine Beschreibung dessen, was für diese Frauen als Teilnehmerinnen am Gottesdienst und Angehörige der christlichen Gemeinde verbindlich ist. Die Aussage «es ist schicklich» oder «es ist angemessen» (πρέπει) unterstützt diese Deutung. Diese Frauen werden auf eine Verpflichtung festgelegt, die sich in ihrem gesamten Lebensvollzug äussert. Und die von ihnen auszuübende Gottesfurcht manifestiert sich «durch gute Werke». Diese Ergänzung hält einen Sachverhalt fest, der für alle Glieder der Gemeinde gilt. Im Besonderen heben die Pastoralbriefe hervor, dass die Zugehörigkeit zu Gott in guten Werken offensichtlich wird.[48]

Eines der wesentlichen Merkmale solcher Werke besteht darin, dass sie keinen Anlass zum Selbstruhm bieten. Sie gewähren dem Menschen keine Errettung, weil diese lediglich durch die Erneuerung im Heiligen Geist erfolgt, die ihm die Gerechtigkeit durch die göttliche Gnade garantiert.[49] Jedoch in den guten Werken wird Gottes Absicht offenbar, den Menschen zu einem Werkzeug zuzurüsten, das die göttliche Güte und Freundlichkeit bezeugt.[50] In den Pastoralbriefen tritt der Mensch unter diesem Gesichtspunkt ins Blickfeld. Die einzelnen Stände und Berufsgruppen, wie die Verkündiger, Lehrer, Presbyter, Diakone, Witwen, Sklaven, Reichen, Frauen sowie die alten und jungen Männern verrichten an ihrem Ort das ihnen zugewiesene «gute Werk». Und dies ist der Ausdruck dafür, dass die christliche Gemeinde als das Volk gilt, das Gott «als Eiferer guter Werke» zu seinem Eigentum erworben hat (Tit 2,14). Als solches wird es die massgeblichen behördlichen Instanzen

---

47 Siehe ThWNT II, S. 573–575. 'Επαγγέλειν heisst neben anderem in seiner medialen Form «sich zu einer Sache bekennen».

48 Die Formulierung «gute Werke» findet sich in den 13 Kapiteln 14-mal.

49 Siehe Tit 3,4–7. Paulus nennt sie die Gerechtigkeit Gottes im Glauben an Jesus Christus, die durch die Gnade gewährt wird (Röm 3,22; 4,16a; Gal 2,16).

50 Dies stimmt mit den entsprechenden Aussagen in 2Kor 9,8, Eph 2,8–10 und Kol 1,10 überein.

respektieren, sich von Lästerung und Streit fernhalten und gegenüber jedermann Freundlichkeit und Sanftmut üben (Tit 3,1–2). Wer zu Gott gehört, nimmt von Ungerechtigkeit Abstand und gleicht einem Gefäss, das zu jedem guten Werk zubereitet und brauchbar ist (2Tim 2,19–21; 3,17). Und nur derjenige darf den Anspruch erheben, Gott zu kennen, der ihn nicht mit seinen Werken verleugnet (Tit 1,16), wie auch der Glaube das Bestreben impliziert, sich guter Werke zu befleissigen (Tit 3,8). Die Frau steht wie alle Angehörigen der Gemeinde unter dieser Bestimmung. Ihre Stellung, ihre Funktion und ihr Verhalten sind der Ausdruck der an ihr wirksamen Gnade, die sie zu ihrem Auftrag befähigt, also für die ihr zustehenden guten Taten instand setzt. Und dies muss sowohl in ihrem gottesdienstlichen, als auch im übrigen Verhalten sichtbar werden. Dibelius 1966, S. 37, äussert denn auch die Meinung, dass die Anweisungen in 1Tim 2,9–12 das Verhalten der Frauen im Allgemeinen betreffen. Eine nähere Beschreibung der guten Werke einer Frau enthält zudem die Witwenordnung in 1Tim 5,10: «wenn sie Kinder aufgezogen, Gastfreundschaft erwiesen, die Füsse der Heiligen gewaschen, Bedrängten beigestanden, jedem guten Werk nachgegangen ist».

Schamhaftigkeit (αἰδώς) und Besonnenheit (σωφροσύνη) als Merkmale weiblicher Gottesfurcht

1Tim 2,9 beschreibt die grundlegende Haltung der Frau, wie sie für ihre Gottesfurcht kennzeichnend ist. Sie ist von Schamhaftigkeit und Besonnenheit geprägt, die jegliches Gepränge mit Haarflechten, Gold, Perlen und kostbarem Gewand ausschliessen. Die griechischen Begriffe καταστολή («Haltung»), κόσμιος («ordentlich») und κοσμεῖν («schmücken») weisen auf die für eine Person angemessene Erscheinung hin. Κοσμεῖν heisst eigentlich «ordnen, anordnen, zurechtmachen», d. h. einer Person oder Sache den ihnen zukommenden Platz anweisen oder sie für die vorgesehene Bestimmung und Aufgabe zurüsten und bereitstellen.[51] Gemäss dieser Bedeutung findet es auch Anwendung für die Anordnung des weiblichen Schmuckes (Offb 21,2). Und vom Schmücken berichtet ebenso die vorliegende Stelle. Das wahrhaftige Schmücken der Frau vollzieht sich aber in ihrer καταστολή. Der Begriff bedeutet sowohl «Haltung» als auch «Kleidung».[52] Sein eigentlicher Sinn erhellt sich vom verwandten Verbum καταστέλλειν her, das «an den richtigen Ort bringen» heisst. Es will darauf hinweisen, dass ein aus den Fugen

---

[51] Homer gebraucht κοσμεῖν für die Aufstellung eines Heeres oder die Anordnung von Kämpfenden (Ilias, 2,554; 3,1; 12,87; 14,379), Matthäus für die Zurüstung von Lampen (Mt 25,7).

[52] ThWNT VII, S. 596, Z. 3–11.

geratener Zustand seine ihm angemessene Ordnung findet. Das kann sowohl für eine in Unordnung geratene Haartracht oder Kleidung als auch für gesellschaftliche oder politische Zustände zutreffen.[53] Die καταστολή in 1Tim 2,9 bezeichnet demnach die äussere Erscheinung und Haltung der Frau hinsichtlich ihrer Haartracht, ihres Schmucks und ihrer Kleidung, die aber ein Ausdruck ihrer innern Bestimmung und Berufung sind. Das Adjektiv κόσμιος bestätigt und verstärkt diese Bedeutung. Es heisst «der Ordnung entsprechend» oder «ordentlich». Auch im ausserbiblischen Bereich ist es ein beliebtes Epitheton für Frauen, das auf ihre Selbstbeherrschung hinweist.

Diese Haltung ist der Ausdruck von Schamhaftigkeit (αἰδώς) und Besonnenheit (σωφροσύνη). Αἰδώς – ein neutestamentliches Hapaxlegomenon – setzt voraus, dass der Mensch in der Abhängigkeit von ihn überragenden und vor allem göttlichen Mächten steht, die sein Dasein bestimmen und begrenzen. Sie ist deshalb die Scheu oder Furcht, diese Tatsache zu missachten, was zur Zerstörung und zum Verlust der menschlichen Ehre führt. Das hauptsächliche Bestreben der Schamhaftigkeit besteht somit im Vermeiden von Übermass und Hochmut, durch die sich der Mensch uneinsichtig und unvernünftig seinen Bindungen und Abhängigkeiten entgegenstellt. Sie schliesst die Sorge ein, dass die ihm vorgegebenen Grenzen eingehalten und lebensgefährliche Übertretungen abgewendet sowie die gültigen Ordnungen und Autoritäten respektiert werden.[54]

Σωφροσύνη bezeichnet das gesunde, Heil schaffende Überlegen und Urteilen, dessen Bestreben darauf ausgerichtet ist, hilfreiche Erkenntnisse zu gewinnen, die zur Förderung und Erhaltung des menschlichen Lebens dienen.[55] Es ist ein Erkennen, das ähnlich wie die Schamhaftigkeit die für das Leben gültigen Gesetze und Ordnungen berücksichtigt. Deshalb vollzieht es sich abseits von Raserei (Apg 26,24–25), Besessenheit (Mk 5,15) und Fassungslosigkeit (2Kor 5,13) und ist von Nüchternheit begleitet (1Petr 4,7). Σωφρονεῖν («besonnen sein») muss gemäss Röm 12,3 die Absicht jeder Überlegung und Erwägung sein und steht im Gegensatz zum hochmütigen und geringschätzigen Urteilen, welches das ihm zugewiesene Mass nicht anerkennen will. Paulus ermahnt jeden

---

53 ThWNT VII, S. 595, Z. 23–27. Zur Anwendung bei öffentlichen Zuständen siehe 2Makk 4,31 und Apg 19,35.

54 Bultmann nennt sie den Respekt vor dem Gastrecht wie vor der Heiligkeit des Hauses und der Ehe. ThWNT I, S. 168, Z. 23–25.

55 Beachte die Partikel σῶς aus der Wurzel σάος: «heil, unversehrt, wohlbehalten». Plato gibt die Deutung: σωφροσύνη δὲ σωτηρία … φρονήσεως (Kratylos, 411e).

seiner Leser, «nicht über das hinaus zu denken» (ὑπερφρονεῖν), was er denken (φρονεῖν) muss, sondern zu denken, um besonnen zu sein (σωφρονεῖν)».[56]

> Σωφροσύνη und σωφρονεῖν sind in der literarischen und philosophischen Tradition der Griechen verwurzelt. Und der Respekt vor den dem Menschen gesetzten Grenzen ist für das griechische Verständnis der beiden Begriffe konstitutiv. Plato sagt vom wahrhaftig vernünftigen Handeln, dass es sich nicht hochmütig aufspielt, sondern in allem besonnen und massvoll verfährt (Politeia, 399b). Die σωφροσύνη ist deshalb eine unentbehrliche Tugend. Heraklit bezeichnet sie sogar als die grösste. Auch er definiert sie als die Erkenntnis dessen, was die Menschen innerhalb der ihnen gesetzten Grenzen sind und benötigen.[57] Sie bemüht sich nicht um irgendein Wissen, sondern darum, was der Mensch selbst ist und soll. Sie ist eine Grundhaltung, in der die einzelnen Verhaltensweisen verwurzelt sind. Aber sie ist gemäss dem neutestamentlichen Verständnis keine Grösse, die der Mensch – vielleicht in kritischer Selbstbesinnung – selber festsetzt. Sondern sie wird durch Gott einem jeden als Mass des Glaubens zugeteilt.[58] Der Begriff des «Masses» schliesst eine Beschränkung ein, die jedem seinen Bereich zumisst, die ihn dazu anhält, seine eigenen Grenzen nicht zu überschätzen und darüber hinaus sich etwas Ungehöriges anzumassen. Paulus spricht bei dieser Gelegenheit vom «Mass des Glaubens». Und dieses ist mit dem «Mass der Gnade» gleichzusetzen, insofern ja der Glaube in der Gnade begründet ist.[59] Dementsprechend führt auch Tit 2,11–12 aus, dass die göttliche Gnade den Menschen dazu erzieht, dass er «besonnen und gerecht und gottesfürchtig lebe». Oder es ist gemäss 2Tim 1,7 ein Geist der Kraft und Liebe und Besonnenheit, die Gott uns gibt.[60]

Die Besonnenheit ist gemäss den Pastoralbriefen, aber auch gemäss Röm 12,3 und 1Petr 4,7 ein grundlegendes Merkmal aller Angehörigen der christlichen Gemeinde. Indem 1Tim 2,9 und Tit 2,4–5 sie ebenfalls zu einem Merkmal der Frau erklären, ist sie dazu bestimmt, in ihrem zuständigen Bereich eine selbstständig und klug urteilende Person zu sein, die in den ihr anvertrauten Angelegenheiten sachkundig zu entscheiden vermag. Ihre Besonnenheit ist aber ein Ausdruck jener Gottes-

---

56 Siehe Röm 12,3.

57 Siehe Vorsokratiker 1989, S. 176, Fragmente 112 und 116.

58 Siehe Röm 12,3: Ἑκάστῳ ὡς ὁ θεὸς ἐμέρισεν μέτρον πίστεως.

59 Siehe Röm 4,16: «deswegen aus Glauben, damit es nach der Gnade gehe».

60 In der LXX konzentriert sich die Wortgruppe um σωφροσύνη mit wenigen Ausnahmen auf 4Makk, eine durch den Hellenismus geprägte Schrift. Hebräische Äquivalente sind keine vorhanden.

furcht, die mit dem Glauben, der Liebe und der Heiligung, die für ihr Leben konstitutiv sind, verbunden ist (1Tim 2,15b) und die ihr gesamtes Verhalten prägen.

Die Verbindung von Besonnenheit und Schamhaftigkeit ist auch ausserhalb des neutestamentlichen Bereichs anzutreffen. Die beiden sind sogar Tugenden der Götter.[61] Plato bemerkt in Charmides, 160e, die Besonnenheit mache schamhaft.[62] In Thukydides I, 84,3, findet sich die Formulierung «die Schamhaftigkeit hat am meisten Anteil an der Besonnenheit», und eine athenische Grabinschrift nennt die ehrwürdige Besonnenheit eine Tochter der grossmütigen Schamhaftigkeit (ThWNT VII, S. 1095, Anm. 8). Dass diese Verbindung im Neuen Testament allein für die Frau und nicht für den Mann Anwendung findet, könnte ein Ausdruck dafür sein, dass ihr der Verzicht auf jede Überschreitung des ihr zustehenden Masses im Besonderen zur Zierde gereicht. Gerade darin zeigt sich ihre Bestimmung und Berufung, die ihr Schönheit und Würde verleiht und ihre Einzigartigkeit bezeugt.

Der falsche weibliche Schmuck

Die vorangehende Darlegung steht im Gegensatz zu jener Haltung von Frauen, die mit den Worten «nicht mit Haarflechten und Gold oder Perlen oder kostbarem Gewand» beschrieben wird. Das deutet darauf hin, dass es in den christlichen Gemeinden Frauen gab, die durch ein solches Auftreten sowohl innerhalb als auch ausserhalb des Gottesdienstes Aufmerksamkeit und Bewunderung auf sich ziehen wollten. Sie verliehen sich damit allerdings einen trügerischen Wert. Denn sie schmückten sich mit einer Ausstattung, die trotz ihrer augenscheinlichen Schönheit und Pracht dem Verfall und der Vernichtung preisgegeben ist. Darin zeigt sich das falsche Bestreben dieser Frauen. Es verdeckt die Absicht der göttlichen Gnade, die den Menschen nicht zu Selbstruhm und Selbstgefälligkeit, sondern zu guten Werken anleitet und ihm dadurch seinen eigentlichen und unvergänglichen Wert zuspricht.

Die Haarflechten weisen auf das kunstvolle Gebilde hin, zu welchem die Haare angeordnet sind. In 1Tim 2,9 werden sie jedoch zu einem Merkmal für den trügerischen und nichtigen Wert missbraucht, den sich eine Frau in eigener Selbstüberschätzung verleiht. Gold hat gemäss 1Kor 3,12 neben Silber und kostbaren Steinen allerdings eine grössere Beständigkeit als Holz, Heu und Stroh. Doch 1Petr 1,7.18 zählt es dennoch zu den vergänglichen Dingen. Und die Perlen werden

---

61 Siehe Homer, Ilias, 21,462 und 468.

62 ’Αισχύνεσθαι ποιεῖν ἡ σωφροσύνη.

in Offb 18,12–13 unter die besten Kostbarkeiten eingereiht.[63] Man wirft sie deshalb nicht vor die Säue (Mt 7,6). Sie sind sogar ein Bild für den unvergleichlichen Wert des Gottesreiches (Mt 13,45–46) und dienen wie das Gold zum Schmuck für das neue Jerusalem (Offb 21,21). Aber zugleich dienen sie beim verführerischen Weib in Offb 17,4 zur Darstellung eitler Prunksucht. Und das kostbare Kleid kann der Hinweis für ein verschwenderisches Leben sein, das in Üppigkeit schwelgt und in der Entfaltung eigener Selbstherrlichkeit seinen einzigen Zweck erkennt. Der Reiche im Gleichnis des armen Lazarus ist dementsprechend in Purpur und feines Leinen gekleidet (Lk 16,19), und die in königlichen Palästen wohnen, tragen elegante Kleider (Lk 7,25). Aber diese haben keinen bleibenden Wert. Jak 5,2 sagt zu den Reichen: «Eure Kleider sind von Motten zerfressen», und nach Hebr 1,11 sind sie ein Bild für die Vergänglichkeit der irdischen Schöpfung. Die Beschreibung in 1Tim 2,9b macht somit sichtbar, dass die erwähnten Frauen sich zwar einer auffälligen, jedoch leeren und nichtigen Sache verschrieben haben, durch die sie ihre wahrhaftige Bestimmung verfehlen und ebenso dem gottesdienstlichen Anliegen zuwiderhandeln.

Das gottesdienstliche Predigt- und Lehrverbot für die Frau

> «11 Eine Frau lerne still in aller Unterordnung. 12 Zu lehren aber erlaube ich der Frau nicht, auch nicht über den Mann zu herrschen, sondern sich still zu verhalten. 13 Denn Adam wurde als Erster erschaffen, darnach Eva. 14 Und Adam wurde nicht verführt, die Frau wurde verführt und geriet in Übertretung. 15 Sie wird aber gerettet werden durch das Kindergebären, wenn sie im Glauben und in der Liebe und in der Heiligung mit Besonnenheit verbleiben.» (1Tim 2,11–15)

Die V 9–10 bilden den ersten Teil der Anordnungen, die die Haltung der Frau im Gottesdienst beschreiben, die weder durch reichen und auffälligen Schmuck noch durch kostbare Kleidung die Aufmerksamkeit erregen darf. Sondern ihre Haltung ist von der Gottesfurcht geprägt, die nach dem göttlichen Willen fragt und sich nicht eigenmächtig in den Mittelpunkt stellt. Die anschliessenden Ausführungen in den V 11–15 verbieten nun der Frau die gottesdienstliche Predigt. Sie richten sich damit gegen ein Postulat, das für sie ein Recht einfordert, welches ihr jedoch als eine eigenwillige Übertretung ihrer Befugnisse verweigert wird. Denn die ihr angemessene Tätigkeit im Gottesdienst ist nicht das

---

63 Man beachte den Ausspruch des Plinius: «Principium columenque omnium rerum pretii margaritae tenent.»

Lehren (διδάσκειν), sondern das Lernen (μανθάνειν). Zweimal wird ihr deshalb geboten, «in Ruhe» (ἐν ἡσυχίᾳ) zu verbleiben, d. h. die geltende Ordnung nicht zu stören und zu missachten.

Zur Bedeutung von ἡσυχία und μανθάνειν

Die Begriffe ἡσυχία («Ruhe»), ἡσύχιος («ruhig») und ἡσυχάζειν («ruhig sein») bezeichnen in den Pastoralbriefen und den übrigen biblischen Schriften den geordneten und friedvollen Zustand im Gegensatz zu Auflehnung, Wirrnis und Krieg.[64] So betet denn die christliche Gemeinde gemäss 1Tim 2,2 für die Regierenden, also für Könige und Obrigkeiten, dass sie ihr zur Ausübung ihrer Gottesfurcht ein stilles und ruhiges Leben[65] garantieren. Denn sie soll nicht nach unsichern und aufgewühlten öffentlichen Zuständen, sondern nach Ordnung und Frieden begehren, die ihr die ungehinderte Erfüllung ihres Auftrags in dieser Welt gewähren. In 1Thess 4,10b–12 schliesst ἡσυχάζειν die Sorge für die eigenen Angelegenheiten ein, um nicht Fremden zur Last zu fallen und Unwillen hervorzurufen, sondern bei denen, «die draussen sind», in gutem Ansehen zu stehen. Und dementsprechend gebietet auch 2Thess 3,11–12, dass Leute, die in Müssiggang unordentlich dahinleben, ruhig arbeiten und ihr selbstverdientes Brot essen sollen. Hinter diesen Anordnungen steht die Erkenntnis, dass das Evangelium zur Erfüllung der alltäglichen Pflicht aufruft, um Unruhe und Verwirrung fernzuhalten. Damit bezeugen die Angehörigen der christlichen Gemeinde die göttliche Errettung, die jedes heillose Unwesen meidet, das Unmut und Ärgernis erregt.

«Eine Frau lerne still in aller Unterordnung.» So will es das Gebot, das sie im Gottesdienst zu erfüllen hat. Es bedeutet im vorliegenden Fall, dass sie sich nicht dazu bewegen lasse, neben dem Lernen auch das Lehren auszuüben. Das heisst, sie anerkenne die Ordnung, die ihr nach der damaligen Sitte nicht erlaubt, das gottesdienstliche Lehramt zu begehren, das übrigens auch nicht jedem beliebigen Mann, sondern den dafür geeigneten Personen übertragen wird.[66]

Mit dem Lernen übt sie allerdings eine Funktion aus, die allen Angehörigen der Gemeinde übertragen und von elementarer Wichtigkeit ist. Das Verbum μανθάνειν («lernen») steht in enger Beziehung zu διδάσκειν

---

64 Gemäss 2Kön 11,20 in Samaria nach der Tyrannei der Königin Athalja oder gemäss 1Chr 22,9 in Israel unter der Herrschaft Salomos. Ἡσυχία steht hier neben εἰρήνη («Friede»). In Apg 22,2 bezeichnet ἡσυχία das Ablassen des Volkes von Erregung und Aufruhr.

65 Ἤρεμος καὶ ἡσύχιος βίος.

66 Siehe die Ausführungen auf Seiten 47–48.

(«lehren»). Denn es gibt kein Lehren, dem nicht ein Lernen vorangegangen ist. Der Lehrende lehrt, was er selbst gelernt hat. Lernen heisst über eine Sache oder Angelegenheit Bescheid gewinnen, um für die Ausübung einer Tätigkeit die erforderlichen Fähigkeiten und Erfahrungen zu erlangen. Dies gilt sowohl bei technischen als auch künstlerischen Belangen, wie z. B. beim Erlernen eines Handwerks, einer Schrift oder Sprache oder eines Musikinstruments. Es gilt ebenso für irgendeine geistige oder seelische Verfassung, die man sich aneignet.[67]

Dieselbe Bedeutung und Anwendung kennt auch das hebräische לָמַד als das hauptsächliche alttestamentliche Äquivalent für μανθάνειν.[68] Es bezeichnet die Aneignung des von Gott dem Volk Israel geoffenbarten Willens, der ihm im göttlichen Wort und Gebot kundgetan wird, den es kennen, verstehen, begreifen und mit dem es vertraut sein muss. Durch ihn lernt es die Gottesfurcht, die für alle seine Belange und Situationen wegleitend ist. Vor allem das Deuteronomium prägt dieses Erlernen unaufhörlich ein.[69] In den einleitenden Worten zu dem in Dtn 5,6–20 überlieferten Dekalog folgt dem Aufruf zum Hören alsbald die Aufforderung «lernet sie!» (V 1).

Denn durch diese Gebote gewinnt Israel Gerechtigkeit, Verstand, Einsicht und Weisheit und wird befähigt, das Gute zu vollbringen, seinen Weg zu erkennen, Gehorsam zu üben und den Frieden zu suchen. Sein eigentlicher Lehrer ist somit Gott selbst. Es sind nach Ps 119,7.71.73 die Gesetze, Satzungen und Gebote Jahwes, die es lernt. Sie sind gemäss dem Deutoronomium die Worte, die Gott «von Angesicht zu Angesicht» zu ihm gesprochen hat und die Mose es lehrt, damit es sie den kommenden Generationen lehren und übergeben wird.[70]

Aber nicht nur im alttestamentlichen Israel, sondern ebenso in der neutestamentlichen Kirche erlangt μανθάνειν eine wichtige Bedeutung. Sie gilt in erster Linie als die von ihren Aposteln lernende Gemeinde. Apg 2,42 berichtet über ihre Angehörigen in Jerusalem: «Sie verharrten aber in der Lehre der Apostel.» Und in Phil 4,9 steht μανθάνειν neben παραλαμβάνειν («empfangen»), ἀκούειν («hören») und εἰδέναι («erkennen»), also neben Tätigkeiten, die beachten und festhalten, was den Philippern durch ihren Apostel übergeben und zur Richtschnur ihres Urteilens und Handelns ge-

67 Siehe ThWNT IV, S. 393–395.

68 Siehe THAT I, Sp. 872–875.

69 Siehe Dtn 4,10; 14,23; 17,19; 31,12.

70 Siehe dazu Dtn 5,4. Mose als vermittelnder Verkündiger siehe Dtn 5,5 und als von Gott beauftragter Gesetzeslehrer Dtn 4,1–2.14 und 5,27.31. Zur Weitergabe der Gebote siehe Dtn 4,9–10 und 11,19.

worden ist. Deshalb müssen die römischen Christen auf alle achthaben, die Ärger und Streit wegen der Lehre erregen, die sie gelernt haben, denn sie sind der «Gestalt der Lehre» (τύπος διδαχῆς) übergeben worden (Röm 6,17). Vor allem werden in den Pastoralbriefen die leitenden Personen ermahnt, sich beständig daran zu erinnern, was sie gelernt haben. Dementsprechend hört Timotheus die Aufforderung: «Du aber bleibe in dem, was du gelernt und in dem du dich als treu erwiesen hast, weil du weisst, von welchen du es gelernt hast, und weil du von Kindheit an die heiligen Schriften kennst, die dich weise machen können zur Errettung durch den Glauben an Christus Jesus.» (2Tim 3,14–15) Das Lehren gehört deshalb zu einer wesentlichen Tätigkeit des Timotheus.[71] Die neutestamentliche Kirche ist somit grundsätzlich eine lernende Gemeinde. Die Quellen ihrer Lehre sind sowohl die alttestamentlichen Schriften als auch die apostolische Überlieferung, wobei ihre Glieder von ihren Aposteln «nichts über dem, was geschrieben ist», lernen sollen (1Kor 4,6). Auch die im Gottesdienst verkündigte Prophetie dient dem Lernen (1Kor 14,31). Es wird sogar von Jesus selbst, dem Ursprung und Herrn der Kirche, ausgeübt. Denn auf die erstaunte Feststellung seiner Gegner, dass er als Ungelernter in den Schriften Bescheid wisse, antwortet er, seine Lehre sei nicht von ihm, sondern von dem, der ihn gesandt habe (Joh 7,15–16). Als von Gott Belehrter vollzieht er dessen Willen und erfüllt somit das eigentliche Anliegen des alttestamentlichen Lernens. Nur seine Unterordnung unter den göttlichen Willen, die sich gemäss Mt 11,29 in seiner Sanftmut und Demut äussert, berechtigt ihn zur Forderung «lernt von mir». Sie verleiht ihm seine Autorität als Lehrer und macht sein Handeln für die Kirche vorbildlich. «Ihr aber habt Christus nicht auf diese Weise kennengelernt», schreibt Eph 4,20 hinsichtlich der ehemaligen Irrtümer der Epheser und stellt ihnen dabei Christus als denjenigen vor Augen, durch den sie belehrt wurden.

Die Frau nimmt gemäss 1Tim 2,11 am Lernen Anteil, das eine grundlegende Funktion innerhalb der Kirche bildet. Für sie ist in nicht geringerem Mass als für den Mann die Botschaft, die aufgrund der alttestamentlichen Überlieferung und der Lehre der Apostel beachtet, bewahrt und verkündigt wird, verpflichtend und wegleitend. Als Lernende gewinnt sie die Kenntnis und das Verständnis für die göttlichen Verheissungen, Gebote und Ordnungen und erlangt Aufschluss über den göttlichen Willen. Insofern gilt sie neben dem Mann als ein vollwertiges Glied der Kirche, genährt und zugerüstet durch die verbindliche Lehre, zu deren Erkenntnis sie berufen und ermächtigt ist.

---

[71] 1Tim 4,6.11; 6,2b; 2Tim 4,2.

Darin unterscheidet sich ihre Stellung von derjenigen, welche die damalige Synagoge der Frau zugewiesen hat. Ihr wurde in dieser Hinsicht keine ebenbürtige Position neben dem Mann eingeräumt. Vom Erlernen der Tora war sie ausgeschlossen, wie sie denn auch nicht verpflichtet war, das ganze Gesetz zu halten. Für einen Vater bestand denn auch kein Gebot, seine Tochter in der Schrift unterweisen zu lassen, «weil das Weib nicht zu Gebotserfüllungen verpflichtet ist» (Strack III, S. 611). Man beachte den Ausspruch: «Jeder, der seine Tochter die Tora lehrt, lehrt sie Ausschweifung.» (ThWNT I, S. 782, Z. 11) Als die drei Pflichtgebote der Frau galten die Beobachtung der Menstruation, die Absonderung der Teighebe und das Anzünden der Sabbatlampe. Grundsätzlich ist die Tora für den Mann und nicht für die Frau bestimmt. Deshalb heisst es: «Mögen die Worte der Tora verbrannt werden, aber man soll sie nicht den Weibern überliefern.» (ThWNT I, S. 782, Z. 9–10) Man hielt die Frau für unfähig, Lehren anzunehmen, und bezeichnete diesen Mangel als Ausdruck ihrer Minderwertigkeit. Doch diese Einschätzung hat die christliche Gemeinde nicht akzeptiert. Denn für sie ist die Frau berechtigt, an der Lehre des Evangeliums vollen Anteil zu erhalten und als selbstständige Persönlichkeit sich dessen Wahrheit anzueignen. Im Gegensatz zur jüdischen Frau besucht sie mit dem Mann den Gottesdienst,[72] ohne dass ihr wie in der Synagoge abgesonderte Plätze hinter Gittern vorbehalten sind.[73]

Die Zugehörigkeit der Frau zum Mann – Ihre Verführung durch die Schlange (V 12–14)

Obwohl die Frau am Lernen und damit an der Kenntnisnahme der alttestamentlichen und evangelischen Überlieferung vollen Anteil hat, ist ihr das Lehren im Gottesdienst nicht erlaubt. Wie das Verbot in 1Tim 2,12 verrät, waren vonseiten der Frauen Bestrebungen im Gange, diese Erlaubnis zu erlangen und das allein dem Mann vorbehaltene Recht sich anzueignen. Sie wurden jedoch als eine Beeinträchtigung und Störung der Beziehung zwischen den Geschlechtern empfunden, die der Frau nicht zustehen.

1Tim 2,12 spricht bei dieser Gelegenheit von «über den Mann herrschen» (αὐθεντεῖν ἀνδρός). Das neutestamentliche Hapaxlegomenon αὐθεντεῖν bezeichnet in seiner ursprünglichen Bedeutung ein selbstherrliches Handeln, das bestehende und gültige Ordnungen eigenmächtig verletzt. Αὐθέντης,

---

72 Siehe Zscharnack 1902, S. 44: «Dass Frauen im Christentum von der Teilnahme an irgendeinem noch so feierlichen, intimen und heiligen Akte des Gottesdienstes ausgeschlossen gewesen wären, erfahren wir nirgends.»

73 Zur Minderwertigkeit der Frau im Judentum siehe Strack III, S. 611e ff.

von der Wurzel αὐτο-ἔντης herkommend, ist «der selbst Vollendende», der willkürlich seinem eigenen Begehren folgt, und im Besonderen der Gewalthaber oder Mörder. Als Adjektiv heisst es «eigenhändig vollführt» (Menge 1991, S. 119). Die Vulgata übersetzt es mit «dominari» und betont damit, dass es sich um ein eigenmächtiges Gebaren handelt.[74]

Der Ausdruck αὐθεντεῖν ἀνδρός weist in 1Tim 2,12 auf eine Missachtung der ursprünglichen Ordnung hin, die sich Frauen erlaubten, indem sie unabhängig vom Mann oder sogar gegen ihn ihr eigenes, selbstgewähltes Recht beanspruchten. Beim Lehr- und Predigtamt, nach dem sie verlangten, versuchten sie eigene Emanzipationsgelüste durchzusetzen und massten sich ein Recht an, das allein dem Mann zustand. Denn das gottesdienstliche Lehren, das als eine bedeutungsvolle Funktion innerhalb der christlichen Gemeinde galt, fiel in die Zuständigkeit des Mannes. Durch ihr Vorgehen missachteten diese Frauen nach dem Urteil des Verfassers des 1. Timotheusbriefes die Ordnung zwischen den Geschlechtern, die für das Wohlergehen der Menschheit von grundlegender Bedeutung ist. Die Zugehörigkeit der Frau zum Mann, an der gemäss der Botschaft des Evangeliums festzuhalten ist, wird durch ihr Unterfangen gefährdet.

Dieses Geschehen zeigt eine Parallelität zum Bericht des Paulus in 1Kor 11,2–16. Betende und prophezeiende Frauen in Korinth haben in ihren Gottesdiensten die damals übliche Kopfbedeckung abgelegt und damit ihre Zugehörigkeit zum Mann verneint. Paulus erkannte in diesem Vorgehen eine Missachtung der durch die Schöpfung eingesetzten Ordnung, dass die Frau wegen des Mannes geschaffen wurde und sich deshalb nicht ihm entgegenstellen oder sich von ihm loslösen soll. Ihre ursprüngliche Zugehörigkeit zum Mann ist vielmehr ein Ausdruck der Tatsache, dass «im Herrn weder die Frau ohne den Mann noch der Mann ohne die Frau» ist. Sie ist vielmehr aus dem Mann, so wie er durch die Frau ist. Diese enge Zusammengehörigkeit entspricht der von Gott eingesetzten Ordnung, die für beide verbindlich ist (1Kor 11,11–12).

Wie Paulus vollzieht auch der Verfasser des 1. Timotheusbriefes einen Hinweis auf die alttestamentlichen Schöpfungsberichte. Seine Exegese setzt allerdings andere Akzente. Sie verfolgt jedoch dasselbe Ziel. Sie weist auf die Ordnung hin, durch welche Mann und Frau einander zugehörig sind.

---

[74] Siehe Georges I, S. 2281: «herrschen, den Herrn spielen, tyrannisieren».

1Tim 2,13 beschreibt sie folgendermassen: «Denn Adam wurde zuerst (πρῶτον) erschaffen, dann (εἶτα) Eva.»[75] Sie stützt sich auf den Bericht in Gen 2,18–25, in welchem die Erschaffung der Frau an zweiter Stelle und wegen des Menschen (᾿Αδάμ) erwähnt wird. Gott will ihm durch die Frau die passende Hilfe geben. Mit dieser Massnahme wird die Schöpfung des Menschen vollendet, der als Zweiheit von Mann und Frau existiert, wie dies schon der erste Bericht in Gen 1,27 aussagt.[76] Die Frau ist somit von ihrem Ursprung her auf den Mann ausgerichtet, und die beiden stellen in dieser Verbindung den Menschen dar. Die Missachtung dieser Ordnung widerspricht also dem Menschsein, das keinem der beiden Teile erlaubt, sich seinem Partner zu entziehen oder sich gegen ihn zu stellen.

Rabbinische Erklärungen erkennen in dieser nachträglichen Erschaffung allerdings eine minderwertige Qualität der Frau. «Zu Grunde liegt der Gedanke, dass das früher Erschaffene wertvoller ist als das später Erschaffene.»[77] Jedoch bietet der Bericht der Genesis keinen Anlass zu diesem Schluss. Im Gegenteil! Wie könnte die Frau als Hilfe ihres Mannes und vor allem als sein eigenes Gebein und Fleisch sowie als das von ihm willkommen geheissene Geschöpf (Gen 2,23) von geringerer Qualität sein? 1Tim 2,13 erwähnt jedenfalls lediglich, dass sie nach dem Mann erschaffen wurde, setzt aber voraus, dass sie ihm zugehörig ist. Jedoch ein Hinweis auf die von Rabbinen behauptete weibliche Minderwertigkeit fehlt und darf deshalb nicht postuliert werden.

Die V 14–15a überschreiten die Ausführungen in Gen 2,18–25 und berichten von des Menschen Sündenfall, wie er in Gen 3 aufgezeichnet ist. Diese Erzählung hält fest, dass die Schlange die Frau zum Genuss der verbotenen Frucht und damit zur Übertretung des göttlichen Verbots verlockt habe,[78] die darauf ihren Mann in dieselbe Übertretung hineinzieht. Beide werden darauf wegen ihres Ungehorsams aus dem Paradies vertrieben. Es ist dieselbe Schuld, in die sie gemeinsam geraten sind. Dies tritt sogleich darin an den Tag, dass sich beide angesichts der Gegenwart Gottes verbergen, aber von ihm zur Rechenschaft gezogen

---

75 Πρῶτον … εἶτα bezeichnet eine zeitliche Folge.

76 Ebenso bestätigt in Gen 5,1–2.

77 Strack III, S. 645. Allerdings existiert auch die gegenteilige Überlegung. «Alles, was nach etwas anderem geschaffen worden ist, herrscht über das andere. Das Frühere ist abhängig vom Späteren oder dient ihm.» Strack III, S. 249c. Somit gilt z. B. von den Menschen: «Ihr seid nach allem geschaffen, um über alles zu herrschen.»

78 Siehe ihr Versprechen: «Eure Augen werden aufgetan und ihr werdet sein wie Gott, wissend Gutes und Böses.» (V 5)

und als Schuldige aus dem Paradies als dem Ort der unmittelbaren Gemeinschaft mit Gott vertrieben werden (Gen 3,8–11.23–24). Von einer Schuldlosigkeit des Mannes weiss die Erzählung der Genesis nichts. 1Tim 2,14 spricht allerdings lediglich von einer Verführung der Frau. Vom Mann heisst es indessen: «Adam wurde nicht verführt.» Man hat daraus den Schluss gezogen, dass die Frau einem stärkeren Verlangen zur Übertretung des göttlichen Gebots unterworfen sei, wodurch ihre Minderwertigkeit erneut bestätigt werde. Eine rabbinische Stimme sagt sogar, die Schlange habe sich nicht auf die Verführung des Mannes eingelassen, weil es schwer sei, ihn von seinen Gedanken abzubringen. Jedoch «ich (die Schlange) weiss, dass sie (die Frau) auf mich hören wird, denn die Frauen geben allen Geschöpfen Gehör, sie, die eitel Einfältigkeit und ohne irgendwelche Erkenntnis sind».[79] Das ist aber aus 1Tim 2,14 nicht ersichtlich und darf deshalb auch nicht als eine Selbstverständlichkeit vorausgesetzt werden. Die Aussage «Adam wurde nicht verführt» hält vielmehr nur den in Gen 3 berichteten Sachverhalt fest, dass die Verführung, die die Schlange vollzog, lediglich die Frau, aber nicht den Mann getroffen hat. Damit beabsichtigt sie nicht, dem Mann eine grössere Widerstandsfähigkeit gegenüber der Sünde zuzusprechen, sondern will vielmehr darauf hinweisen, dass die Frau wegen ihrer offensichtlichen Anfälligkeit fürs Verführtwerden keinen Anlass findet, sich über den Mann zu erheben.

Auch die übrigen Ausführungen der Pastoralbriefe wissen nichts von einer geringeren Sünde oder sogar Sündlosigkeit des Mannes. Nach ihrer Aussage bezeichnet sich Paulus, der ja ein Mann ist, als den ersten (πρῶτος) der Sünder (1Tim1,15). Deutlich ist auch festgehalten, dass die Errettung, die den Menschen widerfährt, nicht aufgrund eigener Werke oder Untadeligkeit, sondern durch Gottes Entscheidung, Gnade und Barmherzigkeit erfolgt (2Tim 1,9; Tit 3,4–5). Jeder Mensch steht also ausnahmslos als Sünder vor Gott. Diese Erkenntnis trifft ebenfalls für die weitern Schriften des Neuen Testaments zu. Beide Geschlechter sind von der Sünde betroffen. So redet denn Paulus in Erinnerung an Gen 3 in Röm 5,12 davon, dass die Sünde durch einen Menschen in die Welt gekommen ist. Und dieser eine ist jener Mensch, der sich sowohl im Mann als auch in der Frau darstellt, wie es sich im 3. Kapitel der Genesis zeigt.

Die Überlegung in 1Tim 2,14 widerspricht dem nicht. Jedoch will sie eine Antwort auf das Begehren jener Frauen sein, die sich über den Mann erhoben haben, indem sie sich auf eigene Rechte und Vorzüge,

---

[79] Strack 1969I, S. 137–138.

vielleicht sogar auf bessere moralische Qualitäten stützten. Sie werden nun auf die Verführung durch die Schlange im Paradies verwiesen. Dieses Ereignis soll ihnen vor Augen stellen, dass sie keinen Anlass haben, die bestehende Ordnung im Gottesdienst umzuwerfen. Denn die Frau blieb nicht davor bewahrt, sich auf das Ansinnen der Schlange einzulassen. Vielmehr hat sie dem bösen Verhängnis der Sünde zum Durchbruch verholfen. Deshalb steht ihr nun kein Recht zu, eine solche Forderung zu stellen. Dass nach dem Bericht von Genesis 3 auch der Mann der Sünde verfallen ist, scheint in der Aussage von 1Tim 2,14 deshalb verschwiegen zu werden, weil dieselbe ihr Augenmerk allein auf das Verführtwerden der Frau richtet, an die sie bei der vorliegenden Gelegenheit erinnern will.

> 1Tim 2,14 folgt hierin der Aussage in Sir 25,24a: «Von einer Frau kommt der Anfang der Sünde.» Sie befindet sich innerhalb eines textlichen Zusammenhangs, der von weiblichen Bosheiten berichtet, die einen hohen Grad an Bitterkeit erreichen. Man beachte Worte wie «Ich werde lieber mit einem Löwen und Drachen zusammen wohnen als mit einer bösen Frau» (Sir 25,16). Eine solche Lebensgefährtin kann für ihren Mann zu einer schweren Last und schrecklichen Pein werden. Denn «ein verzagtes Herz und ein düsteres Gesicht und ein verwundetes Herz ist bei einer bösen Frau. Schlaffe Hände und schlotternde Kniee bei der, die ihren Mann nicht beglückt.» (Sir 25,23)[80] Der Verfasser dieser Ausführungen hat sich an die in Gen 3,5–6 geschilderte Szene der Verführung der Frau durch die Schlange erinnert, um ihre Bosheit und Bitterkeit von daher zu erklären. 1Tim 2,14 verfährt ähnlich. Dass sich die Frau gegen den Mann stellt und das ihm allein zustehende Recht zum gottesdienstlichen Lehren beansprucht, deutete der Verfasser des 1. Timotheusbriefes als Ausdruck jenes Verhaltens, durch das sie bereits im Paradies die für sie gültige Ordnung gebrochen hat. Von Anfang an begehrte sie nach dem, was ihr nicht zustand.[81]

---

80 Dass das Bild der Frau im Buch Sirach keineswegs von Frauenhass geprägt ist, verraten die anschliessenden Ruhmesworte über ihre hervorragenden Tugenden: «Glücklich ist der Mann einer guten Frau, und die Zahl seiner Lebenstage ist doppelt so gross.» Oder: «Wer eine gute Frau hat, hat ein gutes Los; denen, die den Herrn fürchten, wird sie als Anteil gegeben werden.» (Sir 26,1.3)

81 Die Behauptung von Rabbinen, dass die Frau wegen ihrer sittlichen Schwäche einer sexuellen Verlockung der Schlange erlegen sei (siehe Dibelius 1909, S. 50–51), lässt sich weder aufgrund von Gen 3,6 noch 1Tim 2,14 belegen.

«Errettet durch Kindergebären»

Die Aussage in 1Tim 2,14, die von der Übertretung der Frau spricht, verfolgt einen Zweck, der erst im anschliessenden V 15a offensichtlich wird und in die Worte gefasst ist: «Sie wird aber gerettet durch das Kindergebären.»

Die Tatsache, dass die Schlange ihre verführerischen Worte an die Frau und nicht an den Mann gerichtet hat, setzt der 1. Timotheusbrief in Beziehung zu ihrer Errettung. Sie hat nach dem Bericht von Gen 3 als Erste Anlass gegeben, dass die Sünde in die Welt kam, und damit ihren Mann, zu dessen Hilfe sie erschaffen wurde, mit sich ins Unheil gezogen, wobei sie zugleich an den Tag brachte, dass auch er von derselben Neigung zum Bösen beherrscht wird. Jedoch als dieses in Schuld geratene Geschöpf wird sie zum deutlichen und unübersehbaren Zeichen der Errettung. Sie wird nämlich ihren ursprünglichen Auftrag im Gebären von Kindern und Hervorbringen von Nachkommen weiterhin erfüllen. Damit wird sie bezeugen, dass das Fortleben der Menschheit trotz deren Übertretungen gewährleistet ist.

Auch die Erwähnung der Errettung der Frau durch das Kindergebären hält sich an den Bericht in Gen 3. Dieser führt aus, dass sie wegen ihrer Verfehlung in ihren Schwangerschaften viele Beschwerden erwarten und mit Schmerzen Kinder gebären wird (Gen 3,16a). Sie wird also ihren ursprünglichen Auftrag zugunsten der Menschheit nicht leicht und unbeschwert, sondern nur unter vielen Schwierigkeiten und Nöten ausüben. Aber deren Zukunft bleibt garantiert. Darauf weist der Name hin, den 1Tim 2,13 ausdrücklich erwähnt. Sie wird Eva genannt, was der massoretische Text mit «Mutter aller Lebenden» interpretiert (Gen 3,20). Diese Deutung erkennt in חַוָּה («Eva») das Wort חַי («lebendig»).[82] Die LXX übersetzt חַוָּה mit Ζωή («Leben»). Die Frau wird somit zum offensichtlichen Beweis, dass Gott die Menschheit entgegen der Drohung von Gen 2,16–17 nicht dem endgültigen Tod ausliefert. So wie ihre Erschaffung zur Hilfe für den Menschen als ein Zeichen der göttlichen Gnade gilt, ist sie dies nun erneut und in überragenderem Mass als Mutter ihrer Kinder. Die Bemerkung «Sie wird aber gerettet durch das Kindergebären» nimmt diesen Sachverhalt auf und ist als ein Hinweis auf die

---

[82] Gunkel 1977, S. 23, und von Rad 1958, S. 77–78, halten Eva für einen Ehrennahmen. Man beachte dazu von Rad: «In dieser Benennung der Frau durch den Mann ist wohl ein Glaubensakt zu sehen, nämlich das Ergreifen des Lebens, das als ein grosses Wunder und Geheimnis von der Mutterschaft der Frau über Mühsal und Tod hinübergetragen und erhalten wird.»

ursprüngliche Bestimmung der Frau zu verstehen, die bei ihrem Verhalten im Gottesdienst nicht übersehen werden darf.

Die Qualifikation des Kindergebärens mit dem Begriff σώζειν («erretten») ist ein Hinweis auf die durch das Evangelium verkündigte Botschaft, die die Errettung der Sünder als eines ihrer hauptsächlichen Anliegen kennt und die für die Pastoralbriefe von wichtiger Bedeutung ist.[83] Sie gilt ausschliesslich als eine Aktion Gottes bzw. Jesu Christi, die sich nicht auf menschliche Werke, sondern auf Gottes gnädigen und barmherzigen Vorsatz und Entschluss stützt.[84] Aufgrund solcher Aussagen darf 1Tim 2,15 nicht in dem Sinn verstanden werden, dass sich die Frau ihre Errettung durch ihr Kindergebären verdienen und erwerben könnte. Anders urteilt Jeremias,[85] der die Mutterschaft «als Mittel zur Rettung» bezeichnet, allerdings verbunden mit der christlichen Erziehung der Kinder, wie dies in V 15b angedeutet sei. Jeremias erkennt hier den Einfluss spätjüdischer Gedanken, gemäss denen die Geburtsschmerzen den Fluch von Gen 3,16 tilgen. Auch zitiert er den rabbinischen Ausspruch: «Wodurch erwerben sich Frauen Verdienste? Dadurch, dass sie ihre Kinder im Lehrhaus unterrichten lassen.» Jedoch ist dies ein Abweichen von der für die Pastoralbriefe grundlegenden Erkenntnis, die übrigens mit der paulinischen Botschaft übereinstimmt, dass «aus den Werken des Gesetzes kein Fleisch vor Gott gerecht gesprochen wird» (Röm 3,20). Die der Frau widerfahrene Errettung ist Gottes Tat. Angedeutet wird dies durch die passive Verbalform σωθήσεται («sie wird gerettet werden»). Ihr Kindergebären ist zwar ein natürliches Geschehen, das aber eine Manifestation der göttlichen Gnade ist.

Es gibt zu diesem Verständnis des σώζειν eine Parallele in 1Tim 4,16. Timotheus vernimmt hier hinsichtlich seines Auftrags als Verkündiger und Lehrer die Ermahnung: «Achte auf dich und die Lehre, bleibe dabei! Denn indem du dies tust, wirst du sowohl dich selbst als auch die retten, die auf dich horen.» Das Werk, zu dem das Presbyterium Timotheus eingesetzt hat, vollbringt er aufgrund der ihm verliehenen Gnadengabe (χάρισμα).[86] Sie ist es, die ihn zu seinem Wirken antreibt. Seine Errettung ist nicht die Folge eigener Bemühungen, sondern durch die göttliche Gabe verursacht. So verhält es sich auch beim Kindergebären der Frau. Es ist die ihr von

---

83 Siehe die entsprechenden Hinweise in 1Tim 2,3–4.

84 2Tim 1,9; Tit 3,4–7.

85 Jeremias 1965, S. 19.

86 Siehe die vorangehenden Worte in 1Tim 4,14–15.

Gott auferlegte Bestimmung, durch (διά) die er ihr bestätigt, dass ihre Schuld getilgt und ihr endgültiges Verderben abgewendet ist.[87]

Glaube, Liebe, Heiligung und Besonnenheit als die für die Frau angemessene Lebensordnung

Der folgende und die Darstellung abschliessende Bedingungssatz, wenn sie «im Glauben und in der Liebe und in der Heiligung mit Besonnenheit verbleiben», bestätigt die vorliegende Linie. Denn die vier Bestimmungen sind als menschliche Verhaltensweisen die Früchte, die die göttliche Gnade hervorbringt. Sie umgrenzen den Bereich, in welchem sich das Kindergebären und die Kindererziehung als der besondere Auftrag der Frau vollzieht. Und in ihm soll sie verbleiben.

Der Plural μείνωσιν («verbleiben») erlaubt keinen lückenlosen Anschluss an die vorangehenden Ausführungen, die im Singular abgefasst sind. Deshalb vermuten etliche Ausleger, dass er nicht zur Frau, sondern zu den Kindern gehört. Aber μείνωσιν scheint den Plural von «Frauen» (γυναῖκας und γυναιξίν) in V 9 und 10 aufzunehmen. Der Singular (γυνή und γυναικί) in den V 11–15a war wohl durch die Erörterung über Adam und Eva verursacht, der Gen 2 und 3 und möglicherweise weitere Überlieferungen zugrunde liegen. Jedoch in V 15b kehrt die Darlegung zum Plural der V 9–10 zurück.

Die Verbindung πίστις («Glaube») und ἀγάπη («Liebe») dient in den Pastoralbriefen als Bezeichnung für das Leben und Sein im Herrschaftsbereich Gottes und Christi.[88] Beide Bestimmungen gelten gemäss 1Tim 1,14 als Frucht der göttlichen Gnade. Man beachte die Aussage: «Überreich aber war die Gnade unseres Herrn mit Glaube und Liebe in Christus Jesus.» Auch 1Kor 13,13 reiht die beiden unter die Gnadengaben ein und in Gal 5,22 werden sie zu den Früchten des Geistes gezählt, was erneut bestätigt, dass ihr Ursprung bei Gott liegt. Sie regeln das Urteilen und Handeln der Gemeinde und ihrer leitenden Personen. Dementsprechend vernimmt Timotheus die Ermahnung: «Halte am Vorbild der gesunden Worte fest, die du von mir gehört hast, im Glauben und in der Liebe in Christus Jesus.» (2Tim 1,13) Das Vorkommen der Verbindung in mehreren neutestamentlichen Schriften zeigt,[89] dass

---

87 Διά bezeichnet die Bedingung oder den Umstand, worunter sich ihre Rettung vollzieht. Siehe ebenso 1Kor 3,15: … σωθήσεται, οὕτως δὲ ὡς διὰ πυρός – «er wird gerettet werden, aber so wie durch Feuer».

88 Bultmann 1961, S. 534, nennt sie eine formelhafte Bezeichnung des Christenstandes.

89 Siehe Eph 1,15; 1Thess 3,6; 2Thess 1,3; Phlm 5.

sie zum ursprünglichen Bestand der neutestamentlichen Überlieferung gehört. Ihre innere Beziehung umschreibt Gal 5,6 folgendermassen: «Glaube, der durch die Liebe wirksam ist». Der Glaube, der auf Gott hin ausgerichtet ist, sucht weder seinen eigenen Verdienst noch Ruhm, sondern die liebende Hingabe, sowie er selber nicht durch seine Kraft, sondern durch die Kraft und Hingabe Gottes besteht.

Diese zweigliedrige Formulierung wird gelegentlich ergänzt. In 1Tim 2,15 durch ἁγιασμός und σωφροσύνη. In 2Tim 2,22 durch δικαιοσύνη («Gerechtigkeit») und εἰρήνη («Friede»). Vielfältiger sind die Ergänzungen in 1Tim 6,11 und 2Tim 3,10–11. Sie umschreiben Verhaltensweisen, die für die jeweilige Situation wegleitend sind.

Ἁγιασμός («Heiligung») ist in den Pastoralbriefen nur an der vorliegenden Stelle zu finden. Das Wort bezeichnet die Absonderung von falschen und verderblichen Bindungen, die dem göttlichen Willen widersprechen. Die Heiligung versetzt den Menschen aus Unreinheit und Gesetzlosigkeit[90] in den Bereich der Gerechtigkeit (Röm 6,19). In 1Tim 2,15 wird sie zum Hinweis auf das für die Frauen angemessene Verhalten. Denn ihr Kindergebären und ihre Mutterschaft entsprechen dem göttlichen Willen, der ihnen die Geringschätzung und Vernachlässigung dieser für ihr Leben grundlegenden Bestimmung nicht erlaubt.

Wie die Ergänzung «mit Besonnenheit»[91] betont, vollzieht sich das für die Frau richtige und zutreffende Denken und Urteilen, indem sie innerhalb des Glaubens, der Liebe und Heiligung verbleibt. Sie bilden ihren Lebens- und Wirkungsbereich, in welchem ihre ursprüngliche Bestimmung zur Erfüllung gelangt. Hier wird sie die für ihren Auftrag nötigen Entscheidungen treffen und meiden, was ihr nicht zusteht. Dazu gehört nach 1Tim 2,12 das Lehren im Gottesdienst. Es galt als eine Übertretung ihrer Befugnisse, wenn sie dieses Recht an sich reissen wollte. Als kluge Frau durfte sie es nicht beanspruchen, weil sonst ihre eigentliche Bestimmung Schaden erleiden müsste.

---

90 Gemäss 1Thess 4,3.7 aus Unzucht und Unreinheit.

91 Μετὰ σωφροσύνης. Zur Bedeutung siehe Seiten 32–35.

III Die Aufhebung des gottesdienstlichen Predigt- und Lehrverbots für die Frau in der Gegenwart

Die Anweisung in 1Tim 2,12 war für die Kirchen bis in die jüngste Vergangenheit massgeblich. Das gottesdienstliche Lehren und die Verwaltung der Sakramente samt der Vollmacht, die das Presbyter- oder Vorsteheramt einschloss, blieb für die Männer reserviert. Es gab zwar kirchliche Randgruppen, die Predigerinnen tolerierten. Aber der Grundsatz, dass die gottesdienstliche Predigt einer männlichen Person vorbehalten sei, blieb in den allermeisten Kirchen unangefochten. Er wurde neben 1Tim 2,12–15 durch die Aussagen in Gen 3,16b; 1Kor 11,1–16; 14,33b–35 und Eph 5,22–24 begründet. Sie wurden meistens in dem Sinne interpretiert, dass die Frau im Vergleich zum Mann ein schwächeres und mangelhafteres Geschöpf sei, dem, wie sogar etliche Ausleger behaupteten, keine volle Gottebenbildlichkeit eigne. Auch zeige sie eine auffälligere Neigung zur Sünde und im Besonderen zur geschlechtlichen Verführung, die sie für den kultischen Dienst unfähig mache.

1. Zur Minderwertigkeit der Frau in der Antike

Es widerspiegelt sich in der soeben erwähnten Tatsache die allgemeine Ansicht der griechischen und römischen Antike, aber ebenso des damaligen Judentums, deren Einfluss auf die christlichen Kirchen seit ihrem Bestehen spürbar ist. Aristoteles bringt sie folgendermassen zum Ausdruck: «Es ist auf Grund der Natur das Männliche im Hinblick auf das Weibliche das Bessere, dieses aber das Schlechtere: jenes das Beherrschende, dieses aber das Beherrschte.»[92] So ist denn das Männliche zum Befehlen geeigneter als das Weibliche. Und mit Blick auf die Tugenden oder Fähigkeiten der beiden Geschlechter bestimmt Plato den Platz des Mannes in der Öffentlichkeit, den der Frau hingegen im Haus. Er führt aus: «… es ist leicht zu sagen, dass dieses des Mannes Tugend ist, dass er vermöge, die Angelegenheiten des Staates zu verwalten und in seiner Verwaltung seinen Freunden wohlzutun und seinen Feinden weh, sich selbst aber zu hüten, dass ihm nichts dergleichen begegne. Willst du die Tugend der Frau, so ist auch nicht schwer zu beschreiben, dass sie das Hauswesen gut verwalten muss, alles im Haus gut instand haltend und

92 Aristoteles 1971, Politik 1254b.

dem Mann gehorchend.»[93] Denn der Mann ist zum Herrschen tauglich, die Frau aber zum Dienen. Die beiden Philosophen geben die Auffassung wieder, die in der Antike mannigfach bezeugt wird. Aischylos wendet sich gegen die Frauenherrschaft, denn «die Männer sollen sich um das kümmern, was draussen ist, und die Frauen drinnen bleiben und keinen Schaden anrichten».[94] So urteilen ebenso Euripides und Valerius Maximus. Letzterer beurteilt das Auftreten von Frauen in politischen Versammlungen als ein Indiz für die Zerrüttung der öffentlichen Zustände. Und Plutarch erkennt es als ein Zeichen der Würde und Klugheit der Frau, wenn sie beachtet, dass nicht nur der Unterarm, sondern ebenso das Wort nicht in die Öffentlichkeit gehört, und man die Stimme wie eine Entblössung scheue und vor denen draussen hüte.[95]

Dieser negativen Beurteilung der Frau stimmen aber auch gewichtige Aussagen aus dem Judentum bei. Philo fordert in seinen «Hypothetica»,[96] dass die Frauen den sie beherrschenden Männern dienen. Ähnlich äussert sich Josephus: «Die Frau ist in jeder Hinsicht schlechter als der Mann, sagt man. Deshalb soll sie gehorchen, nicht zur Schande, sondern damit sie beherrscht werde. Denn Gott hat dem Mann die Herrschaft gegeben.»[97] Hinter solchen Äusserungen steht eine Auslegung von Gen 3, die die Frau belastet und den Mann entlastet. Während sie zur Sünde neigt, strebt er zum Gehorsam. Bei ihr finden sich Übertretung und Gesetzlosigkeit, bei ihm Ehrerbietung und Demut. Ihre Regungen sind unvernünftig, er aber ist vom Gesetz erfüllt und erhebt sich über das sinnliche Verlangen. So urteilen ebenso die pseudoklementinischen Homilien. Allein Eva war die Übertreterin im Paradies, nicht aber Adam. Das sündige σῶμα («Leib») hat der Mensch vom weiblichen Prinzip, jedoch das πνεῦμα («Geist») mit Verstand, Einsicht und Gottesfurcht ist männlich. Der Mann ist ganz Wahrheit, die Frau ganz Irrtum.[98]

---

93 Plato 1973–1975, Menon 71e.

94 Sieben gegen Theben. Zitiert nach Dautzenberg 1983, S. 197.

95 Plutarch 2002, Moralia II, 31.

96 Sie enthalten sowohl schriftlich aufgezeichnete als auch mündliche Überlieferungen.

97 Contra Apionem II, 201. Siehe Dautzenberg 1983, S. 197.

98 Ebenda, S. 200.

2. Überblick über das gottesdienstliche Lehrverbot für die Frauen in der Geschichte der Kirche[99]

Schon der 1. Clemensbrief macht seine Leser darauf aufmerksam, die Frauen sollen «die Milde ihrer Zunge durch das Schweigen offenbar machen»,[100] woraus auch das Schweigen im Gottesdienst resultiert. In der Patristik hat sich die Opposition gegen Predigerinnen fortgesetzt. Sie war genötigt, gnostischen Bewegungen zu widerstehen, die in Frauen die Quelle neuer Offenbarungen erkannten. Die Gnostik lehnte die Unterschiede innerhalb der Schöpfung ab. Tertullian berichtet, dass sie die Verschiedenheiten bei Männern und Frauen nicht als wesentlich anerkenne, weil der Geist und nicht das Geschlecht für die gottesdienstliche Funktion massgeblich sei. Deshalb duldete der Valentiner Markus Frauen, die die Eucharistie leiteten, was Tertullian eine Frechheit nannte.[101] Selbst wenn Frauen die gesunde Lehre vertreten, sollen sie das öffentliche Predigen unterlassen. Denn 1Tim 2,12 und 1Kor 14,34 gebieten ihnen zu schweigen.[102] Die Forderungen zugunsten der Redeerlaubnis der Frauen erhoben allerdings oft weite Kreise. Wegen der spirituellen Gleichheit der Geschlechter, wie sie im 2. Jahrhundert der Montanismus vertrat, wurde den Frauen eine grössere Anteilnahme an den kultischen Handlungen gewährt. Diese Bewegung war ein Ausbruch christlicher Apokalyptik, deren prophetische Verlautbarungen das nahe Ende der angebrochenen Endzeit verkündigten. Führende Gestalten waren die beiden Prophetinnen Priska und Maximilla. Ihre Kundgebungen wurden dem Zeugnis der Apostel übergeordnet. Somit galten auch die neutestamentlichen Anweisungen zum Lehrverbot der Frauen als zweitrangig. Jedoch sowohl diese als auch weitere Versuche, der Predigterlaubnis für Frauen zum Recht zu verhelfen, fanden keinen dauernden Erfolg. Im 4. Jahrhundert bekämpfte Epiphanias (um 315–403) die beiden Bewegungen der Quintillianer und Callyridianer. Die erste anerkannte weibliche Bischöfe und Presbyter und rechtfertigte dies

---

99 Siehe Harnack 1902, S. 395–403; Zscharnack 1902, S. 72–79; Roloff 1988, S. 142–146.

100 Fischer 1993, Band 1, 1Clem 21,7.

101 «Petulantiae autem mulier, quae usurpavit docere.» (Zscharnack 1902, S. 77, Anm. 1) Oder: «Ipsae mulieres haereticae, quam procaces! Quae audeant docere, contendere, exercismos agere, curationes repromittere, fortisam et tingere.» (Harnack 1902, S. 403)

102 «Non permittitur mulieri in ecclesia loqui, sed nec docere, nec tingere, nec offere, nec ullius virilis muneris, nedum sacerdotalis officii sortem sibi vindicare.» (Harnack 1901, S. 403)

durch Gal 3,28. Die zweite, die den Frauen ebenfalls das Priesteramt zubilligte, verehrte Maria als Göttin. Der Kampf der beiden Kirchenväter Ambrosiaster (um 350) und Pelagius (um 420) richtete sich gegen die Priscillianer, die Frauen offizielle Funktionen zusprachen. Ambrosiaster hebt hervor: «Der Mann ist durch die Frau im Paradies getäuscht worden: darum darf sie sich nichts herausnehmen, sondern soll in Demut verharren. Denn durch sie ist der Tod in die Welt gekommen.» Wie bei den Rabbinen wird die Frau im Vergleich zum Mann negativ beurteilt. 1Tim 2,15b wird in dem Sinn interpretiert, alles, was sie zu ihrer Errettung tun könne, sei Söhne zu gebären, die durch ihren Glauben die Errettung der Mutter bewirken. Auch Johannes Chrysostomus (354–407) hat sich diese Interpretation angeeignet und bemerkt, die Frau werde nicht durch eigene Tugend, sondern nur durch das Gebären von Söhnen gerettet. Und beim Sündenfall hat die Frau ihre Unfähigkeit zum Lehren dadurch bewiesen, dass sie Adam zum Ungehorsam verleitete. An der Minderwertigkeit der Frau hat auch Augustin festgehalten. Er bemerkt: «Deswegen kann ich nicht entdecken, zu welcher Hilfe die Frau für den Mann geschaffen worden sein soll, wenn man vom Gebären absieht.»[103]

Die wörtliche Befolgung der Anordnung in 1Tim 2,12 hat sich in den folgenden Jahrhunderten durchgesetzt. Weder in den Kirchen des Ostens noch des Westens wurde das weibliche Lehramt offiziell anerkannt. Diese Regel galt auch im Mittelalter. Abweichungen sind allerdings immer wieder aufgetreten. Sie vermochten jedoch die gültige Verordnung nicht aufzuheben. Papst Innozenz III. (1198–1216) bekräftigte sie mit dem Hinweis, dass selbst die gesegnete Jungfrau das Lehramt nicht an sich gerissen, sondern den Aposteln überlassen habe. Und Thomas von Aquin weist auf die besondere Verstrickung der Frau mit der Sünde hin, die ihr das Lehren in der Kirche verbiete, damit nicht der Geist der Männer zur Sinnlichkeit verführt werde.

Auch die protestantischen Kirchen folgten dieser Ordnung. Luther hält allerdings am Priestertum aller Glaubenden fest. Jedoch versichert er, dass aufgrund von 1Kor 14,34 und 1Tim 2,12 die Frauen von der öffentlichen Ausübung des Predigtdienstes ausgeschlossen sind. Sie sind dem Mann unterstellt, wie Gen 3,16b festhalte. Und die Vernachlässigung dieses Gebots sei ein Bruch von Zucht und Ordnung. Denn die Frau darf nicht über dem Mann stehen. Im Übrigen hält Luther den Mann als geeigneter und geschickter für die öffentliche Rede. Denn er sagt: «Also verpeutt Paulus den weybern tzu predigen ynn der gemeyn,

103 Gemäss Roloff 1988, S. 144, Anm. 179.

da menner sind, wilche tzu reden geschickt sind, das ehre unnd tzucht gehalten werde, die weyl eynem man viel mehr tzu reden eygent unnd gebürt unnd auch datzu geschickter ist.»[104]

Für Calvin[105] ist das Gebot, dass die Frau dem Mann Gehorsam schulde, in der Schöpfung begründet. Sie ist niedriger als er und steht darum unter ihm. Indem sie Gottes Gebot übertrat, hat sie sich gegen diese Ordnung aufgelehnt. Doch durch die göttliche Verfügung ist sie ihm erneut unterstellt worden. Der Mann wird deshalb auch zukünftig ihr Herr sein. Denn als ein zu ihm hinstrebendes Wesen wurde sie erschaffen und mit ihm verbunden, damit sie ihm dienstwillig zur Verfügung stehe. Gott habe nämlich nicht zwei an Macht gleiche Häupter erschaffen, sondern mit der Frau dem Mann eine niedrigere Stütze gegeben.

Calvins Ausführungen stützen sich auf die alttestamentlichen Berichte in Gen 2 und 3. Sie orientieren sich zugleich an den neutestamentlichen Aussagen, die das Verhältnis von Mann und Frau mit den Begriffen «unterordnen» und «Haupt»umschreiben. Sich unterordnen und den Mann als Haupt anerkennen, bedeutet aber nach Calvin für die Frau die Pflicht zum Gehorsam, den sie ihm als der ihm untergebene Teil schuldig ist. Sie hat seine Superiorität zu respektieren. Dies gilt primär für die eheliche Verbindung. Was jedoch in der Ehe gilt, hat ebenso in der Öffentlichkeit Gültigkeit. Die Frau darf weder in der Ehe noch im öffentlichen Bereich die Funktion des Hauptes an sich reissen. Dies bestätigt auch das allgemeine Empfinden, das die Herrschaft der Frau ablehnt und ihr den Zutritt zu öffentlichen Ämtern verweigert. Sie sei aufgrund ihrer Natur und nach göttlicher Verfügung zum Gehorchen geboren. Deshalb haben die weisen Leute aller Zeiten die Frauenherrschaft als eine Missgeburt verworfen. Im Alten Testament wurden zwar Frauen wie z. B. Debora durch den Heiligen Geist berufen, das Volk zu regieren. Und gemäss Institutio IV 10,31 bestehen auch in der christlichen Gemeinde für die Frau Ausnahmen: «Ist jenes Gebot vom Stillschweigen der Frau etwa heilig, so dass man es nicht verletzen kann, ohne die schlimmste Missetat zu begehen?», fragt Calvin. Und er antwortet: «Es gibt Gelegenheiten, wo ihr (der Frau) das Reden nicht weniger ansteht als sonstwo das Schweigen.» Doch diese aussergewöhnlichen Handlungen Gottes könnten die überall gültigen Regeln nicht umstürzen. Die Frau ungehindert lehren zu lassen, hiesse darum Himmel und Erde durcheinander werfen.

104 Gemäss Roloff 1988, S. 145, Anm. 188.
105 Zu den folgenden Ausführungen siehe Calvin 1963a, S. 467–470.

Calvin hat mit seinen grundsätzlichen Ausführungen die Ausübung des Predigtamtes für die Frau in den reformierten Kirchen abgelehnt. Ihm hat der zu seiner Zeit in Zürich wirkende Heinrich Bullinger beigepflichtet, indem er im Blick auf 1Tim 2,12–14 bemerkt, dass «bei der Frau die Macht und die Übernahme von Herrschaft keinen guten Ausgang genommen haben». Deshalb wurde sie von Gott gedemütigt und zur Bestrafung der Sünde dem Mann unterworfen.[106]

Diese Haltung blieb mit einzelnen Ausnahmen für die folgenden Jahrhunderte massgeblich. Auch der Pietismus hielt weitgehend daran fest, dass die betreffenden Anordnungen im 1. Korinther- und 1. Timotheusbrief ohne Einschränkung in die kirchliche Praxis umzusetzen sind. So sassen denn in den Collegia Pietatis von Spener die Frauen in einem besondern Raum, wo sie mithören, sich jedoch nicht am Gespräch beteiligen durften. Abweichungen von der allgemeinen Regel sind jedoch eingetreten. In der Brüdergemeinde von Zinzendorf wurden die Frauen völlig in das gemeinschaftliche Leben und Handeln einbezogen. 1Tim 2,12 habe lediglich für eine «Nation» Gültigkeit, sei jedoch nicht auf das gesamte weibliche Geschlecht zu beziehen. Das heisst, die Anordnung sei auf die damals herrschende gesellschaftliche und kulturelle Situation ausgerichtet, deren Ansprüche nicht immer und überall verpflichtend seien. Zinzendorf spricht im Übrigen vom Verlust, den das Schweigen der Frauen bewirkt habe. «Seitdem die Schwestern nicht mehr reden, ... ist uns ein Kleinod verloren gegangen.»[107]

Ebenso vertrat die «Gesellschaft der Freunde» («Quäker») die Ansicht, dass der den Menschen einwohnende göttliche Geist den Frauen das Recht verleihe, neben den Männern im Gottesdienst zu sprechen. Auch John Wesley, der Gründer der methodistischen Kirche, äusserte sich dahin, dass der Heilige Geist die Glaubenden ermächtige, den Frauen diese Erlaubnis zu erteilen. Doch sie gelte nur ausnahmsweise und setze die Unterordnung der Frau unter den Mann nicht ausser Kraft. Die übrigen protestantischen Kirchen hielten samt den Anglikanern an der Meinung der Reformatoren fest. Auch die katholische Kirche hat bis heute keine Frauen mit priesterlichen Funktionen ausgestattet.[108] Frauen

---

106 Bullinger 2004, S. 520.

107 Zitiert nach Roloff 1988, S. 145, Anm. 193.

108 Nach katholischer Lehre ist es unmöglich, Frauen zum Priesterdienst zu weihen. «Die heilige Weihe empfängt gültig nur ein getaufter Mann.» (Gemäss Codex Iuris Canonici, Can. 1024). «Jesus, der Herr, hat Männer gewählt, um das Kollegium der zwölf Apostel zu bilden, und die Apostel taten das Gleiche, als sie Mitarbeiter wählten, die ihnen in ihrer Aufgabe

waren allerdings in den verschiedenen Kirchen in zahlreichen Sparten tätig und boten namhafte Beiträge zum kirchlichen Leben, zu denen neben sozialen Hilfeleistungen auch die Vermittlung biblischen Wissens in der Katechese gehörte. Jedoch das männliche Privileg zur gottesdienstlichen Wortverkündigung stellten sie selten infrage. Vielmehr bewiesen sie eine erstaunliche Treue zu den Anweisungen in 1Tim 2,12, die auch ihnen als verbindliche Richtschnur galten.

3. Die gottesdienstliche Wortverkündigung der Frau als Ausdruck ihrer Zugehörigkeit zum Mann

Im Lauf des 20. Jahrhunderts haben die allermeisten Kirchen der Frau den Zugang zum Predigtamt gewährt. Man wird bei dieser Zulassung jedoch prüfen müssen, ob dies mit derselben Treue zur biblischen Wahrheit erfolgte, wie sie z. B. die Reformatoren anstrebten, oder ob man lediglich irgendeiner Theorie oder Ideologie der Gleichheit der beiden Geschlechter folgte, die der Frau dieselben politischen und gesellschaftlichen Rechte wie dem Mann zubilligt. Wer für die Frau den Zugang zur gottesdienstlichen Wortverkündigung befürwortet, muss sich dieser Frage stellen.

Die Notwendigkeit des Predigtverbots der Frau in den Pastoralbriefen

Die jüdische Synagoge hat damals den Frauen die volle Teilnahme am Gottesdienst verweigert. Sie ist bis auf wenige Gebote nicht verpflichtet, die ganze Tora zu kennen. Der christlichen Frau ist es hingegen erlaubt, mit den Männern am Gottesdienst teilzunehmen. 1Tim 2,11 fordert sie sogar auf, zu lernen, d. h., sich die Wahrheit des Evangeliums vollumfänglich anzueignen, die ja ebenfalls die Schriften des Alten Testaments umfasst, so dass ihr im Gegensatz zur jüdischen Frau der Zugang zur Tora ermöglicht wird.

Jedoch das Lehren wird ihr nicht erlaubt. 1Tim 2,12 erkennt darin die Absicht, dass sie sich eigenmächtig über den Mann erhebt und dadurch die enge Verbindung der Geschlechter, wie sie die Schöpfungsberichte der Genesis schildert, missachtet. Die Gültigkeit dieser Verbindung wird auch von Jesus bestätigt, der sich im Blick auf Gen 2,23–24 dahin äussert, dass Mann und Frau von Anfang an, d. h. gemäss ihrer

---

nachfolgen sollten.» (Katechismus 1993, S. 425) Das zuletzt Zitierte beruft sich auf 1Tim 3,1–13; 2Tim 1,6; Tit 1,5–9.

ursprünglichen Bestimmung von Gott zusammengefügt wurden.[109] Diese Bestimmung beruht auf einer gegenseitigen Zuordnung von Mann und Frau. Auch für Paulus ist dieser Gesichtspunkt massgeblich, weshalb er den betenden und prophezeienden Frauen in Korinth die Entfernung der Kopfbedeckung als dem Zeichen ihrer Zugehörigkeit zum Mann untersagt (1Kor 11,2–16).

Es war somit die Sorge um die Bewahrung der ursprünglichen Zusammengehörigkeit der beiden Geschlechter, die dazu führte, der Frau die Erlaubnis zum Predigtamt zu verweigern. Denn die Behauptung einer geistigen oder moralischen weiblichen Minderwertigkeit wird weder in 1Tim 2,13–15 noch in andern neutestamentlichen Aussagen ausgesprochen. Die Hinweise auf die spätere Erschaffung der Frau und ihre Verführung durch die Schlange dienten lediglich als Argumente, ihren Anspruch, über den Mann zu herrschen, zu entkräften. Sie sollten aufzeigen, dass sie sich ihm gegenüber mit keinem Vorrang rühmen kann. Und weibliche Verkündiger und Presbyter waren für die Gemeinden, an die sich die Pastoralbriefe richteten, deshalb unannehmbar, weil in ihrer griechischen und römischen Umwelt es trotz gelegentlicher Ausnahmen hauptsächlich Männer gewesen sind, die öffentliche Ämter innehatten, indessen als Lebensbereich für die Frau das Haus galt. Vor allem kannte die jüdische Synagoge keine Zulassung der Frau zum Lehr- und Presbyteramt. Deren Stellung im Gottesdienst blieb marginal. Und die christlichen Gemeinden empfingen wesentliche Impulse durch das Alte Testament, das ihnen durch die Synagoge überliefert wurde. Sie waren sich auch jederzeit ihrer Herkunft aus der «Wurzel» Israel bewusst (Röm 11,16.18). Dies widerspiegelt sich im Episkopen- oder Presbyteramt, das gemäss den Pastoralbriefen für die Führung der Gemeinden konstitutiv wurde (Tit 1,5) und das im Judentum Männern vorbehalten war. Die Aufforderung an die Frau, zu lernen, wie sie in 1Tim 2,12 erfolgt, zeigt, dass sie zwar an der Wahrheit und Verheissung des Evangeliums vollen Anteil nimmt. Aber jeder Anschein, dass diese Anteilnahme der Frau das Recht verlieh, sich an die Stelle des Mannes zu setzen, musste vermieden werden. Deshalb wurde ihr die leitende Position, die dem Predigt- und Presbyteramt eigen ist, verwehrt. In 1Kor 11,5 berichtet Paulus allerdings, dass Frauen in gottesdienstlichen Versammlungen öffentlich beteten und prophezeiten, und dies kann ebenso für die Gemeinden, an die sich die Pastoralbriefe richteten, nicht schlechterdings ausgeschlossen werden.[110] Jedoch untersagte Paulus den

[109] Mt 19,4–6a; Mk 10,6–8.

[110] Siehe Zscharnack 1902, S. 74: Ob «das von διδάσκειν sonst unterschiedene προφητεύειν verboten war, muss ungewiss bleiben».

Korintherinnen die Entfernung der damals üblichen Kopfbedeckung, die das Zeichen für ihre Zugehörigkeit zum Mann war (1Kor 11,5). Die Forderung von Frauen nach dem Predigtamt konnte deshalb nur als Missachtung dieser Ordnung verstanden werden. Und der Verzicht auf dieses Amt machte sie für ihre ursprüngliche Funktion des Kindergebärens und der Kindererziehung sowie der Hausverwaltung frei. Hierin erblickten die Pastoralbriefe die eigentliche Aufgabe der Frau, die ihr vom Evangelium her oblag und worin sich ihre Bedeutsamkeit für die gegenwärtige und zukünftige Menschheit erwies. Die Erlaubnis zum Predigtdienst hätte den Eindruck erweckt, dass die christliche Gemeinde diese wesentliche Funktion missachte. Und dies hätte diejenigen, «die draussen sind», also die jüdische und heidnische Umwelt, irritiert, denen sie ihr wahrhaftiges Zeugnis schuldig war.

Man kann bei dieser Entscheidung eine Parallele zur Haltung des Paulus hinsichtlich der Sklaverei erkennen. Er tritt in seiner kurzen Ausführung in 1Kor 7,21–23 nicht für deren Beseitigung ein, wie dies von revolutionären Strömungen seiner Zeit propagiert wurde. Denn damit würde die gegenseitige Verbundenheit, die sich Herren und Sklaven gemäss dem Evangelium schuldig sind, gering geschätzt. Das evangelische Anliegen bestand in jenem Zeitpunkt nicht in der Abschaffung der Sklaverei, sondern in der Bewährung der Brüderlichkeit zwischen den Sklaven und ihren Herren. Deshalb fordert Paulus von Philemon nicht die Freilassung für den entlaufenen Sklaven Onesimus, mahnt jedoch, ihn als einen «geliebten Bruder» aufzunehmen (Phlm 16). Denn die von Christus gestiftete Brüderlichkeit behält in jeder gesellschaftlichen Ordnung ihre unanfechtbare Gültigkeit und wiegt mehr als das augenblickliche Postulat einer politischen Bewegung. Dementsprechend tritt der 1. Timotheusbrief für die gegenseitige Zugehörigkeit von Mann und Frau ein, die auch in einer Gesellschaft gelebt werden kann, die dem Mann die Angelegenheiten in der Öffentlichkeit und der Frau diejenigen im Haus zuweist.

Die Aufhebung des Predigtverbots für die Frau, wozu sich heute die Mehrzahl der Kirchen entschlossen hat, ist die Folge der Ausweitung bürgerlicher und politischer Rechte, die einst allein dem Mann vorbehalten waren. Gerechterweise muss erwähnt werden, dass vielfach während langer Jahrhunderte ebenfalls nur einer beschränkten Anzahl von Männern, die einer privilegierten gesellschaftlichen Schicht angehörten, die Ausübung dieser Rechte erlaubt war. Hinsichtlich der Frau hat aber in der Gegenwart das Argument der weiblichen Minderwertigkeit, das ihre Ebenbürtigkeit mit dem Mann bestritt, seine Gültigkeit eingebüsst.

Ihre Gleichwertigkeit wurde anerkannt. Aus dieser Sicht wurde das Predigtverbot angefochten und schliesslich preisgegeben.

Diese Massnahme muss insofern als richtig beurteilt werden, als das Festhalten an der Regel von 1Tim 1,12 unter den veränderten geistigen, politischen und gesellschaftlichen Umständen die Frau in Misskredit versetzen würde. Dies ist aber von der biblischen Botschaft her nicht zu verantworten. Denn sie erkennt ja in der Frau die ebenbürtige Partnerin des Mannes, die zu seiner Hilfe und Unterstützung erschaffen wurde und deshalb an allen seinen Aktionen Anteil erhalten soll. Gen 1,27 setzt sie neben den Mann, der mit ihr und nicht ohne sie Gottes Bild darstellt. Und in Gen 2,1–25 bildet sie als die zum Menschen passende Hilfe den Höhepunkt und die Vollendung der Schöpfung, die vom Mann sehnsüchtig erwartet und als ein Teil von ihm selbst erkannt wird (V 23a). Erst mit ihr wird er zu einem vollen Menschen.[111] Und die Aussage in Gen 3,16b, dass wegen ihrer Übertretung des göttlichen Gebots der Mann über sie herrschen wird, muss in erster Linie dahin verstanden werden, dass sie ihm weiterhin als seine Gefährtin verbunden bleibt und unter seinem Schutz und seiner Gunst steht. Dem hebräischen מָשַׁל, das diesen Herrschaftsakt bezeichnet, haftet an sich keine Gewalttätigkeit an. Es bezeichnet im eigentlichen Sinn die herrschaftliche Befugnis oder verwaltende Tätigkeit, die das Passende und Hilfreiche für die anvertrauten Menschen anordnet.[112] Ebenso denkt das Verbum «sich unterordnen» (ὑποτάσσεσθαι) in Tit 2,5 nicht an ein schmähliches Unterworfensein der Frau unter den Mann, sondern hebt ihre ursprüngliche Zugehörigkeit zu ihm hervor. Dies wird in Eph 5,21a durch den Aufruf «ordnet euch einander unter»[113] bestätigt, der die Unterordnung nicht nur für die Frau, sondern ebenso für den Mann fordert und sie somit für beide zu einer dauernden Verpflichtung erklärt. Sie leben innerhalb derselben Ordnung. Damit beruht ihre Verbindung auf einer gegenseitigen Rücksichtsnahme, die keinem der beiden Partner erlaubt, sich eigenwillig und eigenmächtig zum Schaden des andern etwas für sich zu nehmen. Sie stehen einander in allen Angelegenheiten zu Diensten und bezeugen damit ihre gegenseitige Zugehörig-

[111] Dass sie nach dem Mann erschaffen wurde, deutet an dieser Stelle nicht auf ihre Minderwertigkeit, sondern auf ihre Vortrefflichkeit hin.

[112] ThWAT V, Sp. 77, bemerkt übrigens, dass in diesem Verbum auch die Komponente des Dienens enthalten ist, die bei den meisten Belegen im Alten Testament noch beweisbar sei, obwohl sie selten in den Vordergrund tritt.

[113] Ὑποτασσόμενοι ἀλλήλοις. Dieses Partizip ist imperativisch. Siehe Blass 1970, § 468,2.

keit. Man beachte die paulinische Aussage über diese Zugehörigkeit in 1Kor 7,3–4: «Der Frau gegenüber erfülle der Mann seine Pflicht, ebenso die Frau gegenüber dem Mann. Die Frau verfügt nicht über den eigenen Leib, sondern der Mann; ebenso aber verfügt auch der Mann nicht über den eigenen Leib, sondern die Frau.»

Diese Tatsache wird übrigens durch den Begriff des Hauptes, mit dem der Mann in 1Kor 11,3b und Eph 5,23a gleichgesetzt wird, bekräftigt. Das Haupt ist nicht der Exponent einer tyrannischen und diskriminierenden Haltung, sondern garantiert die Ordnung, in die beide Partner eingefügt sind. Allerdings ist zuerst der Mann für deren Anerkennung verantwortlich. Und er erfüllt seine Funktion, wenn er nichts ohne die Zustimmung seiner Frau ausübt, so wie ein Haupt seine Entscheidungen und Massnahmen in der Aufmerksamkeit und Rücksichtsnahme auf den Leib mit seinen Gliedern trifft. Man hat sich in diesem Zusammenhang die Ausführungen in 1Kor 12,14–26 vor Augen zu halten, wo Paulus von der Verbundenheit der Glieder am Leib spricht und dabei ausführt: «Das Auge aber kann nicht zur Hand sagen: Ich bedarf deiner nicht, oder wieder das Haupt zu den Füssen: Ich bedarf eurer nicht.» (V 21) Dies zeigt, dass das Haupt sich nicht selber genügt, sondern wie jedes andere Glied der Unterstützung bedarf. Es ist in den Organismus des Leibes eingeschlossen und fügt sich der Bestimmung der übrigen Glieder ein, die alle dieselbe Sorge füreinander tragen (V 25b). Es diktiert dem Leib und seinen Gliedern kein fremdes Gesetz und Verhalten und unterwirft sie nicht seinen eigenen Begehren, sondern anerkennt seinerseits die Regel, der jedes Glied folgt, und die Paulus mit den Worten formuliert: «Und wenn ein Glied leidet, leiden alle Glieder mit. Wenn ein Glied geehrt wird, freuen sich alle Glieder mit.» (V 26) Die Frau ist somit nicht die minderwertige Sklavin des Mannes, sondern seine ebenbürtige Gefährtin, die mit ihm zu einem Leib vereint die Erfüllung des gemeinsamen Auftrags ermöglicht. Das Hauptsein des Mannes ist deshalb nicht der Ausdruck von Überlegenheit und Machtfülle, durch die er seine Frau überragt. Sondern es impliziert die Verpflichtung, ihre Anliegen zu akzeptieren, zu ihren Gunsten zu urteilen und ihr Wohlergehen in seine Entscheidungen einzubeziehen, indem er mit ihrer Zustimmung oder auf ihre Initiative hin die nötigen Beschlusse trifft und zu den entsprechenden Taten schreitet.

Die Berechtigung zum Predigt-, Lehr- und Vorsteheramt für die Frau als Glied am Leib der Kirche

Die Erlaubnis zum Predigtamt, die der Frau während der vergangenen Jahrzehnte gewährt wurde, muss als ein folgerichtiger Schritt gemäss der Verkündigung des Evangeliums durch Jesus gesehen werden. Zur christlichen Gemeinde gehörten von Anfang an Männer und Frauen, die sich zum gemeinsamen Gottesdienst versammelten. Das bestätigt 1Tim 2,12, wo gefordert wird, dass die Frau im Gottesdienst lernt und damit vollen Anteil an der durch das Evangelium verkündigten Verheissung und Wahrheit gewinnt.

Jesus hatte während seiner irdischen Wirksamkeit einen Kreis von Jüngerinnen um sich, zu denen Maria aus Magdala, Johanna, die Frau des Chusa und Susanna neben vielen andern gehörten, die ihn sogar mit ihrem Vermögen unterstützten (Lk 8,1–3). Frauen nahmen Anteil an seinem Leiden und Sterben am Kreuz[114] und waren die ersten Zeuginnen seiner Auferstehung von den Toten.[115] Das Verhalten von Frauen erregte immer wieder seine Aufmerksamkeit, wie z. B. die Opfergabe der Witwe zeigt (Mk 12,41–44; Lk 21,1–4). Frauen waren ebenso das Ziel seines Wirkens in Wort und Tat, wie dies bei der Witwe von Nain (Lk 7,11–17), bei der Blutflüssigen (Mk 5,25–34 parr), bei Martha und Maria (Lk 10,38–42), der Heilung der Gekrümmten (Lk 13,10–17), der Samaritanerin (Joh 4,3–30) oder der Ehebrecherin (Joh 8,1–11) offensichtlich wird. Und wie es die Geschichte von der Salbung in Bethanien zeigt, ist es eine Frau, die Jesus für seine Wohltaten mit ihrer aussergewöhnlichen Ehrung dankt (Mk 14,3–9 parr).[116] Diese Begebenheiten deuten an, dass die Frauen von Anfang an zu einem wichtigen Faktor der christlichen Gemeinde wurden, die mit den Männern gleichberechtigte Empfängerinnen der göttlichen Gnade waren.[117] So berichtet denn die Apostelgeschichte, dass bei den ersten Gemeinden neben Männern auch Frauen beteiligt waren (Apg 8,3; 9,2; 22,4). Einzelne wurden namentlich erwähnt wie die Näherin Tabitha (Apg 9,36–42), die Purpurhändlerin Lydia (Apg 16,14–15), die Athenerin Damaris (Apg 17,34), die Zeltmacherin Priscilla (Apg 18,2), die vier prophezeienden Töchter des Philippus (Apg 21,9) oder auch Saphyra, die mit ihrem Mann Ananias die Gemeinde betrog (Apg 5,1–11). Der Befund in der Apostelgeschichte wird durch die Briefe des Paulus bestätigt. Die Grussliste in Röm 16, die seine Mitarbeiter und Mitarbeiterinnen in Rom aufzählt, nennt neben 18 Männern acht Frauen, nämlich Priska, Maria, Tryphäna, Thryphosa, Persis, die Mutter des Rufus, Julia und die Schwester des Nereus. In Röm 16,1 und Phil 4,2 stehen die Namen der Phöbe,

---

114 Mt 27,55–56; Mk 15,40–41; Lk 23,49; Joh 19,25.

115 Mt 28,1–10; Mk 16,1–8; Lk 24,1–10; Joh 20,11–18.

116 In Lk 7,36–50 ist die Geschichte zur Salbung durch die Sünderin ausgestaltet.

117 1Petr 3,7 nennt sie «Miterben der Gnade des Lebens».

Euodia und Synthyche. Beachtlich war in der ersten Christenheit die Bedeutung der Priska als Vorsteherin einer Hausgemeinde (1Kor 16,19), die der 2. Timotheusbrief neben Claudia in seine Grussliste aufgenommen hat (2Tim 4,19–21).

Die Zugehörigkeit von Frauen zur christlichen Gemeinde hat deren Dasein seit ihrem Bestehen geprägt. Und diese Zugehörigkeit hat sich in den folgenden Jahrhunderten bis in die Gegenwart fortgesetzt. Die Kirche ist seit jeher eine Gemeinschaft von Männern und Frauen. Dieser Sachverhalt ist nicht zufällig, sondern widerspiegelt die ursprüngliche Zusammengehörigkeit der beiden Geschlechter zum gemeinsamen Werk an der Erde und ihren Geschöpfen, zu deren Bewahrung und Förderung sie eingesetzt sind. Er wird durch das Evangelium bestätigt. Es spricht Mann und Frau die gemeinsame Errettung zu, die sie der Menschheit bezeugen werden.

Der Beitrag, den die Frauen in den verschiedenen Funktionen innerhalb der Kirchen leisteten, war reich und vielfältig. Jedoch das Predigt- und Lehramt wurde ihnen bis in die jüngste Vergangenheit verweigert. Eine wesentliche Ursache bildete die seit der Antike dominierende Ansicht, dass der für sie angemessene Wirkungsort das Haus und nicht die Öffentlichkeit sei. Und diese Einschränkung wurde vielfach mit dem Gedanken der Minderwertigkeit verknüpft, die ihr im Vergleich zum Mann anhafte und dem neben bedeutenden Philosophen der Antike auch führende Theologen wie Augustin, Thomas von Aquin, Luther und Calvin beipflichteten.

Die Aufhebung des Predigt- und Lehrverbots erfolgte aufgrund der Einsicht, dass der Frau dieselben politischen und zivilen Rechte wie dem Mann zustehen. Die ihr bis anhin angelastete Minderwertigkeit wurde nicht mehr akzeptiert, weil sich die Erkenntnis durchsetzte, dass sie hinsichtlich ihrer geistigen Begabungen nicht hinter dem Mann zurücksteht, was übrigens bereits in ihrem bisherigen hauptsächlichen Tätigkeitsbereich, der Hausverwaltung und Kindererziehung, ersichtlich wurde. Man kann in diesem Zusammenhang daran erinnern, dass die Besonnenheit (σωφροσύνη), die in der Antike als eine hervorragende Tugend galt, in den Pastoralbriefen nicht nur dem Mann, sondern ebenso der Frau zugesprochen wurde.[118] Von einer prinzipiellen Minderwertigkeit der Frau reden weder alttestamentliche noch neutestamentliche

118 Siehe 1Tim 2,9.15; Tit 2,4–5. Von solchen ebenbürtigen Fähigkeiten der Frau reden gelegentlich auch heidnische Autoren wie z. B. der römische Stoiker Musonius. Siehe Musonius 1994, Dass auch Frauen philosophieren sollen, S. 404–412.

Texte. Jedoch rühmen sie gelegentlich deren Tugenden und Begabungen. Vor allem legen die Schöpfungsberichte der Genesis der Ebenbürtigkeit der beiden Geschlechter kein Hindernis in den Weg. Sie bleiben allerdings Mann und Frau, d. h. אִישׁ (isch) und אִשָּׁה (ischa), wie der hebräische Text ihre Gleichheit und Verschiedenheit sprachlich fasst (Gen 2,23). Eine Minderwertigkeit der Frau ist nicht zu postulieren. Damit wird der wesentliche Grund zur Verweigerung der Predigt- und Lehrerlaubnis wirkungslos.

Diese Erlaubnis darf aber die Frau nicht zur Propagierung weiblicher Vorzüge und Forderungen verleiten, mit denen sie sich über den Mann stellt und die gegenseitige Verbundenheit gefährdet. Es ist ihr verwehrt, ihre Stellung und Funktion als Predigerin und Vorsteherin zum Aufbau und zur Konsolidierung weiblicher Machtpositionen zu missbrauchen. Sie übernimmt ja die Aufgaben, die dem Presbyter obliegen, dem die Pastoralbriefe klare Anweisungen erteilen. So hat denn Titus in seinem Predigen sich an dem der Lehre entsprechenden, zuverlässigen Wort festzuhalten, das ihn zugleich instand setzt, seiner Gemeinde gegenüber den nötigen Zuspruch zu leisten und die Widersprechenden zu überführen (Tit 1,9). Und Timotheus vernimmt: «Halte fest am Vorbild der gesunden Worte» (2Tim 1,13) oder «Bewahre das anvertraute Gut (παραθήκη) durch den Heiligen Geist, der in dir wohnt» (1Tim 6,20). Und Paulus lobt den Timotheus, der ihm «in der Lehre nachgefolgt ist» (2Tim 3,10). Es ist jene Lehre, die sich nach 1Tim 2,11 jede Frau im Gottesdienst aneignen soll. Sie bildet die Grundlage ihrer Verkündigung und wird damit zur Richtschnur ihres eigenen Verhaltens. Deshalb ermahnt 1Tim 4,16: «Habe acht auf dich selbst und auf die Lehre.» Die Existenz der Prediger und Predigerinnen muss zu einem lebendigen Abbild der in dieser Lehre verkündigten Wahrheit werden, die weder ihrem Eigennutz noch ihrer Eigenmächtigkeit dient.

IV Mann und Frau als Angehörige ihres Hauses und Betreuer ihrer Kinder

1. Heirat, Kindergebären und Hausverwaltung der Frau

Zur Bedeutung von γαμεῖν («heiraten»), τεκνογονεῖν («Kinder gebären») und οἰκοδεσποτεῖν («das Haus verwalten»)

> «Ich will nun, dass die jungen (Witwen) heiraten, Kinder gebären, das Haus verwalten.» (1Tim 5,14)

Die in dieser Aussage erwähnte Dreiheit von Heirat, Kindergebären und Hausverwaltung, die das Leben der Frau prägt, weist auf ihre ursprüngliche Bestimmung hin, wie sie in den alttestamentlichen Schöpfungsberichten, aber auch weitern alttestamentlichen Texten an den Tag tritt. Schon die Darlegung in 1Tim 2,13–15 stützte sich auf die Ausführungen in Gen 2,18–25 und Gen 3,1–20. Es ist deshalb gerechtfertigt, bei der Untersuchung über die Zusammengehörigkeit der drei erwähnten Funktionen nach ihrer Begründung im Alten Testament zu fragen, das für die Pastoralbriefe von massgeblicher Bedeutung ist. Denn es sind, wie Timotheus vernimmt, die heiligen, d. h. die alttestamentlichen Schriften,[119] «die dich weise machen zur Errettung durch den Glauben an Christus» (2Tim 3,15).

Das Heiraten weist auf die Zugehörigkeit der Frau zum Mann hin. Nach der Darstellung von Gen 2,18–25 ist sie von ihrem Ursprung her auf ihn ausgerichtet. Sie ist gemäss göttlicher Verfügung zu seiner Hilfe erschaffen und erfüllt diese Funktion, indem sie in leiblicher Einheit zu einem gemeinsamen Menschsein mit ihm vereinigt ist. Darauf beruht die Aufforderung in 1Tim 2,12, dass sich die Frau nicht über den Mann erhebe, d. h. die Einheit mit ihm zerstöre. Die Ehe ist aber der reguläre Vollzug dieser Ordnung. Durch sie werden die in 1Tim 5,11–15 erwähnten jungen Frauen von ihrem Müssiggang befreit, indem ihnen der Ort zugewiesen wird, der ihrer ursprünglichen Bestimmung entspricht.

> Gemäss Mt 19,5 und Mk 10,7–8a begründet auch Jesus die eheliche Gemeinschaft mit dem Hinweis auf die zweite Schöpfungserzählung, wobei beide Textstellen den Ausspruch in Gen 2,24, der die gemeinsame Leib-

[119] Siehe Dibelius 1966, S. 89: «Ἱερὰ γράμματα ist der Name für die Heilige Schrift des Alten Testaments im griechisch redenden Judentum.»

lichkeit der beiden Partner hervorhebt, wörtlich zitieren.[120] Die Ehe gilt somit als eine durch Gottes Schöpfertat legitimierte Ordnung, die Jesus erneut bestätigt hat. Dementsprechend erklärt 1Tim 4,3a das Verbot zur Heirat, wie es häretische Verkündiger vertreten, als eine Forderung betrügerischer Verführer.

Das Kindergebären bedeutet für die Frau jenen Akt, durch den sie gemäss 1Tim 2,15 die ihr von Gott gewährte Errettung und Bewahrung bezeugt.[121] Deshalb wird sie in Gen 3,20 «Mutter der Lebenden» genannt. Ihr Gebären weist mit der vorangehenden Schwangerschaft auf ein charakteristisches Merkmal ihres Daseins hin. Im Mutterschoss wird der Mensch in seiner frühesten Lebensperiode gebildet. Somit wird die Mutter für ihr werdendes Kind zur schützenden Person, woraus ihre enge Zusammengehörigkeit mit ihm resultiert. Durch eine Frau zum Leben zu gelangen und geboren zu werden, ist ein elementares Faktum, das trotz zahlreicher individueller Unterschiede allen Menschen anhaftet. Deshalb bemerkt Hiob: «Hat nicht er, der mich im Mutterleib erschuf, auch ihn (meinen Knecht) erschaffen, und hat nicht einer uns im Mutterleib zubereitet?» (Hiob 31,15) Gemäss alttestamentlichen Aussagen wird dieses Werden als ein göttlicher Schöpfungsakt bezeichnet. Der mütterliche Schoss ist der Ort, wo sich am Menschen das geheimnisvolle Walten Gottes vollzieht, das ihn aus dem Nicht-Sein zu einem seienden Wesen gestaltet. Dieses Geschehen ist den Augen des Menschen nicht erreichbar, denn es ereignet sich in der Verborgenheit (Ps 139,15). So wie er den Weg des Windes nicht kennt, kennt er ebenfalls nicht das Werden des Kindes im Leib der Schwangeren, d. h. Gottes Tun, durch das alles geschieht.[122] Dass die Frau durch ihr Kindergebären zum Ort dieses göttlichen Wirkens bestimmt ist, verleiht ihr eine einzigartige Ehre. Und aufgrund dieser Tatsache werden die jungen Witwen in 1Tim 5,14 angehalten, den ihnen zugewiesenen Auftrag zu ergreifen.

Für die Bedeutung des οἰκοδεσποτεῖν («das Haus verwalten»)[123] ist seine Verwandtschaft mit dem Substantiv οἰκοδεσπότης («Hausherr»)

---

120 Siehe: «Darum wird ein Mensch Vater und Mutter verlassen und wird seiner Frau anhangen, und die beiden werden ein Fleisch sein.»

121 Siehe: «Sie aber wird durch Kindergebären gerettet werden.»

122 Siehe Koh 11,5. Diese Stelle redet vom göttlichen Erschaffen, nicht von einem biologischen Faktum.

123 Es handelt sich um ein neutestamentliches Hapaxlegomenon. In der LXX fehlt es. Vielfach ist es ein astrologischer Terminus, findet aber auch für Verhältnisse des täglichen Lebens Verwendung. ThWNT II, S. 48, Z. 21–

aufschlussreich. Dieser ist die für die Führung und Verwaltung eines Hauses zuständige und verantwortliche Person. Ihm melden die Knechte, wenn sich auf den Gütern bedenkliche Vorfälle ereignen, damit er die erforderlichen Gegenmassnahmen treffe (Mt 13,27–30). Auch schützt er das ihm anvertraute Gut vor Dieben (Mt 24,43). Ebenso steht es in seiner Kompetenz, sein Haus Gästen zur Verfügung zu stellen (Mk 14,14; Lk 22,11) und denjenigen, der Einlass begehrt, zuzulassen oder abzuweisen (Lk 13,25). Gleichfalls steht es in seiner Hand, Taglöhner einzustellen und deren Entschädigung festzusetzen (Mt 20,1–16). Er hat also über den gesamten Hausbereich mit dessen Personen und Gütern Verfügungsgewalt. «Oder ist es mir etwa nicht erlaubt, mit dem, was mein ist, zu tun, was ich will?», lautet die Frage, die er an die gegen ihn murrenden Taglöhner richtet (Mt 20,15). Seine übergeordnete Stellung äussert sich übrigens im Titel κύριος («Herr»), mit dem er angesprochen wird (Mt 13,27).

Gemäss der vorliegenden Bedeutung von οἰκοδεσπότης handelt es sich beim οἰκοδεσποτεῖν («das Haus verwalten») in 1Tim 5,14 um eine Funktion, die es der Frau erlaubt, im gesamten Bereich des Hauses Verfügungen und Anordnungen zu treffen. Zu dessen Aufbau und Bestand leistet sie einen wesentlichen und unentbehrlichen Beitrag, der sie ermächtigt, eine führende Funktion auszuüben. Ihre Stellung steht aber in einer engen Verbindung mit ihrem Kindergebären.

Das Kindergebären als Voraussetzung der Hausverwaltung – Die Gleichsetzung von יָלַד *(«gebären») und* בָּנָה בַּיִת *(«ein Haus bauen»)*

Mit dem Verbum οἰκοδεσποτεῖν steht das Haus im Mittelpunkt der Überlegung. Es bezeichnet in 1Tim 5,14 den Wirkungsbereich der Frau, der ihr als Gattin und Mutter zugewiesen ist. Auch hier handelt es sich um einen Sachverhalt, der wie das Heiraten und Kindergebären im Alten Testament vorgebildet ist.

Zu berücksichtigen ist in diesem Zusammenhang der Ausdruck בָּנָה בַּיִת («ein Haus bauen»), der im übertragenen Sinn «eine Familie gründen, Nachkommen verschaffen» bedeutet.[124] So in Dtn 25,9: «Seines Bruders Haus bauen», d. h. in einer Schwagerehe der Witwe des verstorbenen Bruders zu Nachkommen verhelfen. Oder in Rut 4,11, wo die Moabiterin Ruth wie Lea und Rahel das Haus Israel baut. In Gen 16,2 und 30,3 wird der Akt des Kindergebärens durch die Aussage «ich will

30. Plutarch 2002 spricht von der Hausherrin als einer οἰκοδέσποινα (Moralia II, 140C).

124 In 2Sam 7,27 und 1Chr 17,25: «eine Dynastie gründen».

bauen» (אִבָּנֶה) umschrieben, hinter dem wieder die Vorstellung des Hausbaus steht. Durch ihr Kindergebären, das die Gründung oder den Fortbestand einer Familie garantiert, wird die Frau zugleich zur Verwalterin des Hauses, das sie für ihre Nachkommen zurichtet und mit ihnen bewohnt.

> Im Akkadischen und Ugaritischen hat בָּנָה die Bedeutung «schaffen» und «erzeugen», die sich jedoch bei der hebräischen Vokabel nicht finden lässt.[125] Ihre Verwendung zur Bezeichnung des Kindergebärens spricht allerdings dafür, dass sie auch hier mitzuhören ist. Die LXX übersetzt in Gen 16,2 und 30,3 בָּנָה mit τεκνοποιεῖν

Bedeutungsvoll ist, dass dem בָּנָה eine errettende Funktion zu eigen ist. Alttesamentliche Aussagen reden von der Hochschätzung, die dem Bauen zukommt. Gebaut werden Stadtmauern, Türme, Zinnen, Tore, Riegel, Häuser, Paläste und Tempel, die Schutz und Sicherheit gewähren. Und wo gebaut wird, äussert sich die Gewissheit, dass das menschliche Leben nicht dem Untergang preisgegeben ist, sondern Bestand haben wird. Bauen zeugt von Zuversicht und Hoffnung. Deshalb kann es Gottes gnädiges und barmherziges Handeln beschreiben, das im Gegensatz zu seinem zerstörenden Gericht steht. Siehe dazu Am 9,11; Jer 24,6; 29,5; 31,4.28; 33,7; 42,10. An diesen Stellen weist das Bauen (בָּנָה) auf das neue Heil nach dem göttlichen Gericht hin.[126] So wie der Bau von Häusern ist aber auch das Gebären der israelitischen Stammmütter Lea und Rahel ein Akt, durch den sich die göttliche Verheissung auf Nachkommenschaft erfüllt. Deren heftiges Verlangen nach Kindern ist der Ruf nach dieser Erfüllung (Gen 29,31–30,24). Die Kinder sind gleichsam die Bauelemente für den zukünftigen Bestand der Familie, die Gott am Leben erhalten will.[127]

Das «Lehramt» der ältern gegenüber den jüngern Frauen – Die Bestätigung von 1Tim 5,14 in Tit 2,3–5

> «3 Ältere Frauen ebenso sollen in einer dem Heiligen entsprechenden Haltung sein, nicht verleumderisch, nicht von vielem Wein geknechtet,

---

125 Siehe THAT I, Sp. 325,3.

126 Jeremias nimmt hier die Vorstellung des Deuteronomiums auf, dass die im Land Kanaan gebauten Häuser als eine Erfüllung der göttlichen Landverheissung gelten (Dtn 8,12).

127 Gemäss Köhler 1958, S. 134, sind die Substantive בֵּן («Sohn») und בַּת («Tochter») Derivate von בָּנָה und erinnern an den erwähnten Zusammenhang.

Lehrerinnen im Guten, 4 damit sie die jungen (Frauen) besonnen machen, männerliebend zu sein, kinderliebend, 5 besonnen, heilig, gute Hausverwalterinnen, den eigenen Männern sich unterordnend, damit das Wort Gottes nicht verlästert wird.» (Tit 2,3–5)

Der Hinweis auf das Heiraten, Kindergebären und die Hausverwaltung in 1Tim 5,14 wird durch die Anordnung in Tit 2,3–5 bestätigt. Sie bildet einen Teil einer Haustafel,[128] deren Aussagen die ältern und jüngern Männer und Frauen sowie die Sklaven betreffen. Eines ihrer auffälligen Merkmale zeigt sich in der leitenden Funktion, die die ältern gegenüber den jüngern Frauen einnehmen und die in der Forderung zusammengefasst ist, dass sie ihnen gegenüber «Lehrerinnen im Guten» seien.[129] Das gottesdienstliche Lehren ist den Frauen nicht gestattet. Aber innerhalb der Hausgemeinschaft, der sie angehören, sind sie verpflichtet, dieses ihnen zukommende «Lehramt» auszuüben, das die jüngern Frauen in die ihnen angemessene Lebensweise einführt. Sie vollziehen diesen Auftrag vornehmlich durch ihre Haltung (κατάστημα), die sich dadurch auszeichnet, dass sie «gottesfürchtig, nicht verleumderisch und nicht von vielem Wein geknechtet sind» (V 3).

Κατάστημα bezeichnet wie καταστολή in 1Tim 2,9 die der Erfüllung eines Auftrags entsprechende Haltung. Ἱεροπρεπής heisst in wörtlicher Übersetzung «dem Heiligen angemessen», d. h. was der Gottheit entspricht. Somit kann es mit der Aussage in 1Tim 2,10 gleichgesetzt werden: «was sich für Frauen geziemt, die Gottesfurcht verkündigen». Διάβολος («verleumderisch») bezeichnet ein der Wahrhaftigkeit gegenteiliges Verhalten, das in böswilliger Absicht Verdrehungen in die Welt setzt, denen im vorliegenden Fall die jüngeren Hausbewohnerinnen ausgesetzt sind.[130] «Vom vielem Weingenuss geknechtete Frauen» bieten das Bild von Unstetigkeit, Verwirrung und Ehrlosigkeit, was im krassen Widerspruch zu der von Besonnenheit geprägten Gottesfurcht steht. Eph 5,18 erkennt im übermässigen Weingenuss das Unwesen von Verschwendung, Schlemmerei und Liederlichkeit (ἀσωτία). Deshalb wird in den Pastoralbriefen Leuten, die diesem Laster ergeben sind, die Übernahme eines Gemeindeamtes verwehrt (1Tim3,3.8; Tit 1,7). Und diese Forderung gilt für die ältern Frauen, was

---

128 Siehe Tit 2,1–10.

129 Καλοδιδάσκαλος ist ein neutestamentliches Hapaxlegomenon, das bisher ausserhalb des Neuen Testaments nicht nachgewiesen ist. ThWNT II, S. 162, Z. 27–34.

130 Der Begriff bezeichnet das Wesen des Teufels, der der Diabolos heisst. Auch in 1Tim 3,11 werden die Frauen von Diakonen vor diesem Übel gewarnt.

die hohe Verantwortung, zeigt, die ihnen in ihrer Stellung zugebilligt wird und in der ihre Autorität begründet ist.

Das Ziel, das bei den jungen Frauen durch dieses Verhalten angestrebt wird, ist die Besonnenheit.[131] Sie sollen zu einem Überlegen und Urteilen gelangen, das ihrer Förderung und Bewahrung dient, indem sie die für ihr Leben grundlegenden Ordnungen respektieren.[132] Es sind die Zugehörigkeit zum Gatten, das Kindergebären und die Verwaltung des Hauses, die nun durch die Begriffe φίλανδρος, φιλότεκνος und οἰκουργός umschrieben werden.

Die zwei ersten finden sich im Neuen Testament nur an dieser Stelle in Tit 2,4, jedoch gelegentlich in weitern literarischen Zeugnissen.[133] Sie bekräftigen, dass die Gatten- und Kinderliebe dem Wesen der Frau gemäss ist. Das beiden Wörtern gemeinsame Adjektiv φίλος heisst ursprünglich «eigen, angehörig» und das Substantiv φίλοι dementsprechend «die Eigenen, die Angehörigen, die Verwandten, die Familie».[134] Der Gatte und die Kinder bilden somit ein Stück des Lebens der Frau, das ihre ungeteilte Aufmerksamkeit, Zuneigung und Fürsorge verdient.

Die Verbindung von σώφρων mit φίλανδρος und φιλότεκνος, wie sie in Tit2,4–5 vorliegt, ist ebenfalls in der ausserneutestamentlichen Literatur üblich. Das folgende ἁγνός bezeichnet von seiner alttestamentlichen Bedeutung her die Zugehörigkeit zu Gott, dessen Willen die Frau durch die lautere Ausübung ihres Auftrags folgt. Ein Beispiel unlauterer Pflichterfüllung bietet Phil 1,17: «die aber aus Streitsucht Christus verkündigen, nicht lauter (ἁγνῶς)».

Οἰκουργός («für das Haus wirksam, das Haus besorgend») zeigt im vorliegenden Zusammenhang wie οἰκοδεσποτεῖν («das Haus verwalten») in 1Tim 5,14 die enge Verbindung der Gatten- und Kinderliebe mit der Wirksamkeit zugunsten des Hauses. In diesem Begriff sind sämtliche Funktionen, die zu dessen Aufbau und Erhaltung notwendig sind, einge-

---

131 V 4: ἵνα σωφρονίζουσιν und V 5: σώφρονες.

132 Siehe die Ausführungen zu σωφροσύνη zu 1Tim 2,9 auf Seiten 32–35.

133 Φίλανδρος in Plutarch 2002, Moralia II, 142A, und auf Grabinschriften (Deissmann 1923, S. 268). Φιλότεκνος in 4Makk 15,4–6, worin übrigens die Mütter die Väter übertreffen. Die Kombination beider Begriffe findet sich neben Tit 2,4 auch auf einer Inschrift aus Pergamon (Deissmann 1923, S. 268).

134 Menge 1991, S. 730. Homer gebraucht φίλος für die eigenen Körperteile (Ilias, 1,569: φίλον κῆρ). Gemäss G. Heine, Synonymik des neutestamentlichen Griechisch, heisst es «eigen, woran man sich gewöhnt ist, woran man hängt». ThWNT IX, S. 113, Anm. 7.

schlossen.[135] Der Ausdruck ist hier substantivisch zu verstehen und mit dem Adjektiv ἀγαθάς zu verbinden. Also: «gute Hausverwalterinnen». Die Gatten- und Kinderliebe bedingt diese Tätigkeit, weil das Haus der für den Menschen angemessene und unentbehrliche Lebensbereich ist, in dessen Mittelpunkt die Frau steht.

Die die Verse 3–5 abschliessende Anweisung «untergeordnet den eigenen Männern» nimmt die allgemeine neutestamentliche Formulierung auf, die die Beziehung zum Mann regelt[136] und die den Ausgangspunkt für alle Überlegungen und Anordnungen bildet, die diese Beziehung betreffen. Dem Verfasser des Titusbriefes schien offenbar der Ausdruck φίλανδρος zu sehr Fehldeutungen ausgesetzt zu sein, so dass er durch den Hinweis auf die Unterordnung dessen Verständnis auf die richtige Bahn lenken wollte. Diese in der späteren neutestamentlichen Briefliteratur überlieferte Formulierung weist auf die grundlegende Voraussetzung der zwischen Mann und Frau bestehenden Verbindung hin. Wegleitend sind zum Verständnis die Ausführungen in Eph 5,21–33. Gemäss dem Grundsatz «Seid einander untergeordnet in der Furcht Christi» rufen sie zur gegenseitigen Unterordnung der beiden Geschlechter auf und fordern von daher die Unterordnung der Frauen unter ihre Männer, die aber ihrerseits zu solcher Unterordnung unter ihre Ehegattinnen aufgerufen sind.[137] Und dazu sollen die ältern die jungen Frauen anleiten. Dies impliziert keine Unterwürfigkeit, sondern die Anerkennung der Ordnung der Liebe, die Mann und Frau verbindet und die die Liebe zu den Kindern und zum gemeinsamen Haus einschliesst. Diese Anerkennung erfolgt im Respekt gegenüber dem Wort Gottes, das in der christlichen Gemeinde keine Missachtung erfahren darf (V 5b).

2. Das Haus als der dem Menschen von Gott gewährte Lebensraum – Die christliche Gemeinde als Haus Gottes

Zur Bedeutung des Hauses in den Pastoralbriefen und den übrigen Schriften des Neuen Testaments

Als Gattin ihres Mannes und Mutter ihrer Kinder lebt die Frau in einer Hausgemeinschaft oder Familie. Diese umfasst vielfach auch die Grosseltern. So erwähnt 2Tim 1,5 neben der Mutter Eunike die Grossmutter

135 Die Variante οἰκουρός («das Haus hütend») ist wegen ihrer schlechteren textlichen Überlieferung zurückzustellen.

136 Siehe 1Kor 14,34; Eph 5,22.24; Kol 3,18; 1Petr 3,1.5.

137 Siehe Seite 58.

Lois, an die der Glaube des Timotheus den Paulus erinnerte, und die wohl zu den Hausgenossen zu zählen war. Zur häuslichen Gemeinschaft gehörten vielfach auch Dienstleute oder Sklaven, an die die Ermahnungen in 1Tim 6,1–2 und Tit 2,9–10 gerichtet sind. Sie finden sich auch in den Haustafeln weiterer neutestamentlicher Briefe.[138] Das griechische οἶκος und οἰκία bezeichnet wie das hebräische בַּיִת nicht nur das Gebäude, sondern ebenso die darin lebenden Bewohner. In Gen 7,1 und Jos 24,15b z. B. die Familie des Noah oder Josua. Die Bedeutung hat sich gelegentlich sogar auf das, was sich im Haus befindet, z. B. das Vermögen oder den Besitz, erweitert. Innerhalb dieses Bereichs vollzieht die Frau ihre Hausverwaltung. Besonders als Mutter ihrer Kinder ist sie dazu berechtigt und verpflichtet. Denn diese sind der Hinweis auf die Errettung, die Gott der Menschheit gewährt. Deshalb hat sie innerhalb des Hauses, wo eine neue Generation heranwächst, eine massgebliche Funktion inne.

Die wichtige Bedeutung, die die Pastoralbriefe dem Haus zubilligen, bestätigen Aussagen wie die Notiz über das Haus des Onesiphorus (2Tim 1,16–17). Dieses hat dem Paulus während seiner Gefangenschaft in Rom Unterstützung gewährt[139] und sich in seiner schwierigen Situation um ihn gekümmert. Die Hochschätzung, die diesem Haus entgegengebracht wurde, verrät ebenfalls dessen Erwähnung in der Grussliste in 2Tim 4,19. Die Pastoralbriefe waren darum um die Erhaltung und den Bestand solcher Orte besorgt. Sie warnen z. B. vor Verführern, die sich in die Häuser einschleichen (2Tim 3,6) und sie zugrunde richten (Tit 1,11). Und zu schützen sind die Häuser gleichfalls vor müssig sich herumtreibenden jungen Witwen, die ihrer Geschwätzigkeit und Vorwitzigkeit frönen (1Tim 5,13).

Mit ihrer Hochschätzung des Hauses stimmen die Pastoralbriefe mit weitern neutestamentlichen Aussagen überein. In den paulinischen Briefen gilt das Haus als der Ort, wo die Gemeinde ursprünglich beheimatet ist. Hier fasst sie Fuss und konsolidiert sich. So im Haus des Stephanus, dessen Bewohner Paulus getauft hat und das er die Erstlingsfrucht der Achaja nennt, weil es sich zum Dienst an den «Heiligen» verpflichtete. «Ordnet euch diesen unter», ermuntert er seine Briefempfänger (1Kor 1,16; 16,15–16). Sodann nennt er das Haus der Priska und des Aquila, das zum Standort

138 Siehe Eph 6,5–8; Kol 3,22–25 und 1Petr 2,18–25.

139 «Oft hat es mich erquickt». 'Αναψύχειν: «erquicken», eigentlich «Atem holen lassen». Es bezeichnet möglicherweise die Versorgung mit Lebensmitteln, aber auch ermunternder Zuspruch ist nicht ausgeschlossen. ThWNT IX, S. 665, Z. 19–26.

einer Gemeinde geworden ist (Röm 16,3–5a; 1Kor 16,19b). Dasselbe gilt auch vom Haus des Philemon, an das Paulus seinen Brief richtet (Phlm 2). Die Grussliste des deuteropaulinischen Kolosserbriefes erwähnt die «Nympha und die Gemeinde in ihrem Haus» (Kol 4,15). Der sich ausbreitende christliche Glaube hat also nicht nur Einzelne erfasst, sondern sich vor allem in Häusern mit ihren Bewohnern etabliert. Er hat sich dieser elementaren Lebensstruktur, in die der Mensch eingefügt ist, bemächtigt, um sie zu einem Ort der göttlichen Errettung und der gegenseitigen Wertschätzung, Fürsorge und Liebe zu gestalten. Die Kraft des Evangeliums, die die Menschheit und Welt verwandelt, bestätigt sich zuerst in den häuslichen Gemeinschaften, die die kleinsten Zellen menschlicher Zusammengehörigkeit bilden.

Diesen Sachverhalt belegt ebenfalls die Apostelgeschichte des Lukas, die den Lauf des Evangeliums von der jerusalemischen Gemeinde in die heidnische Völkerwelt schildert. Bereits der erste summarische Bericht über die Christen in Jerusalem (Apg 2,46–47) führt aus, dass sie sich zwar täglich im Tempel einfanden, weil sie nicht beabsichtigten, sich von der gottesdienstlichen Verehrung ihres Volkes abzuwenden. Aber ebenso versammelten sie sich in den Häusern. Diese sind der Ort ihrer eigenen Mahlfeiern und ihres Lehrens und Verkündigens (Apg 2,46; 5,42). Unter ihnen wird im Besonderen das Haus der Maria, der Mutter des Johannes Markus, erwähnt (Apg 12,12). Das Haus mit seinen Bewohnern ist auch nach dem Bericht der Apostelgeschichte die Urzelle christlicher Gemeinschaft, das den Raum und die Möglichkeit für gottesdienstliche Versammlungen bietet. Dasselbe zeigen gleichfalls die Nachrichten über die Ausbreitung des Evangeliums ausserhalb Jerusalems. Über die Bekehrung des römischen Hauptmanns Cornelius legt Petrus vor den Aposteln und den judäischen Christen den Bericht vor, dass jener durch eine Engelvision die Worte vernommen habe, er werde die Botschaft hören, durch die er und sein ganzes Haus gerettet werde (Apg 11,14). Die Hinwendung dieses Mannes zu Gott schliesst diejenige seines Hauses mit seinen Bewohnern ein. Das trifft ebenso für die Purpurhändlerin Lydia in Philippi zu. Mit ihr wird zugleich ihr gesamtes Haus getauft (Apg 16,15). Desgleichen vernimmt der Gefängniswärter dieser Stadt von Paulus die Worte: «Glaube an den Herrn Jesus und du und dein Haus werden gerettet werden.» (Apg 16,31) Auch der korinthische Synagogenvorsteher Chrispus glaubte mit seinem ganzen Haus (18,8). Die wichtige Bedeutung, die solche Häuser für das Wirken des Paulus erlangt haben, verrät deutlich seine Bemerkung vor den Vorstehern von Ephesus, dass er sowohl öffentlich als auch von Haus zu Haus lehrte (Apg 20,20). Diese Häuser sind es auch, die ihm und seinen Gefährten Aufnahme gewährten. Zu ihnen gehört dasjenige der Lydia, des Titius

Justus und des Philippus (Apg 16,15; 18,7; 21,8). In Röm 16,23 erwähnt Paulus den Gajus, der ihn beherbergte.

Indem der Glaube seine errettende und gestaltende Kraft an den Bewohnern von Häusern erweist, anerkennt er die ursprünglichen Ordnungen, in denen sich das menschliche Leben vollzieht. Wo immer das Evangelium sich ausbreitet und wirksam wird, äussert sich dies in der Bestätigung und Erneuerung der Beziehungen zwischen den Ehegatten, Kindern, Eltern und der Dienerschaft eines Hauses. Der Ort, wo sich Kirche ereignet und aufgebaut wird, ist ursprünglich das Haus mit seinen Bewohnern. Die durch das Evangelium gegebene Ordnung wird deshalb für es wegleitend.

Dies bezeugen die neutestamentlichen Haustafeln, die die Beziehungen zwischen den Hausgenossen regeln. Sie werden in Briefen überliefert, die der zweiten und dritten Generation der Christenheit angehören (Eph 5,21–6,9; Kol 3,18–4,1; Tit 2,1–10; 1Petr 2,18–3,7). Sie zeigen, dass der Aufbau eines geordneten Hauses zu den dringendsten Anliegen der frühen Kirche gehörte.

Die christliche Gemeinde als Haus und Wohnort Gottes

In 1Tim 3,15 wird die christliche Gemeinde oder Kirche mit dem Haus Gottes gleichgesetzt. Siehe die Aussage «Haus Gottes, ... das die Gemeinde des lebendigen Gottes ist».[140] Sie spricht einen für die Pastoralbriefe gültigen Sachverhalt aus, auf den sie ihre Überlegungen und Forderungen zur angemessenen Ordnung im Haus stützt. Denn was für die Kirche als Haus Gottes gilt, hat auch für die Bewohner der einzelnen Häuser Gültigkeit. Dass jedoch die Pastoralbriefe diese Gleichsetzung vollziehen, beruht auf einer Grundlage, die schon im Alten Testament vorhanden und im Neuen Testament zu ihrer vollen Bedeutung gelangt ist.

Anlässlich der Einweihung des Tempels betet Salomo die Worte: «Ich habe dir ein Haus zur Wohnung gebaut, eine Stätte, damit du wohnst in Ewigkeit.» (1Kön 8,13) «Haus des Herrn» oder «Haus Gottes»[141] lautet dementsprechend sein Name, der auf Gottes irdische Gegenwart in der Mitte seines Volkes Israel hinweist. Jahwe «wurzelt so in den Boden des Landes ein».[142] Er wird zum Gott der hier ansässigen

---

140 ’Εν οἴκῳ θεοῦ ... ἥτις ἐστὶν ἐκκλησία θεοῦ ζῶντος.

141 בֵּית יְהוָה und בֵּית־הָאֱלֹהִים. Schon das Zelt in Silo trägt diese Namen (Ri 18,31; 1Sam 1,7).

142 Hempel 1955/56, S. 126.

Bewohner, zum Gott Israels.[143] Sein Haus ist die Stätte, wo seine Herrlichkeit wohnt, wo ihm Opfer dargebracht und seine Gebote verkündigt werden. Hier versammeln sich seine Verehrer aus allen Gebieten des Landes. Denn dieses Haus ist der Ort ihrer Sehnsucht (Ps 84,3), wo sie Zuflucht und Geborgenheit finden. Wer hier Wohnung hat, ist glücklich zu nennen. Er kann die Worte sprechen: «Wohl dem, den du erwählst und nahen lässest, um in deinen Vorhöfen zu wohnen. Sättigen wollen wir uns am Gut deines Hauses, deines heiligen Tempels.» (Ps 65,5) Die Hochschätzung des Tempels als Haus Gottes ist ein wiederkehrendes Motiv in den Psalmen.[144]

Die Anschauung, dass die christliche Gemeinde das Haus Gottes ist, ist aber die Erfüllung der Prophetie Jesu, er werde den mit Händen gemachten Tempel zerstören und in drei Tagen einen neuen, nicht mit Händen gemachten aufbauen (Mt 26,61; Mk 14,58). Johannes kommentiert den Ausspruch mit dem Hinweis: «Er aber sprach vom Tempel seines Leibes.» (Joh 2,21) Die Erscheinung und die Wirksamkeit Jesu machen offensichtlich, dass sich die irdische Anwesenheit Gottes nicht mehr auf Häuser beschränkt, die Menschen errichtet haben.[145] Insofern ist er der Begründer, das Fundament und der Herr der neutestamentlichen Gemeinde. Gottes irdische Anwesenheit wird durch die Zerstörung des Tempels in Jerusalem, wie sie im Jahr 70 n. Chr. durch die Römer erfolgte, nicht aufgehoben, sondern ereignet sich nun in der leiblichen Existenz von Menschen. Indem der Leib Christi und die durch ihn begründete Gemeinde den jerusalemischen Tempel ersetzt, wird die Gegenwart Gottes unter den Menschen erneut bekräftigt und sogar intensiviert.

Dieser Gedanke wird durch weitere neutestamentliche Aussagen bestätigt, woraus ersichtlich ist, dass er eine allgemeine Anerkennung gefunden hat. Paulus erinnert die Korinther daran, dass sie Gottes Bau (θεοῦ οἰκοδομή) oder Tempel Gottes (ναὸς θεοῦ) sind (1Kor 3,9.16; 2Kor 6,16). Die Empfänger des Hebräerbriefes werden Haus Christi genannt, wobei Christus als der Hohepriester über das Haus Gottes gilt (Hebr 10,21). Ebenfalls vergleicht 1Petr 2,5 die christliche Gemeinde mit einem Tempel, der jedoch nicht aus toten, sondern aus lebendigen Steinen, d. h. aus Menschen besteht. Und der Epheserbrief nennt seine heidenchristlichen Em-

---

143 Siehe 1Kön 6,13 die Verheissung Gottes: «Ich werde in der Mitte der Kinder Israels wohnen.»

144 Ps 5,8; 26,8; 36,8–9; 69,10; 84,5; 93,5.

145 Siehe auch Apg 17,24: «Gott … wohnt nicht in mit Händen gemachten Tempeln.»

> pfänger «Hausgenossen Gottes» (οἰκεῖοι τοῦ θεοῦ), auferbaut auf dem Fundament der Apostel und Propheten, wobei in Jesus Christus das ganze Haus zu einem heiligen Tempel im Herrn heranwächst. Und in ihm werden sie zu einer Wohnung Gottes miterbaut (Eph 2,19–22).

Die wichtige Bedeutung des einzelnen Hauses, wie sie in den Pastoralbriefen sichtbar wird, erwächst aus dem Bewusstsein, dass seine Bewohner der christlichen Gemeinde angehören, die sich selber als Haus Gottes versteht. In ihrer Mitte ist Gott durch seinen Geist anwesend, wie es Paulus durch das Zitat aus Lev 26,11–12 hervorhebt: «Ich werde bei ihnen wohnen und einhergehen und ich werde ihr Gott sein und sie werden mein Volk sein.» (2Kor 6,16) Die Anwesenheit Gottes bei den Menschen vollendet sich darin, dass er unter ihnen Wohnung nimmt. Und indem er sie zu seiner Gemeinde versammelt, baut er sie zu seinem Haus, das nach seinen Anordnungen gestaltet ist und seinen Bewohnern Gerechtigkeit und Frieden gewährt. Er begegnet ihnen als ein Gott, der sie errettet und bewahrt, so wie das Leben jedes Einzelnen innerhalb seiner Wohnung oder seines Hauses bewahrt und aufgehoben ist. Von daher wird jedes irdische Haus mit seinen Bewohnern, mit Mann, Frau und Kindern, mit Anverwandten und Dienstleuten, zu einem Abbild der Gemeinde als des Hauses Gottes. In ihm nimmt Gottes Liebe, Freundlichkeit, Güte und Gerechtigkeit, wie sie in Jesus Christus erschienen sind, Gestalt an. Das Haus als der innerste Bereich des menschlichen Zusammenlebens wird von Gottes Geist durchdrungen und geprägt, wie dies z. B. in den neutestamentlichen Haustafeln seinen Ausdruck findet.

Die Hausverwaltung als elementare Funktion der Frau

Für den Aufbau und die Erhaltung des Hauses hat die Frau eine führende Position inne. Sie besteht darin, dass sie die Gattin ihres Mannes und die Mutter ihrer Kinder ist. Gerade Letztgenanntes bestätigt dies. Ihr Gebären wird ja in alttestamentlichen Aussagen als «Hausbauen» gedeutet. Sie hat deshalb eine Affinität zum Haus als dem Bereich, in welchem der Mensch vornehmlich sein eigenes Leben fristet und in den er immer erneut zurückkehrt. Sie ist für ihr Haus tätig. Sie kann diesen Auftrag nicht von sich fernhalten, weil er zu ihrer ursprünglichen Bestimmung gehört, der sie nicht ausweicht. Ihr Handeln ist gemäss 1Tim 5,14 ein οἰκοδεσποτεῖν, also dasjenige einer Hausherrin. Es umfasst die Aufgaben für ein vielfältiges Hauswesen, wie sie in der damaligen Zeit z. B. die römische domina ausgeübt hat. Aber es kann sich auch in einem engeren und bescheideneren Rahmen bewegen, wie man es in der heutigen Zeit findet. Insofern die Frau durch ihr Gebären die

Nachkommenschaft ihrer Familie und damit auch ihres Volkes und der Menschheit sichert, wird die Sorge um ihr Haus zu einem grundlegenden Element ihres Daseins. Man wird sich bei dieser Gelegenheit daran erinnern, dass ihr Kindergebären keinen Fluch, sondern die Verheissung in sich birgt, dass Gott die Menschheit nicht verderben, sondern erhalten will. Die Hausverwaltung der Frau macht diesen Sachverhalt sichtbar. Sie darf deshalb nicht als gering und nebensächlich eingeschätzt werden. Sie bedeutet auch keine Hemmung und kein Hindernis für ihre eigene Entfaltung und Kreativität, sondern fördert ihre Begabungen, bereichert ihre Lebenserfahrung und verschafft ihrem Dasein Erfüllung. Deshalb kann sie die Pflichten und Lasten zugunsten ihres Hauses zuversichtlich auf sich nehmen, weil sie ihr nicht zum Nachteil, sondern zum Vorteil gereichen.

Die übrigen neutestamentlichen Schriften kennen das Verbum οἰκοδεσποτεῖν nicht. Hingegen gebrauchen sie für den Mann mehrere Male das Substantiv οἰκοδεσπότης («Hausherr, Hausverwalter»),[146] das in den Pastoralbriefen fehlt. In der LXX fehlen sowohl das Substantiv als auch das Verbum. Jedoch nennt der massoretische Text die Witwe in Sarepta בַּעֲלַת הַבָּיִת («Hausherrin»), in der Übersetzung der LXX heisst sie κυρία τοῦ οἴκου (3Kön 17,17). In der ausserbiblischen Literatur erwähnen griechische Inschriften sowie Plutarch[147] das Substantiv οἰκοδέσποινα.[148] Die Funktion der Hausherrin ist jedenfalls in der antiken Welt bekannt. Spärlich verbreitet ist dort allerdings die in Tit 2,5 auftretende Vokabel οἰκουργός. Die Pastoralbriefe haben sie aber der Frau zugesprochen, worin sich die Hochschätzung äussert, die sie ihr erweisen.

3. Die Beteiligung des Mannes an der Hausverwaltung – Sein öffentliches und privates Vorsteheramt

Zur Bedeutung von προιστάναι («vorstehen»)

Die bisherige Untersuchung hat zum Ergebnis geführt, dass die Frau innerhalb des Hauses eine führende Position einnimmt. Sie gilt als Hausherrin. Zugleich weisen aber die Pastoralbriefe auch dem Mann eine wichtige Funktion in diesem Bereich zu. Sie machen anlässlich ihrer

---

146 Mt 10,25; 13,27.52; 20,1.11; 21,33; 24,43; Mk 14,14; Lk 12,39; 13,25; 14,21; 22,11.

147 Plutarch 2002, Moralia II, 140C.

148 Gemäss Liddell 1996, S. 1203, «mistress of a family».

Anforderungen für das Amt des Presbyters oder Episkopen sowie des Diakonen auf diesen Sachverhalt aufmerksam.

Für das Amt des Episkopen gilt (1Tim 3,4–5):

> «… der seinem eigenen Haus gut vorsteht, der die Kinder in Unterordnung hält, mit aller Ehrfurcht. Wenn aber jemand seinem eigenen Haus nicht vorzustehen weiss, wie wird er für die Gemeinde Gottes sorgen?»

Für das Amt des Diakonen gilt (1Tim 3,12):

> «Diakonen sollen Männer einer Frau sein, den Kindern und den eigenen Häusern gut vorstehend.»

Zur Bezeichnung der Funktion des Vorstehens gebrauchen die Pastoralbriefe sowohl für den privaten als auch den öffentlichen Bereich das Verbum προιστάναι.[149] Es handelt sich hier um einen Begriff, der zwei verschiedene Bedeutungsmomente in sich fasst. Einerseits «voranstellen, an die Spitze treten, Vorsteher sein, verwalten, leiten». Daraus entsteht andererseits die Bedeutung «für etwas eintreten, sich einer Sache annehmen, beschützen, verteidigen».[150] Die beiden Bedeutungen stehen in einem innern Zusammenhang. Fasst man die erste ins Auge, so beinhaltet sie die Vorstellung, dass jemand an der Spitze steht, um gegenüber Personen oder Institutionen eine leitende Funktion zu übernehmen. Damit gewährt er, wie die zweite Bedeutung hervorhebt, Schutz, Hilfe, Unterstützung und Fürsorge für die ihm anvertrauten Personen oder Angelegenheiten. Demosthenes verknüpft z. B. die Funktion des Vorstehens (προιστάναι) mit der Hilfe (βοηθεῖν) für die Unrecht Leidenden.[151]

Das Verwalten und Anordnen der im 1. Timotheusbrief erwähnten Vorsteher, das sie im öffentlichen und häuslichen Bereich vollziehen, ist von Fürsorge und Hilfe geprägt. Dafür spricht auch die Aussage in 1Tim 3,5, wo προιστάναι durch ἐπιμελεῖν («für etwas Sorge tragen, sich um etwas kümmern») ergänzt wird.[152] Die von den vorstehenden Personen angeordneten Verfügungen fördern das Wohlergehen und garantieren den Schutz der ihnen anbefohlenen Menschen.

---

149 Siehe die Formulierung in 1Tim 5,17: οἱ καλῶς προεστῶτες πρεσβύτεροι («die gut vorstehenden Presbyter»).

150 Siehe ThWNT VI, S. 700–703. Bauer 1958, Sp 1402.

151 Gemäss ThWNT VI, S. 701, Z. 1–2.

152 Bei Plato sind ἐπιμέλειαι die Sorgen, die Eltern für ihre Kinder auf sich nehmen (Nomoi IV, 717c).

Für dieses Verständnis sprechen ebenso die beiden entsprechenden Stellen in den paulinischen Briefen. Röm 12,8 enthält die Äusserung «wer vorsteht mit Eifer» (ὁ προιστάμενος ἐν σπουδῇ). Sie steht zwischen den beiden Aussagen «wer gibt in Aufrichtigkeit» und «wer Erbarmen übt in Heiterkeit», die beide auf fürsorgerliche Massnahmen zugunsten Bedürftiger und Leidender hinweisen. Die Annahme ist deshalb naheliegend, dass die hier erwähnte vorstehende Tätigkeit die Regelung solcher Aktionen betrifft. Sie sorgt sich um die Organisation der Hilfeleistungen und um die richtige Verteilung der Güter.[153] Sowohl das Verwalten und Leiten als auch die Hilfeleistung sind bei diesem Auftrag vereint. Er dient als ein Beispiel für ein gutes Regiment, das auf die Unterstützung und den Schutz der ihm anvertrauten Personen ausgerichtet ist.

Arbeit und Mühe als Kennzeichen des Vorstehens – Κοπιᾶν («sich mühen») und κόπος («Mühsal») als Ergänzungen zu προιστάναι («vorstehen»)

Zum nähern Verständnis der durch προιστάναι bezeichneten Funktion ist dessen gelegentliche Verbindung mit κοπιᾶν und κόπος aufschlussreich.[154] Die Pastoralbriefe nennen sie ein einziges Mal, jedoch in einer für die vorliegende Erörterung wichtigen Aussage. 1Tim 5,17 erwähnt Presbyter, die ihr Amt als Vorsteher vortrefflich ausüben. Es sind jene, die sich «im Wort und in der Lehre» abmühen,[155] d. h. neben ihren Verwaltungsfunktionen als Verkündiger tätig sind. Ihr Werk ist von Arbeit und Mühsal geprägt und kann deshalb in besonderem Mass als wertvoll gelten.

Κοπιᾶν bedeutet «sich abmühen», sogar «müde werden, sich erschöpfen».[156] Zum Beispiel durch körperliche Anstrengung bei der Arbeit auf dem Feld (Jos 24,13). So spricht denn 2Tim 2,6 vom Bauern, der sich abmüht. In diesem Sinn verwendet Paulus den Ausdruck, wenn er den Korinthern schreibt: «Wir mühen uns ab, indem wir mit eigenen Händen arbeiten» (1Kor 4,12), wobei er auf seine eigene handwerkliche Arbeit hinweist, die er freiwillig für seinen Lebensunterhalt auf sich nimmt. Daran erinnert ebenso das Substantiv κόπος («Anstrengung,

---

153 M. J. Lagrange, Saint Paul. Epître aux Romains: «Ceux-là centralisent les dons, sont comme les intermédiaires entre les riches et les pauvres ou les malades.» Zitiert nach ThWNT VI, S. 701, Anm. 6. Michel 1955, S. 268, denkt an ein Patronat für Schutzlose.

154 Siehe Harnack 1928, S. 6–7.

155 Οἱ κοπιῶντες ἐν λόγῳ καὶ διδασκαλίᾳ.

156 Siehe ThWNT III, S. 827–829.

Beschwerde») in 1Thess 2,9 und 2Thess 3,8. Vor allem aber zeigt seine Aussage in 1Thess 5,12: «Wir bitten euch aber, Brüder, die anzuerkennen, die unter euch sich abmühen und euch im Herrn vorstehen», dass auch er für die Tätigkeit der Vorsteher Arbeit und Mühsal voraussetzt. Durch diese zeigt sich ihre Bewährung, die ihnen Ansehen verschafft. Und diesen Gesichtspunkt hebt ebenso Apg 20,35 hervor, wo Paulus gemäss Lukas den Presbytern von Ephesus darlegt, dass ihr Auftrag sie zur Mühsal zugunsten der Schwachen verpflichtet. Der eigentliche Zweck jedes Vorsteheramtes tritt hier deutlich ans Tageslicht. Und die Wertschätzung, die Paulus gegenüber seinen Mitarbeitern und Mitarbeiterinnen kennt, beruht im Arbeiten und in der Mühsal, womit sie ihren hingebungsvollen Dienst am Evangelium leisten (Röm 16,6.12). Die Korinther werden darum aufgefordert, sich jedem, der sich bemüht, unterzuordnen (1Kor 16,16). Das gilt nun aber zugleich für die Väter als Vorsteher ihres Hauses. Dessen Angelegenheiten sollen sie auf sich nehmen. Insofern sie dies tun, steht ihnen das Recht zu, Anerkennung und Autorität zu beanspruchen.

4. Mann und Frau als Angehörige ihres gemeinsamen Hauses – Ihr Vorstehen (προιστάναι) und ihre Hausverwaltung (οἰκοδεσποτεῖν)

Das Haus ist der gemeinsame Lebensbereich von Mann und Frau, in welchem sie ihre je eigene Funktion ausüben. Diese besteht bei der Frau in der Hausverwaltung, die darin begründet ist, dass sie als Mutter ihrer Kinder einen wesentlichen und unentbehrlichen Beitrag zum Aufbau und Bestand des Hauses leistet. Aus diesem Grund ist sie berechtigt, die Stellung und Funktion der Hausherrin einzunehmen. Die Sorge um das Haus ist damit ihr zentraler Tätigkeitsbereich und begleitet sie bei allen ihren weitern Aktivitäten. Denn als Gattin und Mutter ist sie bestrebt, ihrem Ehemann und ihren Kindern einen angemessenen Wohnbereich zu schaffen, in welchem sie Zuwendung und Fürsorge finden. Die Pastoralbriefe erkennen somit in der Hausverwaltung eine charakteristische Tätigkeit der Frau und betonen, dass sie in diesem wichtigen Bereich, in welchem sich das menschliche Leben vollzieht, Verfügungsgewalt hat. Was die Ordnung und Gestaltung ihres Hauses betrifft, nimmt sie eine massgebliche Stellung ein und darf von ihren Hausbewohnern weder gering geschätzt noch übersehen werden.

Neben der Frau ist aber zugleich der Mann in die Verpflichtung um den Bestand des Hauses eingebunden. Dies manifestiert sich in seiner Funktion als Vorsteher. Die Sorge für den häuslichen Bereich wird also beiden Ehegatten übertragen. Darin äussert sich ihre ursprüngliche Verbundenheit, zu der sie durch ihren Schöpfer zusammengefügt wurden. Indem sie zu einem Leib und somit zu einem gemeinsamen Leben vereint sind und das Hervorbringen von Nachkommen ihre gemeinsame Sache ist, ruht die Sorge für den Wohn- und Lebensbereich ihrer Kinder ebenfalls auf den Schultern des Mannes. Doch seine Funktion wird in den Pastoralbriefen nicht mit dem Verbum οἰκοδεσποτεῖν, sondern προιστάναι bezeichnet. Sie ist ein Vorstehen und Leiten, das vornehmlich Schutz und Unterstützung gewährt. Und diese gelten dem Haus, in welchem die Frau ihre Hausverwaltung für ihre Kinder und für die übrigen Bewohner vollzieht. Der Mann hat sie in dieser Tätigkeit zu unterstützen und zu fördern, indem er ihr die Möglichkeit gewährt, ungehindert auszuüben, was ihm und seinen Hausbewohnern zum Nutzen dient.

Die jüdische, hellenistische und römische Umwelt der Gemeinden, an die sich die Pastoralbriefe richten, kennt weitgehend die patria potestas, also jene Vollmacht des Hausvaters, die ihn berechtigt, für seine Hausbewohner, d. h. sowohl für die nächsten Familienangehörigen als auch die Dienerschaft, nach seinem Gutdünken autoritative Verfügungen zu treffen. Der Gebrauch des Verbums προιστάναι zur Bezeichnung der Funktion des Hausherrn zeigt, dass auch der Verfasser der Pastoralbriefe ihm eine führende Stellung zubilligt, die kaum allzu sehr von der damaligen Umwelt abweicht. Aber sie dient seinem Inhaber nicht zu seiner eigenen Machtausübung, die ihm auf Kosten seiner Angehörigen Vorteil und Gewinn verschafft. Sondern seine väterliche Vollmacht steht im Dienst der Umsicht und Fürsorge, die er den ihm anvertrauten Menschen leistet. Er handelt gemäss dem Wort Jesu: «Der Führende sei wie der Dienende»,[157] was die Ausrichtung seines Handelns bestimmt. Die negativen Folgen einer sich absolut gebärdenden patria potestas sind durch diese Anordnung eliminiert. Die Tätigkeit des Hausverwalters orientiert sich am Wohl der Hausbewohner, die für die Pastoralbriefe als seine Brüder und Schwestern gelten und deren berechtigte Anliegen er zu beachten hat. Er wird dabei die Stellung der Hausherrin fördern und stärken, mit der er als seiner ehelichen Partnerin die erforderlichen Massnahmen für die Hausordnung festsetzt.

[157] Lk 22,26: Ὁ ἡγούμενος ὡς ὁ διακονῶν.

5. Mann und Frau in der jüdischen, griechischen und römischen Umwelt der Pastoralbriefe

Es war das Bestreben der bisherigen Untersuchung, die Ehe, das Kindergebären und die Hausverwaltung der Frau aus alttestamentlichen Wurzeln herzuleiten, die gemäss den Pastoralbriefen durch das Evangelium bestätigt werden. Die Ehe hat ihren Grund in der Verbindung, zu welcher Gott Mann und Frau zusammengefügt hat. Und das Kindergebären weist auf die Verheissung hin, dass er die Menschheit trotz ihrer Verfehlungen und Verirrungen erhalten will, zu deren Vollstreckerin die Frau eingesetzt ist. Und durch die Hausverwaltung bringt sie zum Ausdruck, dass ihr Haus, zu welchem ihr Gatte, ihre Kinder, aber auch ihre Dienerschaft gehören, zu einem Ort wird, wo sich Gottes Liebe zum Menschen manifestiert.

Neutestamentliche Exegeten haben die Ansicht geäussert, dass diese Anordnungen eine Anpassung der christlichen Gemeinden an ihre jüdische und heidnische Umwelt darstellen. Sie seien nötig geworden, weil sich die urchristliche Kirche wegen der von ihr in Kürze erwarteten, aber nicht eingetroffenen Parusie in die damalige jüdische, griechische und römische Welt mit ihren gesellschaftlichen Ordnungen eingliedern musste, um ihren zukünftigen Bestand zu sichern. Deren wichtigste Gestalten und Merkmale sollen nun dargelegt werden.

Zum Judentum[158]

Gemäss den rabbinischen Anordnungen vollzieht sich das Leben der jüdischen Frau vornehmlich im häuslichen Bereich. Am Gottesdienst als der wichtigsten öffentlichen Veranstaltung nimmt sie nicht als ein vollwertiges Glied der Gemeinde teil. Ihr Platz in der Synagoge ist in einem Nebenraum oder auf der Empore. In der Zahl der Gottesdienstbesucher wird sie nicht mitgezählt und das Vorlesen aus der Tora und den Propheten bleibt ihr in der Regel versagt. Auch ist sie nicht zum Erlernen der Tora verpflichtet. Ihr hauptsächlicher Auftrag erfüllt sich im Kindergebären, wodurch sie dem Schöpfungsbefehl «Seid fruchtbar und mehret euch» (Gen 1,28) nachlebt und den Fortbestand des jüdischen Volkes sichert. Ihre wichtigste Beschäftigung besteht in den häuslichen Verrichtungen wie Getreidekörner mahlen, backen, kochen, waschen, Kinder ernähren, Betten machen und Wolle verarbeiten. Diese Sitte galt nicht nur für das palästinensische, sondern ebenso für das griechische

158 Siehe dazu die Ausführungen bei Leipoldt 1955, S. 72–119.

Judentum. Philo fordert: «Das weibliche Geschlecht soll das Haus hüten und daheim bleiben, und zwar sollen Mädchen in den hintern Gemächern des Hauses sich aufhalten.»[159] Solche Anordnungen verraten die Zurücksetzung der Frau gegenüber dem Mann. Aufschlussreich sind die Worte in einem Ausspruch des Rabbi ben Elai um 150 n. Chr.: «Gepriesen, der mich nicht zur Frau machte, ... denn die Frau ist nicht zu allen Geboten verpflichtet.»[160] Der Verkehr mit ihr soll übrigens auf das Notwendigste beschränkt werden. Der Mann darf weder zu viel mit ihr reden noch sich zu viel mit ihr befassen. Sind Gäste im Haus, nimmt die Hausfrau nicht an der Mahlzeit teil. Von einer Frau lässt man sich auch nicht bedienen.

Doch dieser Zustand war nicht überall im gleichen Ausmass anzutreffen. Im Allgemeinen beschränkte er sich auf die Städte und zu seiner Entstehung waren nicht nur jüdische, sondern ebenso hellenistische Einflüsse massgeblich. In den agrarischen Gebieten, wo die Frau genötigt war, Arbeiten auf dem Hof und dem Feld zu verrichten, war ihr Wirkungskreis naturgemäss grösser. Und an der hohen Wertschätzung, die sie deswegen verdiente, hat es ihr nicht gefehlt. Jesus Sirach, eine Schrift aus dem 2. Jahrhundert v. Chr., weiss zu berichten: «Wie die Sonne aufgeht an den Himmelshöhen des Herrn, so auch die Schönheit einer guten Frau in ihrem geordneten Haus.» (Sir 26,16) Als Hausverwalterin galt sie nicht als Aschenputtel, sondern als eine Quelle des Lichts und des Lebens und wurde zu einem einzigartigen Schatz ihres Mannes. Deshalb heisst es: «Wer eine Frau erwirbt, der macht Gewinn; eine Hilfe, die zu ihm passt, eine Säule der Erholung.» (Sir 36,26) So entsetzlich die Bosheit einer Frau sein kann, wenn sie ihre wahrhaftige Bestimmung verfehlt, so vortrefflich sind die Schilderungen über ihre Erscheinung, wenn sie ihrem Auftrag treu bleibt.[161]

Die Bindung der Frau ans Haus versetzt sie also nicht unweigerlich in eine bedeutungslose oder sogar trostlose Lage, die sie jedes öffentlichen Einflusses beraubt. Im Gegenteil! Berücksichtigt man die Ausführungen in Spr 31,10–31 über die Ehe- und Hausfrau,[162] wird offensicht-

---

159 Siehe Leipoldt 1955, S. 252, Anm. 57. 3Makk 1,18 erwähnt die in «Gemächern verschlossenen Jungfrauen», und in 4Makk 18,7 rühmt sich die Mutter der sieben Söhne: «Ich war eine reine Jungfrau und überschritt nicht die Schwelle meines Vaterhauses.»

160 Siehe Leipoldt 1955, S. 86.

161 Sir 25,13–26 und Sir 26,1–4.13–18.

162 Das Buch der Sprüche stammt aus nachexilischer Zeit. Seine Entstehung ist kaum vor dem 4. Jahrhundert v. Chr. anzusetzen. Das alphabetische Loblied in Spr 31,10–31 scheint nachträglich an die Sammlung angefügt

lich, dass das unter ihrer Leitung stehende Haus eine Zelle der Gemeinschaft bildet, deren Ausstrahlung über die eigenen Grenzen hinausgeht. Die Frau ist nach dieser Beschreibung nicht untätig in ihre abgeschlossenen Gemächer verbannt. Sondern sie zeigt sich als Mittelpunkt ihrer Familie und Dienerschaft, wobei sie zugleich die nötigen Verbindungen nach aussen aufrechterhält. Sie widmet sich der Bearbeitung von Wolle und Flachs, greift nach Spinnrocken und Spindel, verfertigt Kleider, kümmert sich um die Nahrung, erwirbt durch ihre Arbeit Verdienst und trägt als Zeichen ihrer Würde ein kostbares Gewand. Ihr Wirken gleicht einer klugen Verwalterin, die nichts Wesentliches übersieht, vielmehr vorausschauend Vorsorge trifft, um gegen jede unliebsame Überraschung gerüstet zu sein. Sie überwacht alle Vorgänge in ihrem Haus, erteilt den Mägden ihre Anweisungen und ruht mit ihrer Arbeit weder Tag noch Nacht. «Kraft und Hoheit sind ihr Gewand», d. h., sie ist zur Leitung ihres Wirkungsbereichs befähigt und ausgestattet. Ihr Tun erhöht aber nicht nur ihre eigene, sondern ebenso die Ehre ihres Mannes. Was sie erwirbt, vermehrt auch seinen Gewinn. «Das Herz ihres Mannes vertraut auf sie» (V 11a), weil sie ihm sein Wohlergehen garantiert. Ihr vielfältiges Wirken stärkt und erhöht sogar seine eigene Stellung, die er in der Öffentlichkeit einnimmt, denn «ihr Mann ist geachtet in den Toren, wenn er bei den Ältesten des Landes sitzt» (V 23). Er vernimmt ja bei ihr Weisheit und guten Rat. Was er in der Versammlung seiner Ratskollegen redet, entspricht dem, was er zu Hause aus dem Mund seiner Frau vernimmt. Somit «verkündigen ihre Werke ihr Lob in den Toren» (V 31b). Hier liegt die Ursache, dass sie von ihren männlichen Familienangehörigen, ihrem Gatten und ihren Söhnen, gelobt wird. Ihr Wert ist höher als der Besitz von Perlen. Sie erreicht die höchste Stufe weiblicher Lebenserfüllung, die diejenige ihrer Geschlechtsgenossinnen überragt. Darum heisst es von ihr: «Viele Töchter schaffen Tüchtiges, doch du übersteigst sie alle.» (V 29)

Diese Schilderung der in ihrem Haus waltenden Frau setzt bei beiden Geschlechtern verschiedene Funktionen voraus. Die Domäne der Frau ist das Haus, und dessen Verwaltung erfordert alle ihre physischen, intellektuellen und seelischen Kräfte und Fähigkeiten. Sie bereitet den Hausbewohnern den Ort, wo sie ihr Leben verbringen, indem sie für die unentbehrlichen alltäglichen Güter wie Nahrung und Kleidung besorgt ist. Ihr Werk gilt dem innern privaten Bereich, indessen die

---

und präsentiert sich wie ein Gegenstück gegenüber den vorangehenden Warnungen vor verführerischen Frauen. Siehe Spr 5,1–6; 6,23–26; 7,3–27. Ähnlich ist die Gegenüberstellung von Frau Weisheit und Frau Torheit in Spr 9,1–12 und 13–18.

öffentlichen Angelegenheiten, die im Tor verhandelt werden, in den Entscheidungsbereich des Mannes fallen. Was aber der Mann dort vertritt, darf der Ordnung des Hauses nicht widersprechen. Deshalb wird er der Stimme seiner Ehegattin Gehör schenken und die Ökonomie des von ihr verwalteten Hauses beachten. Denn was im privaten Bereich Gültigkeit hat, kann im Gemeinwesen nicht gering geschätzt werden. Die beiden Bereiche entsprechen einander. Mann und Frau nehmen allerdings unterschiedliche Plätze ein. Aber in der Ausübung ihrer Funktionen ergänzen sie sich und bezeugen die Verbundenheit der privaten und öffentlichen Sphäre.

Zum Griechen- und Römertum

Im griechischen und römischen Bereich, in welchem zur Zeit der Entstehung der Pastoralbriefe ein beträchtlicher Teil der christlichen Gemeinden existierte, zeigt sich hinsichtlich der hauptsächlichen Funktionen der Frau ein ähnliches Bild wie im Judentum. Die folgenden Ausführungen geben zuerst eine Darstellung über die Lebensweise in zwei wichtigen staatlichen Gebilden Griechenlands, nämlich Athen und Sparta, und schliessen mit einem Überblick über die vorangehende Bronzezeit. Sodann folgt eine Darlegung über die römische Frau. Zu den Ausführungen siehe Leipoldt 1955, S. 16–71; Pomeroy 1985, S. 44–46, 106–111, 119–125, 227–283; Gardner 1995, S. 10–69, 137–162, 235–248.

Wie bei der jüdischen Frau ist auch die Lebensweise der Athenerin durch die Hausverwaltung, die ihren Gatten und ihre Kinder einschliesst, geprägt. Sie verbringt ihre Zeit weitgehend in ihrem Haus, das für Männer und Frauen getrennte Wohnbereiche vorsieht, und hält sich vornehmlich in den hintern Räumen auf, die von der Strasse weg und Fremden unzugänglich sind. Denn kein Mann ausser einem nahen Verwandten soll sie aufsuchen oder auch nur sehen. Dass die Frau eine Gefangene des Hauses ist, gilt auch für andere griechische Städte, wie z. B. Alexandria. Ihre Absonderung hat sie fast vollständig vom gesellschaftlichen Leben ausgeschlossen. Die Ausübung des Wahlrechts und die Bekleidung öffentlicher Ämter waren ihr verwehrt und an kulturellen oder geselligen Anlässen nahmen Hetären und keine Ehefrauen teil. Dementsprechend sollen die heranwachsenden Mädchen von ihren Müttern in der Kunst der Haushaltführung unterwiesen werden, ähnlich wie dies Tit 2,3–5 von den ältern Frauen fordert. Ehe und Mutterschaft waren vorrangige Ziele jeder Bürgerin. Schon mit 14 Jahren wurden die Mädchen verheiratet und Mütter von Kindern, so dass ihr zukünftiger Weg zur Haushaltführung programmiert war. Dies bestätigt der Ausspruch, der von Demosthenes überliefert ist, dass der athenische Mann neben Hetären und Sklavinnen seine Ehefrau habe, damit er rechtmässige Kinder bekomme und eine treue Hüterin über das Haus besitze.[163] Ebenso bestätigt dies das Lob, das ein Athener vor Gericht über seine Frau ausgesprochen hat. Sie war «eine geschickte, sparsame und alles pünktlich verwaltende Haushälterin». Und als solche hält er sie als «die beste Frau von der Welt».[164] Plato gibt die allgemeine Auffassung über die Tugend von Mann und Frau folgendermassen wieder: «Zuerst, wenn du willst, die Tugend des Mannes: So ist es leicht zu sagen, dass dies des Mannes Tugend ist, dass er vermöge die Angelegenheiten des Staates zu verwalten. Willst du die Tugend der Frau, so ist auch nicht schwer zu beschreiben, dass sie das Hauswesen gut verwalten muss, alles im Haus gut instand haltend und dem Mann gehorsam.»[165] So bestand denn die vornehmste Pflicht der Bürgerinnen der Polis, für ihr Haus oder ihre Familie rechtmässige Erben zu gebären. Denn der Staat setzt sich aus den einzelnen Häusern zusammen.[166] Deshalb musste dafür gesorgt werden, dass diese nicht zugrunde gehen, und ihre Förderung war ein wesentliches Anliegen des Staates.

Obwohl die Spartanerin in mancher Hinsicht eine andere Lebensweise als die Athenerin kannte, gehörten das Kindergebären und die Hausverwaltung dennoch zu ihren hauptsächlichen Funktionen. Sie war Bürgerin eines Staates, der während Jahrhunderten der Kriegsführung eine wichtige Bedeutung beimass. Neue Krieger zu gebären war deshalb dringlich. Und für diese Aufgabe wurden die Frauen vorbereitet. Bereits die Mädchen absolvierten ein Programm zur körperlichen Ertüchtigung, die sie dazu befähigte. Ihre Ernährung durfte nicht schlechter sein als die der Knaben. Die Ehe galt als die erstrebenswerte Grundlage für die Fortpflanzung. Unverheiratete wurden missachtet und hatten sogar rechtliche Nachteile in Kauf zu nehmen. Als erwachsenen Bürgerinnen oblag sodann den Frauen neben der Kindererziehung die Leitung des Haushalts. Die alltäglichen Hausarbeiten und die Anfertigung von Kleidern überliess man oft Frauen untergeordneter Gesellschaftsklassen oder Sklavinnen, die von der Hausherrin überwacht wurden. Jedoch die teilweise lange Abwesenheit der Männer im Krieg verlangte von den Frauen neben der Führung des Hauses zusätzlich die Übernahme von

---

163 Siehe Leipoldt 1955, S. 35. Die Worte stammen aus der Rede gegen die Prostituierte Neira.

164 Siehe Pomeroy 1985, S. 122.

165 Plato 1973–1975, Menon, 71e–72a.

166 Siehe Aristoteles 1967, Nikomachische Ethik, 1161a: «Die Demokratie besteht vor allem in den Häusern.»

öffentlichen Verwaltungsaufgaben.[167] Dieses Verhalten wurde wohl dadurch unterstützt, dass sie sich beim Kindergebären vornehmlich als Staatsdienerinnen fühlten, die ihre privaten Interessen zurückstellten.

Betrachtet man die frühere geschichtliche Periode der Bronzezeit, so galt auch damals die wichtigste weibliche Tätigkeit dem Haushalt. Demgemäss hielten sich die Frauen vorwiegend im Haus auf. Auf Fresken sind sie weissarmig, indessen die Männer braun sind. Unter der Leitung ihrer Hausherrin verfertigten die Sklavinnen die Kleider, sassen am Herd, webten und spannen. Schrifttafeln aus Pylos verzeichnen als Aufgaben von Frauen das Wasser holen und die Zubereitung des Bades, das Spinnen, Weben und Getreide mahlen. Hingegen die strenge Absonderung der Athenerinnen kannten sie nicht. Doch die Verteilung der Funktionen verfestigte sich schon damals, die den Mann zum Krieger, die Frau aber zur Mutter und Hausverwalterin bestimmte. So ermahnt Hektor seine Gattin Andromache: «Aber nun geh ins Haus, besorge du deine Geschäfte, Spindel und Webstuhl, und mahne die dienenden Mägde, fleissig am Werk zu sein. Der Krieg sei Sorge der Männer.»[168] Und Telemachos ermahnt seine Mutter Penelopeia: «Du aber geh ins Haus und besorge die eigenen Geschäfte, Spindel und Webstuhl, heiss deine dienenden Frauen, sie sollen auch sich ans Geschäft begeben; die Rede ist Sache der Männer, aller, vor allem die meine. Denn mein ist die Macht hier im Hause.»[169] Das bestätigten auch die Funde in den Gräbern von Frauen. Zu ihnen gehörten Spindeln und Kochtöpfe, aber ebenso Schmuckstücke. Dazu Nachbildungen von Körben zum Transport von Früchten und Wolle. Die Gräber von Männern brachten Speere, Schildknäufe und Trinkbecher zutage.

In mancher Hinsicht ähnlich ist die Stellung und Funktion der Frau im Römerreich. Ihre Hochachtung gewann sie in den Augen ihrer gesellschaftlichen Umgebung als Ehefrau und Mutter. Mit ihrer Verheiratung trat sie als mater familias («Mutter der Familie») und matrona («Hausherrin») in diesen Stand ein. Ihre hauptsächlichen Aufgaben erfüllte sie in der Kindererziehung, in der Aufsicht über die Sklavinnen, im Spinnen der Wolle,[170] im Weben von Stoffen und Nähen von Kleidern und der täglichen Zubereitung der Nahrung für ihre Familie. Für etliche Hausarbeiten wie Putzen, Geschirrspülen, Lebensmittel einkaufen und Ko-

---

167 Aristoteles 1971, Politik 1269b berichtet, dass bei den Spartanern vieles durch Frauen bestimmt werde. Deshalb hält er die spartanischen Regenten für von den Frauen beherrscht (γυναικοκρατούμενοι).

168 Siehe Homer, Ilias, 6,490–493.

169 Siehe Homer, Odyssee, 1,356–359.

170 Auf Grabsteinen von Frauen findet sich oft ein Korb mit Wolle und Stuhl.

chen waren vielfach Dienstleute zuständig. Nur in armen Häusern musste die Ehefrau auch diese Arbeiten verrichten.

Jedoch ihre Stellung erhob sie zu einer Autoritätsperson. Sie verwaltete das Haus mit seinen Gütern als den Wohnbereich ihres Gatten, ihrer Kinder und vielfach ihrer nächsten Verwandten. Die römische Frau lebte für ihre Familie und galt als uneingeschränkte Hausherrin. Deshalb soll sie domiseda («im Hause sitzend») sein. Das Haus ist der eigentliche Mittelpunkt ihrer Tätigkeit. Als dessen Verwalterin genoss sie ein hohes Ansehen, besonders wenn sie durch eine sparsame, ehrliche und tugendhafte Lebensführung sich auszeichnete. Entsprechend war auch die Ausbildung der Mädchen. Sie lernten von ihren Müttern die Hausverwaltung, die die Grundlage für eine vorteilhafte Eheschliessung legte, wie sie vor allem in den oberen Gesellschaftsschichten begehrt war.

Im Gegensatz zur Athenerin war die Römerin nicht auf die Frauenräume beschränkt, sondern führte weitgehend ein unabhängiges Leben. Ihrem Bildungsdrang wurde im Allgemeinen kein Hindernis in den Weg gelegt. Frauen aus reichen Häusern verfügten oft über ein enormes Wissen. Cornelia, die Gattin des Pompeius, verstand sich auf Bücher, spielte die Lyra, beherrschte Geometrie und studierte Philosophie. Porcia, die Tochter des jüngeren Cato, Frau des Brutus, wird sogar Philosophin genannt.[171] Auch bei Gelagen und Theateraufführungen waren Frauen anwesend.[172] Sogar Frauen aus niedrigen Ständen und Sklavinnen vermögender Familien erlernten das Lesen und Schreiben und erwarben sich damit die Fähigkeit, anspruchsvolle Tätigkeiten auszuüben. Sie arbeiteten z. B. in den Handwerksbetrieben ihrer Männer und handelten mit Lebensmitteln, Textilien[173] und Kosmetika. Sogar Schiffswerften wurden von Frauen geleitet und lateinische Inschriften berichten von Ärztinnen. Sklavinnen waren oft als Hauslehrerinnen tätig.

Dennoch wurde der Hausverwaltung eine hohe Bedeutung zugemessen. Ein eindrückliches Zeugnis dafür bietet die Darlegung, «dass auch Frauen philosophieren sollen», des Stoikers Musonius.[174] Er hält es für angemessen, dass neben den Männern sich ebenfalls die Frauen der Philosophie

---

171 Siehe Leipoldt 1955, S. 18.

172 Beachte den Vers Ovids über die Theaterbesucherinnen: «Spectatum veniunt, veniunt ut spectentur et ipsae.» Ovid 2011, Ars amatoria, 1,99.

173 Siehe die Purpurhändlerin Lydia (Apg 16,14).

174 Siehe Musonius 1994, S. 404–412. Musonius, ca. 30–100 n. Chr., aus Volsinii, gehörte als römischer Bürger dem Ritterstand an. Beachte: Der Kleine Pauly III, Sp. 1496–1497.

widmen, weil diese die Fähigkeit vermittelt, in allen Angelegenheiten die richtigen Entscheidungen zu treffen. Zugleich warnt er aber davor, dass die Frau bei dieser Beschäftigung, die sie zu Überheblichkeit und Schlendrian verleiten könnte, die häuslichen Geschäfte verachte und vernachlässige. Dies wäre schon deshalb verfehlt, weil die Ansprüche, die die Hausverwaltung an die geistigen und seelischen Kräfte eines Menschen stellt, hoch sind. Diese Tätigkeit erfordert einen Verstand, der imstande ist, einzusehen, was für die einzelnen Hausbewohner zutreffend ist. Sie verlangt ebenso die Kunst der Führung der ihre Dienste verrichtenden Sklaven und Sklavinnen. Musonius erwartet von der Hausverwalterin die Fähigkeit zum Herrschen (ἀρχική). Dazu gilt sie ihm als besorgte Beschützerin ihres Mannes und ihrer Kinder, die die Bereitschaft kennt, zu deren Gunsten ihr eigenes Leben aufs Spiel zu setzen. Sie will auch jederzeit bei den anstehenden Geschäften selber Hand anlegen und keiner Mühsal ausweichen. Die von ihr geborenen Kinder ernährt sie ohne die Hilfe einer Amme an ihrer eigenen Brust und steht ihrem Gatten auch bei beschwerlichen Arbeiten zu Diensten.[175] Selbst das Spinnen der Wolle ist ihr nicht zuwider. Vernünftiges Überlegen und hohe Organisationskunst sind bei ihr mit der Verrichtung alltäglicher Geschäfte gepaart, und sie scheut sich als Herrin ihres Hauses nicht, Sklavendienste zu vollbringen.
Musonius hält somit an der allgemeinen Auffassung fest, dass die Hausverwaltung die wesentliche Betätigung für die Frau bildet. Er hält sie nicht für eine minderwertige Beschäftigung, wie er auch nicht der damals weit verbreiteten Meinung beipflichtet, die Frau sei im Vergleich zum Mann schwächer und geringer. Sie hat vielmehr von den Göttern dieselbe Vernunft (νοῦς) wie der Mann erhalten und ist befähigt, in ihrem Wirkungsbereich jede Angelegenheit angemessen zu beurteilen. Ebenso verfügt sie über dieselbe sinnliche Erkenntniskraft (αἴσθησις). Auch die leiblichen Organe sind bei beiden Geschlechtern weitgehend dieselben. Und wie der vollkommene Mann kennt auch sie das Streben nach der Tugend (ἀρετή). Sie befürwortet gute Werke und verabscheut böse Taten. Sie steht aufgrund ihrer Natur nicht hinter dem Mann zurück. Aber gerade als philosophierende Frau, die sich gemäss der Stoa um die richtige Lebensführung bemüht, wird sie in erster Linie im Haus Hand anlegen. Denn die Hausverwaltung gilt ihr als eine Tugend, durch die sie in Besonnenheit (σωφροσύνη) jedem Hausbewohner zuteilt, was ihm gehört, und damit die häusliche Einigkeit (ὁμόνοια) fördert und garantiert.

175 Ὑπηρετεῖν, eigentlich «als Ruderer dienen», bezeichnet einen harten Dienst.

6. Die Übereinstimmung der grundlegenden Funktionen der Frau in den biblischen Schriften und bei den Juden, Griechen und Römern

Diese grundlegenden Funktionen bestehen gemäss den Pastoralbriefen im Heiraten, Kindergebären und in der Hausverwaltung. Die beiden ersten sind in den Ausführungen von Gen 1–3 begründet, die von der Erschaffung des Menschen und im Besonderen von der Bestimmung der Frau zum Kindergebären als dem Zeichen neuen Lebens für die schuldige Menschheit berichten. Alttestamentliche Ausführungen bezeichnen ihr Kindergebären als «Haus bauen». Und diese Bezeichnung macht ersichtlich, dass der Mensch von seinem Ursprung her zu einem Haus gehört, in welchem er mit seinen Angehörigen Schutz und Gemeinschaft findet, wobei neutestamentliche Schriften dies in der christlichen Gemeinde als dem Haus Gottes vorgebildet sehen.

Die vorangehenden Ausführungen zeigen, dass diese Ordnung auch in der Umwelt der christlichen Gemeinden, an die sich die Pastoralbriefe wenden, anzutreffen ist.[176] So bei der jüdischen Bevölkerung, bei der vom Alten Testament her dieselben Voraussetzungen gelten wie bei den Christen. Aber ebenso bei den heidnischen Griechen und Römern, die der Frau als Ehegattin, Mutter und Hausverwalterin eine wichtige Bedeutung zumessen. Doch diese Tatsache ist nicht erstaunlich, wenn man in Betracht zieht, dass es sich hier um eine in der Schöpfung begründete Ordnung handelt, die das natürliche Leben durchwegs bestimmt und für die christliche Kirche als ein Hinweis für das fürsorgerliche Walten Gottes an der Menschheit gilt.[177]

7. Die Hinwendung der Kirche zur Welt und Menschheit innerhalb des eschatologischen Horizonts – Die christliche Bürgerlichkeit der Pastoralbriefe gemäss Martin Dibelius

Die soeben erwähnte Übereinstimmung war für Martin Dibelius darin begründet,[178] dass die christlichen Gemeinden der zweiten und dritten Generation das Bestreben bekundeten, sich hinsichtlich ihrer Lebensweise an den gesellschaftlichen Ordnungen der damaligen jüdischen und heidnischen Umwelt zu orientieren. Weil die Parusie Christi, die die erste Generation der Christen als unmittelbar bevorstehend erwartete,

---

[176] Siehe Seiten 80–87.

[177] Siehe die Worte des Paulus an die heidnischen Athener: «Er (Gott) hat sich nicht unbezeugt gelassen als Wohltäter.» (Apg 14,17)

[178] Dibelius 1966, S. 32–33.

ausgeblieben ist, war für die Kirche ein längeres Verbleiben in den vorfindlichen irdischen Verhältnissen unumgänglich. Wenn sie ihr Bestehen sichern wollte, sei sie genötigt gewesen, auf die Lebensordnungen ihrer Umwelt Rücksicht zu nehmen und sich auf sie hin auszurichten. Deshalb schuf sie nach dem Vorbild der jüdischen und heidnischen Gesellschaft eine religiöse Familientradition, die ihre weitere Existenz garantierte. Sie etablierte sich in der Welt ihrer Gegenwart und wurde dadurch zu einer wirksamen Kraft, durch die sie ihr eigenes Dasein rechtfertigte. Der Verfasser der Pastoralbriefe suchte für die Kirche nach den Bedingungen für ihr Bestehen in dieser Welt. Sie sollten zu ihrer Richtschnur werden. Zur Regulierung ihrer Existenz bis zur Parusie diente ihr die damalige bürgerliche Ethik des griechischen Hellenismus, was vor allem in der Häufigkeit des Begriffs σωφροσύνη («Besonnenheit») und seiner Verwandten hervortritt, der allerdings mit christlichen Gedanken neu begründet wird.

In Übereinstimmung mit dieser Behauptung ist festzuhalten, dass die Pastoralbriefe deutlich und verpflichtend von der Hinwendung der christlichen Gemeinde zur Welt und Menschheit sprechen. Doch der eigentliche Grund, der sie dazu antreibt, ist nicht das Bestreben nach einer Übereinkunft mit den gesellschaftlichen Ordnungen der Umwelt, sondern die durch das Evangelium verkündigte Gnade Gottes. Ihre Erscheinung in Jesus Christus bringt die Errettung «für alle Menschen, indem sie uns erzieht, dass wir die Gottlosigkeit und die weltlichen Begierden verleugnen und besonnen, gerecht und gottesfürchtig innerhalb der jetzigen Weltzeit leben» (Tit 2,11–12). Der Ort und das Wirkungsfeld der christlichen Gemeinde ist die Welt, aus der sie sich nicht zurückziehen, die sie nicht verachten oder sogar verdammen darf. Die Absicht Gottes zur Errettung aller Menschen steht fest. Dies erklären neben dem soeben erwähnten Zitat mit nicht geringerer Deutlichkeit die weitern Stellen wie 1Tim 2,4 und 4,10b, wie denn auch nach 1Tim 2,5–6 Christus als das Lösegeld für alle Menschen gilt. Daraus ergibt sich, dass das gottesdienstliche Gebet der Gemeinde zugunsten aller Menschen erfolgt (1Tim 2,1), so wie sie ihre Sanftmut allen Menschen erweist (Tit 3,2). Und dementsprechend wird der im Fleisch geoffenbarte Christus unter den Heiden, d. h. unter den Völkern (ἔθνη), verkündigt und in der Welt geglaubt (1Tim 3,16). Denn «die Predigt … hören alle Völker» (2Tim 4,17). Aus dieser Perspektive ist das Dasein und Werk der christlichen Gemeinde zu verstehen. Sie macht durch ihr Wirken sichtbar, dass die Welt und Menschheit Gottes Schöpfung und Eigentum sind. Die Presbyter als die leitenden Organe sollen deshalb Verlautbarungen von Irrlehrern, die die Wahrheit und Güte Gottes verdunkeln, zurückweisen.[179]

Die hingebungsvolle Zuwendung zur Welt, von der die Pastoralbriefe reden, geschieht aber innerhalb eines eschatologischen Horizonts. Die endzeitliche Ausrichtung der Gemeinde ist im Vergleich zur ersten Generation nicht verblasst, sondern bildet weiterhin den eigentlichen Antrieb für ihren Dienst. Ihr Wirken erfolgt im Blick «auf die selige Hoffnung und die Erscheinung der Herrlichkeit unseres grossen Gottes und Erretters Christus Jesus, der sich für uns dahingab, um uns von jeder Gesetzlosigkeit zu erlösen und für sich selbst ein Volk zum Eigentum zu reinigen, das eifrig wäre in guten Werken» (Tit 2,13–14). Hinweise auf diese eschatologische Ausrichtung finden sich in jedem der drei Briefe. So soll Timotheus bis zur Erscheinung Jesu Christi am Gebot festhalten (1Tim 6,14). Seine gesamte Tätigkeit, sein Predigen, Zurechtweisen, Ermahnen und Lehren geschehen angesichts der kommenden Erscheinung Christi und seines Reichs (2Tim 4,1–2). Auf diesen Tag hin will Paulus, dass Gott das ihm anvertraute Gut bewahre (2Tim 1,12b). Dieser Tag verleiht ihm übrigens den «Kranz der Gerechtigkeit» (2Tim 4,8) sowie den Zugang zum himmlischen Reich (2Tim 4,18) und macht damit die Wahrhaftigkeit seiner apostolischen Tätigkeit offensichtlich. Die eschatologische Ausrichtung der Pastoralbriefe wird ebenso in Formulierungen wie «glauben … zum ewigen Leben» (1Tim 1,16), «ergreife das ewige Leben» (1Tim 6,12), «Hoffnung des ewigen Lebens» (Tit 1,2), «Erben gemäss der Hoffnung des ewigen Lebens» (Tit 3,7) und «die Gottesfurcht … hat die Verheissung des jetzigen und zukünftigen Lebens» (1Tim 4,8) erkennbar.

[179] Siehe 1Tim 1,3; Tit 1,9–11.

V Mann und Frau als gleichberechtigte Personen – ihre Funktion im Haus und in der Öffentlichkeit

Durch die gegenwärtige umfassende Gleichstellung der beiden Geschlechter gewann die Frau in politischen Angelegenheiten das aktive und passive Stimm- und Wahlrecht, und ihre Mitbeteiligung sowie Mitarbeit in politischen Gremien ist nicht mehr angefochten. Auch übernahm sie in der modernen Arbeits- und Kulturwelt sowohl im wirtschaftlichen als auch wissenschaftlichen Bereich Aufgaben und Kompetenzen, die früher ausschliesslich dem Mann vorbehalten waren. Ihr stehen dieselben beruflichen Möglichkeiten offen, insofern sie die Bereitschaft verrät, die erforderlichen Leistungen zu vollbringen. Die bisher gültige Verteilung der Funktionen wurde aufgehoben, um in jedem Bereich beiden Geschlechtern dieselben Chancen zu gewähren. Die Bindung der Frau ans Haus, wie sie die Antike kannte, ist nicht mehr verpflichtend.

Bei zahlreichen Befürwortern dieser Neuorientierung steht allerdings nicht die gegenseitige Zugehörigkeit von Mann und Frau im Vordergrund. Nicht die Unterstützung und Hilfe, die sie einander aufgrund ihrer jeweiligen Begabungen leisten, ist für sie wegleitend. Sondern das hauptsächliche Postulat lautet, dass sich die Frau gegenüber dem Mann behaupte, um ihre eigenen spezifischen Ansprüche und Forderungen durchzusetzen. Ihre berufliche Karriere wird vielfach als das begehrenswerte Resultat dieser Entwicklung betrachtet. Dabei zeigen sich aber grundlegende Fakten, die bisher das Leben der Frau bestimmten, wie das Gebären, Pflegen und Erziehen der Kinder oder die Hausverwaltung, als hindernde und störende Faktoren und geraten in Misskredit.

1. Die Frau auf dem Weg zur autonomen Person – Der Entwurf von Simone de Beauvoir

Das für diese Sicht massgebliche Werk «Das andere Geschlecht» von Simone de Beauvoir geht davon aus, dass die Selbstverwirklichung der Frau erst in Zukunft zu erwarten sei. Denn sie erfordere von ihr den Schritt in die Transzendenz, d. h. die Verwirklichung jener Möglichkeiten, die ihr die Befreiung von ihrer bisherigen Abhängigkeit vom Mann gewähren. Aus unerfindlichen Gründen gehörte in der Vergangenheit die Welt immer den Männern. Sie haben sie für sich erobert. Der Mann spürte seine Macht, setzte sich seine Ziele und suchte Wege, sie zu erreichen. Durch die Entdeckung des Werkzeuges, das seine Arbeitsprozesse erleichterte, ist für ihn das Leben Projekt und Aktivität geworden, das seine jeweiligen Grenzen überschreitet und in immer neuen Dimensionen sich realisiert. Im Zuge der Ausweitung seines Existierens hat er sich die Frau zum gefügigen Objekt gemacht, hat ihr seine Herrschaft aufgedrängt und sie daran gehindert, eigene existenzielle Schritte zu unternehmen, die sie aus ihrer Immanenz in die Transzendenz führen. Der Mann hat den Lebens- und Wirkungsbereich der Frau geschaffen, um sie darin einzuschliessen und zu verhindern, dass sie von ihm unabhängige weibliche Werte entwickle. Er hat sie dafür mit dem Mythus des «ewig Weiblichen» verklärt, der aber trotz des gloriosen Anscheins nicht ihre Freiheit und Ehre sucht, sondern sie in seine Abhängigkeit stösst. Was die Frau heute zu fordern hat, ist, dass sie in gleicher Weise wie der Mann als Existierende anerkannt wird. Den Schritt dahin konnte sie bisher nicht wagen. Einerseits wegen des Mannes, der ihn ihr zur Aufrechterhaltung seiner eigenen Herrschaft verweigert hat. Andererseits weil sie sich ihre Eingrenzung und Beschränkung wegen persönlicher Vorteile innerhalb der Ehe gefallen liess. Der Mann hat sie ja nicht nur ausgebeutet, sondern ebenso verwöhnt, um sie seinen eigenen Interessen gefügig zu machen. Auch ist sie stärker als er an biologische Fakten wie das Gebären gebunden, die sie in ihrer eigenen Naturhaftigkeit festhalten. Aus diesen Gründen ist sie nicht imstande, eigentliche schöpferische Taten zu vollbringen. Der geschichtliche Augenblick ist nun aber eingetreten, wo sie, wie es der Mann seit jeher tat, in die Transzendenz schreitet und die Fesseln ablegt, die sie bisher daran gehindert haben. Ihre eigene Geschlechtlichkeit darf ihr dabei keine Hemmung sein, denn diese ist kein bleibendes Faktum der menschlichen Existenz. Es gibt nämlich keine Notwendigkeit, an der bisherigen menschlichen Fortpflanzungsart festzuhalten, denn innerhalb des Naturreiches findet man auch die Parthenogenese und das Vorhandensein von Hermaphroditen. Die Fortpflanzung könnte ebenso ungeschlechtlich geschehen, und die geschlechtliche Differenzierung verschwindet vielleicht ohnehin. Dem Aufbruch der Frau zu einem ebenbürtigen und vollwertigen Gegenüber des Mannes steht gemäss ihrer gegenwärtigen Konstitution nichts im Wege. Es wäre somit unvernünftig und böse, ihn zu unterlassen.

Jedoch angesichts dieses Entwurfs fragt es sich, ob die lange und ereignisvolle Geschichte der beiden Geschlechter vornehmlich unter dem Gesichtspunkt der Entmündigung und Unterwerfung der Frau durch den Mann zu betrachten ist. Lässt sie sich in ihrer vielfältigen Mannigfaltigkeit in dieses Schema einfügen? Übersieht man dabei nicht die grundlegende Tatsache, dass sie die Geschichte jenes Menschen ist, der niemals nur als Mann, sondern in der Gemeinschaft mit der Frau seine Taten und also seine Schritte in die Zukunft vollzogen hat? Und innerhalb dieser Gemeinschaft nahm die Frau nicht ausschliesslich die Stellung einer unterwürfigen Sklavin oder verwöhnten Puppe ein, sondern zeigte sich nicht weniger als der Mann als eigenständig urteilende und handelnde Person. Dass sie nicht in allen Wirkungsbereichen des Mannes anzutreffen war, kann nicht lediglich auf Erniedrigung zurückgeführt werden. Sondern wie er verfügte sie über ihre eigenen Tätigkeits- und Herrschaftsbereiche, wo sie Entscheidungen traf, die den seinigen ebenbürtig waren und die er nicht leichtfertig missachten konnte. So ist z. B. der private Bereich des Hauses, dessen Führung und Pflege der Frau übergeben war, nicht als minderwertiger zu qualifizieren als der öffentliche Wirkungsbereich des Mannes.[180] Seine Bedeutung für das gesellschaftliche und politische Leben ist ja sehr hoch einzuschätzen. Jedenfalls war die Stellung der Frau in der Vergangenheit nicht nur marginal. Gemäss Spr 31,23 steigert ihre Tüchtigkeit und Klugheit auch die Bedeutung des Mannes bei der Ausübung seiner öffentlichen Funktionen. Sie hat also die Entscheidungen und Taten des Mannes immer wieder beeinflusst und mitgetragen, vielfach sogar angeregt und geleitet. Und mit ihrem privaten Wirken hat sie ebenso das öffentliche Geschehen geprägt, weil sich die beiden Lebensbereiche gegenseitig durchdringen und in einer engen Wechselwirkung zueinander stehen.

Die Gleichwertigkeit der Geschlechter kann nach den Ausführungen von Simone de Beauvoir nur dadurch garantiert werden, indem sich die Frau zu einer mit dem Mann konformen Existenz bereit findet. Dies äussert sich beruflich darin, dass sie sich ihm gegenüber durch ihre eigene Karriere profiliert. Wie der Mann soll sie sich dauernd neu erschaffen, um aus jeder aufgezwungenen oder selbst gewählten Beschränkung aufzubrechen. Aber hat denn der Mann jemals in dieser Art und Weise existiert? Er träumt allerdings von einer herrschaftlichen Freiheit ohne eingrenzende Bedingungen und hindernde Bindungen. Doch er vermag sie nicht zu verwirklichen, sondern ist selber an Gegebenheiten gebunden, denen er nicht ausweicht und die er nicht endgültig überwinden kann. Vor allem ist er nicht das souveräne Wesen, das sich anmassen könnte, an die Stelle Gottes zu treten, wie es die Philosophie Sartres

180 Deshalb forderte schon Musonius für die Mädchen als den zukünftigen Hausverwalterinnen eine den Knaben ebenbürtige Ausbildung.

postuliert, die Simone de Beauvoir ihren Ausführungen zugrunde legt.[181] Lohnt es sich deshalb für die Frau, sich an einer Gestalt zu orientieren, die mehr eine Wunschfigur als die Wirklichkeit verkörpert? Und weshalb soll sie sich bei der Abwendung von ihrer bisherigen Existenzweise wieder den Mann zum Vorbild nehmen, von dessen Fesseln sie sich nach jahrtausendlanger Sklaverei entledigen will? Gelingt es ihr bei diesem Versuch, zu seinem ebenbürtigen Gegenüber zu werden, oder wird sie nicht gleichsam zu einem zweiten Mann, was doch keineswegs ihren Absichten und Interessen entspricht?

2. Die ursprüngliche Zusammengehörigkeit der Geschlechter als Grundlage für die gegenwärtige Erweiterung der Funktionen der Frau

Aufgrund der alttestamentlichen Schöpfungserzählungen, die ebenso für die entsprechenden neutestamentlichen Aussagen und somit für die christliche Gemeinde massgeblich sind, sind Mann und Frau gemeinsam am Werk beteiligt, das der Mensch an der Erde vollzieht. Deren Verwaltung und Gestaltung ist beiden übertragen, insofern Gen 1,27–28 davon spricht, dass Gott den Menschen als Mann und Frau erschaffen hat. Das bestätigt auch die Aussage in Gen 3,17b–18, welche die Bebauung des Erdbodens nicht nur dem Mann, sondern dem Menschen zuweist, der gemäss Gen 2,22–23 ebenso die Frau einschliesst. Und diese Zusammengehörigkeit ist von Jesus bestätigt worden.[182] Die Frau nimmt als ebenbürtige Partnerin am Auftrag und Werk des Mannes Anteil. Ihre ursprüngliche Zusammengehörigkeit bildet eine Grundform der menschlichen Existenz. Das Dasein von Mann und Frau ist von ihrem Ursprung her nicht auf Konkurrenz und Konfrontation angelegt. Dies würde ihren Auftrag an der Erde beeinträchtigen und zerstören. Sondern in ihrer gegenseitigen Zusammengehörigkeit stellen sie Gottes Bild dar. Das von Simone de Beauvoir dargelegte Programm kann deshalb nicht zur Grundlage einer theologischen Erklärung des Verhältnisses der beiden

---

181 Siehe Sartre 1970, S. 36–37: «Il n'y a pas de déterminisme, l'homme est libre, l'homme est liberté. Si, d'autre part, Dieu n'existe pas, nous ne trouvons pas en face de nous des valeurs ou des ordres qui légitimeront notre conduite.» Sartre gesteht übrigens, dass diese Situation für den Menschen nicht schlechterdings glücklich ist. Er bemerkt ja: «Condamné, parce qu'il ne s'est pas créé lui-même, et par ailleurs cependant libre, parce qu'une fois jeté dans le monde, il est responsable de tous ce qu'il fait.»

182 Mt 19,4–6; Mk 10,6–8.

Geschlechter dienen. Und die gegenwärtige öffentliche Mitbeteiligung der Frau an wirtschaftlichen, politischen, erzieherischen und kulturellen Betätigungen, die durch die Erweiterung ihrer Funktionen und Kompetenzen möglich wurde, bestätigt erneut ihre ursprüngliche Zugehörigkeit zum Mann. Sie ist in diesem Bereich zu seiner gleichwertigen Partnerin geworden, der im Vergleich zu ihm keine Minderwertigkeit angelastet werden kann. Allerdings unterscheiden sie sich voneinander. Aber ihre Verschiedenheit bedeutet nicht verschiedene Rangstufen. Und im Übrigen ist diese Mitbeteiligung der Frau in der Geschichte der Menschheit keine völlig neue Tatsache. Das zeigt, wie schon erwähnt wurde, ihre Verrichtung landwirtschaftlicher Arbeiten in den Agrarkulturen, wo sie neben dem Mann einen wesentlichen Beitrag zur Nahrungsmittelbeschaffung leistete, aber auch ihre Tätigkeit in den handwerklichen Betrieben und bei wissenschaftlichen, literarischen, pädagogischen, politischen und sogar militärischen Unternehmen.

3. Die Einzigartigkeit des Kindergebärens und der Hausverwaltung

Die Frau ist nun aber mit dem besondern Auftrag versehen, Kinder zu gebären. Das Alte Testament erkennt hierin eine einzigartige Auszeichnung, auf die ihr Name «Mutter aller Lebenden» in Gen 3,20 hinweist. Und nach dem Bericht von Gen 3,16 prägt dieser Auftrag ihre irdische Existenz einschneidend, denn die Beschwerden der Schwangerschaft und die Schmerzen der Geburt verbinden sie in besonderem Mass mit dem Werden und Geschick ihrer Kinder. Dies zeigt sich in der intensiven Betreuung und Pflege, die sie ihnen während ihrer frühen Lebensjahre zukommen lässt, aber ebenso in der Fürsorge, mit der sie sie bis ins Erwachsenenalter begleitet. Es sind auch ihre Kinder, die der Menschheit ermöglichen, ihren Auftrag an der Erde in jeder Generation erneut aufzunehmen, auszuüben und zu erfüllen. Im Weitern ist nach der Aussage von 1Tim 2,15 das Kindergebären ein Akt der Errettung und Bewahrung, durch den Gott den Menschen trotz seiner Verfehlungen wieder in seine ursprüngliche Bestimmung einsetzt. Der ihr Leben prägende Faktor des Gebärens ist unter diesem Aspekt nicht lediglich ein Hindernis, das den Aufbruch der Frau in eine selbstständige Zukunft zerstört. Sondern er bietet ihr die Möglichkeit sinnvollen Existierens. Durch ihn vollzieht sich für sie die Sorge für die kommende Generation, mit der sie einen einzigartigen Dienst leistet, auf den die Menschheit nicht verzichten kann.

Indem nun das Kindergebären laut den alttestamentlichen Aussagen als «Haus bauen» bezeichnet wird, bildet das Haus, das die Frau bewohnt, und die Familie, der sie angehört, einen wesentlichen Teil ihrer Anliegen. 1Tim 5,14 und Tit 2,5 erkennen darum in der Hausverwaltung eine ihrer primären Aufgaben und philosophische Zeugnisse der Antike stimmen dem zu.[183] Sie garantiert den Hausbewohnern und Familiengliedern und besonders den heranwachsenden Kindern einen Ort, wo sie die unentbehrliche Zuneigung, Pflege und Fürsorge erfahren. Und zu dieser Tätigkeit ist die Frau berufen und gemäss ihrer Begabung imstand.

Das Kindergebären und die Verwaltung des Hauses sind gemäss den Pastoralbriefen Funktionen, die das göttliche Wohlgefallen am Menschen bezeugen. Deshalb soll jede Frau, die zur Mutterschaft berufen ist, diesen Dienst gern übernehmen. Sie vollbringt damit ein notwendiges und gutes Werk, das ihrer ursprünglichen Bestimmung entspricht. Es bleibt auch eine dauernde Aufgabe der christlichen Gemeinde, gegenüber jeder Geringschätzung deren wichtige Bedeutung für die Menschheit hervorzuheben. Eine Frau darf allerdings nicht gegen ihren Willen in diese Aufgabe gedrängt werden. Heiraten und Kindergebären ist nach dem Evangelium nicht die einzige Bestimmung, die für sie angemessen ist. Siehe dazu den Hinweis des Paulus in 1Kor 7,7b hinsichtlich der Verheirateten und Unverheirateten. Er schreibt: «Jeder hat seine eigene Begabung von Gott, der eine so, der andere aber so.» Damit besteht für die heutige Frau kein Hindernis, eine der vielen beruflichen Tätigkeiten auf sich zu nehmen, die sich ihr anbieten, und sich ihr ein Leben lang voll und ganz zu widmen. Jedoch soll ihre berufliche Ausbildung, die sich heute beinahe jede Frau aneignet, sie nicht von der Mutterschaft fernhalten, wenn sie sich dazu bestimmt fühlt. Denn die ausschliessliche und intensive Betreuung ihrer Kinder wird sie lediglich während einer beschränkten Zeit ihrer Aktivität in Anspruch nehmen, so dass sie erneut in ihren erlernten Beruf zurückkehren oder einer andern Beschäftigung nachgehen wird. Sie tut dies, indem sie nun erst recht um die elementare Bedeutung des Mutterseins für die heutige Gesellschaft Bescheid weiss.

Die Pastoralbriefe heben jedoch zugleich den Auftrag des Mannes hervor, der ihm hinsichtlich seiner Kinder und seines Hauses übergeben ist.[184] Er beruht in der Zusammengehörigkeit der beiden Ehegatten, die ihn verpflichtet, den Tätigkeitsbereich der Frau zu fördern und zu

---

183 Siehe Plato 1973–1975, Menon, 71e; Musonius 1994: Dass auch Frauen philosophieren sollen, S. 404 ff.

184 1Tim 3,4–5; 3,12b; Tit 1,6b.

unterstützen und, wenn es die Situation erfordert, selber Hand anzulegen. Allerdings ersetzt keiner der beiden Partner den andern völlig und ganz. Die Sorge für die Kinder und das Haus, die das Wesen der Frau prägt, bestimmt ihr gesamtes Verhalten massgeblich. Und der Mann bleibt seiner Bestimmung treu, indem er ihre Angelegenheiten neben seinen beruflichen Geschäften mitträgt. Ihre Aufgabe bietet keinen Raum für eine gegenseitige Konkurrenzierung, sondern erfordert ihre Hingabe für ihr gemeinsames Werk. Ihr Wirken für die Kinder, die Familie und das Haus mit seinen Entscheidungen und Massnahmen erfolgt in gegenseitiger Übereinstimmung und dient nicht einem männlichen oder weiblichen Prestige. Und diese Folgerungen, die sich aus den Anordnungen der Pastoralbriefe ergeben, weisen auf einen Sachverhalt hin, der nicht nur in der fernen Antike, sondern ebenso in der Gegenwart und Zukunft gültig und wegleitend ist.

VI Eltern und Kinder in den Pastoralbriefen – Die erziehende Gnade Gottes

Die Pastoralbriefe kennen die Mitbeteiligung des Ehemannes an der Hausverwaltung. Diese umfasst aber zugleich die Pflicht zur Erziehung der Kinder. «Die Kinder in Unterordnung haltend»[185] heisst der kurze Hinweis an die Episkopen oder Presbyter, mit dem diese Aufgabe umschrieben wird. Diesen Aufruf vernehmen ebenfalls die Diakone: «den Kindern gut vorstehend».[186] Dem schliesst sich der Titusbrief an, der vom Presbyter erwartet, dass er glaubende Kinder habe.[187] Die gute Hausverwaltung schliesst nach diesen Forderungen unweigerlich die Kindererziehung ein. Das Haus ist der Ort, wo die von den Müttern geborene kommende Generation heranwächst, die an der von Gott der gesamten Menschheit gewährten Errettung Anteil haben wird. Eine der wichtigsten Aufgaben der Väter und Mütter besteht somit darin, dass sie durch ihre Erziehung diese Gewissheit bei ihren Kindern wachrufen und erhalten.

1. Die Begründung der christlichen Gemeinde im Erlöserwerk Jesu Christi

Die Gemeinde als Eigentumsvolk Gottes zur Ausübung guter Werke

Die Pastoralbriefe kennen keinen Gebrauch der Begriffe παιδεύειν («erziehen») und παιδεία («Erziehung») für die elterliche Kindererziehung. Jedoch in Tit 2,11–12 ist die Rede von der Erziehung durch die Gnade an den Gliedern der christlichen Gemeinde. Die diesbezügliche Bemerkung lautet: «die Gnade Gottes, ... die uns erzieht».[188] Sie bildet die Begründung für die vorangehende Haustafel (Tit 2,1–10), in welcher die Anweisungen des Titus gegenüber den alten und jungen Männern und Frauen sowie den Sklaven erwähnt werden. Sie hat gemäss Tit 2,11–14 folgenden Wortlaut:

> «11 Denn erschienen ist die allen Menschen heilbringende Gnade Gottes, 12 indem sie uns erzieht, dass wir die Gottlosigkeit und die weltlichen Be-

185 1Tim 3,4: ... τέκνα ἔχοντα ἐν ὑποταγῇ.

186 1Tim 3,12: ... τέκνων καλῶς προιστάμενοι.

187 Tit 1,6: ... τέκνα ἔχων πιστά.

188 Ἡ χάρις τοῦ θεοῦ ... παιδεύουσα ἡμᾶς.

> gehren ablehnen und besonnen und gerecht und gottesfürchtig in der gegenwärtigen Weltzeit leben, 13 wobei wir die selige Hoffnung und Erscheinung der Herrlichkeit des grossen Gottes und unseres Erretters Jesus Christus erwarten, 14 der sich selbst für uns hingegeben hat, damit er uns von jeder Gesetzlosigkeit erlöse und für sich selbst ein Eigentumsvolk reinige, eifrig in guten Werken.»

Das in Tit 2,14 erwähnte Wirken Christi bezweckt die Zurüstung eines ihm angehörigen Volkes. Es wird mit dem im Neuen Testament einmaligen Begriff λαὸς περιούσιος («Eigentumsvolk») bezeichnet, als die Übersetzung des hebräischen עַם סְגֻלָּה, das als das alttestamentliche Israel aus den übrigen Völkern auserwählt ist, um Gottes Gebote zu beachten und seinen Willen zu erfüllen.[189] Analog zu diesem Geschehen erfolgt die Konstituierung der christlichen Kirche, deren Bestimmung es ist, zu guten Werken bereit und tüchtig zu sein.

Die Formulierung «gutes Werk» bzw. «gute Werke»[190] findet sich in den Pastoralbriefen achtmal. Daneben gibt es sechsmal den äquivalenten Ausdruck ἔργον ἀγαθόν. Überdies in 1Tim 6,18 das Verbum ἀγοθοεργεῖν («Gutes tun»). In den übrigen neutestamentlichen Schriften beträgt die Anzahl der Stellen, die auf gute Werke der christlichen Gemeinde bzw. ihrer Glieder hinweisen, lediglich zehn. Der überdurchschnittliche Gebrauch in den wenigen Kapiteln der Pastoralbriefe verrät die Absicht, diese Tatsache als entscheidend hervorzuheben. Die guten Werke sind der Erweis der Wahrhaftigkeit des Glaubens, wie dies ebenfalls durch weitere neutestamentliche Schriften bestätigt wird. So ruft Jesus seine Jünger auf, ihr Licht vor den Menschen leuchten zu lassen, «damit sie eure guten Werke sehen und euern Vater in den Himmeln preisen» (Mt 5,16). Die unerlässliche Zugehörigkeit solcher Werke zum Glauben betont eindringlich der Jakobusbrief. Fehlen sie, ist er tot. Durch sie erweist sich seine Wirksamkeit und Lebendigkeit und in ihnen findet er seine Vollendung (Jak 2,17.22).

Die Berufung der Kirche erfolgt nicht wie beim alttestamentlichen Israel durch den Sinaibund, sondern im Werk Jesu Christi, das in V 14a in die wenigen Worte «der sich selbst für uns hingegeben hat»[191] zusammengefasst ist. Es handelt sich um eine Formulierung, die das Leiden und Sterben Christi als seine Tat zugunsten der Menschheit beschreibt und damit das wesentliche Merkmal seiner Wirksamkeit festhält. Der dem «für uns» ähnliche Ausdruck «für euch» (ὑπὲρ ὑμῶν) erscheint in

---

189 Siehe Ex 19,5; Dtn 7,6; 14,2; 26,18–19.

190 Καλὸν ἔργον, im Plural καλὰ ἔργα.

191 ῞Ος ἔδωκεν ἑαυτὸν ὑπὲρ ἡμῶν.

den Einsetzungsworten zum Abendmahl. Siehe 1Kor 11,24: «Das ist mein Leib für euch.» Oder Lk 22,19: «Das ist mein Leib, der für euch gegeben wird.» Mt 26,28 und Mk 14,24 überliefern «für viele». Besonders bei Ausdrücken innerhalb der Opferterminologie hat ὑπέρ die Bedeutung «für, zugunsten von» (Apg 21,26c) und kann die Hingabe, die den Einsatz des eigenen Lebens für andere in sich schliesst, bezeichnen.[192] Dies trifft für das Sterben Christi in vollendeter Weise zu.

Die Aussage «damit er uns von jeder Gesetzlosigkeit erlöse» (λυτρώσηται), die das Ziel dieser Lebenshingabe beschreibt, erinnert an ψ 129,8: «Und er wird Israel aus allen seinen Gesetzlosigkeiten erlösen.» Auch dies bestätigt, dass die neutestamentliche neben die alttestamentliche Gemeinde tritt, deren Funktion sie übernimmt und deren Geschick sie teilt. Das Verbum λυτροῦσθαι heisst: «mit Lösegeld freikaufen», wie es z. B. beim Loskauf von Gefangenen oder Sklaven geschieht.[193] In alttestamentlichen Aussagen wird durch diesen Begriff die Befreiung Israels aus der ägyptischen Sklaverei bezeichnet,[194] jedoch ebenso weitere Befreiungstaten innerhalb der jüdischen Geschichte.

Die beiden Aussagen über die Lebenshingabe und Erlösertat Christi, wie sie in Tit 2,14 vorliegen, erinnern an den in Mt 20,28 und Mk 10,45 überlieferten Ausspruch, dass der Menschensohn gekommen ist, «um sein Leben als Lösegeld («λύτρον») für viele hinzugeben». Diesen Gedanken haben die Pastoralbriefe in 1Tim 2,6 aufgenommen: «… und der sich selbst als Lösegeld für alle gegeben hat.» Er weist bei Matthäus und Markus auf das messianische Werk Jesu hin. Dessen Absicht ist das Dienen, das im Gegensatz zum gewalttätigen und erniedrigenden Regiment weltlicher Machthaber steht. Es vollendet sich in der Hingabe, in der Christus sein Leben als Lösegeld einsetzt und an die Stelle der Vielen bzw. Aller tritt, ihr Geschick auf sich nimmt und damit die von Gott geforderte Auslösung vollzieht. Zur Bezeugung dieses Dienstes wird die christliche Gemeinde bereitgestellt und zugerüstet (Tit 2,14). Das an dieser Stelle vorhandene Verbum καθαρίζειν («reinigen») spricht von der Beseitigung der Hindernisse, die sie an der Ausführung ihres Auftrags hindern. Sie muss von jeder Gesetzlosigkeit (ἀνομία), d. h. jedem gottwidrigen Unwesen gereinigt werden. Der Zweck dieser Reinigung ist ihre Heiligkeit,[195] also ihre völlige Zugehörigkeit zu Gott, die sich im Gehorsam gegenüber seinem Willen äussert, wie er im Wirken Christi Gestalt angenommen hat.

---

192 Siehe Joh 11,50; Röm 5,7.

193 Siehe ThWNT IV, S. 352–353.

194 Ex 6,6; 15,13; Dtn 7,8; 13,6; Mich 6,4.

195 Siehe Eph 5,26, wo καθαρίζειν die Heiligung bezweckt.

2. Die Ablehnung der Gottlosigkeit und der weltlichen Begehren und die Zuwendung zu Besonnenheit, Gerechtigkeit und Gottesfurcht als das Werk der erziehenden Gnade (Tit 2,11–13)

Die Tat Jesu Christi, die zur Bereitstellung des neuen Gottesvolkes führt, wird als die Erscheinung der göttlichen Gnade interpretiert, die die Errettung und Bewahrung für alle Menschen bringt. Im Gegensatz zum Sinaibund, der lediglich das Volk Israel einschliesst, umfasst diese Gnade die gesamte Menschheit. Dies wird in der zukünftigen und endgültigen Erscheinung Jesu Christi vollends offensichtlich. Die Menschheit geht diesem Ereignis entgegen, das ihr nicht ihren Untergang, sondern ihre Befreiung von ihren Übeln bringen wird. Tit 2,13 spricht deshalb von der «seligen Hoffnung» (μακαρία ἔλπις), die ihr durch die Herrlichkeit des «grossen Gottes» und ihrem Erretter Jesus Christus gewährt wird.[196] Der Auftrag der christlichen Gemeinde vollzieht sich im Ausblick auf dieses zukünftige Ereignis, das die gegenwärtige Weltzeit abschliesst.

Die Bedeutung der Gnade ist für die Pastoralbriefe fundamental. In den Grussformeln steht sie an erster Stelle.[197] Sie ist die in Jesus Christus erschienene Gnade.[198] Die Formulierung «die uns erziehende Gnade Gottes»[199] ist eine singuläre neutestamentliche Ausdrucksweise, die die erzieherische Wirkung der Gnade betont, was der Tendenz der Pastoralbriefe entspricht.

Zur Bedeutung der «Gottlosigkeit» (ἀσέβεια) und der «weltlichen Begehren» (κοσμικαὶ ἐπιθυμίαι)

Der Begriff ἀσέβεια findet sich in den Pastoralbriefen zweimal. Ausser in Tit 2,12 in 2Tim 2,16. Als weiterer Begriff derselben Wortgruppe erscheint in 1Tim 1,9 das substantivierte Adjektiv ἀσεβής («Gottloser»), das mit ἁμαρτωλός («Sünder») verbunden ist. Dieselbe Verbindung gibt es ebenfalls in den alttestamentlichen Zitaten in Röm 11,26–27 und 1Petr 4,18. In Röm 1,18 steht ἀσέβεια neben ἀδικία («Ungerechtigkeit»). Alle diese Verbindungen machen offensichtlich, dass bei der Gottlosigkeit nicht lediglich eine theoretische Überlegung zugrunde liegt, die die

---

196 Μακάριος ist griechisch-hellenistischer Sprachgebrauch. Siehe ThWNT IV, S. 373, Z. 3–7; Dibelius 1966, S. 107.

197 1Tim 1,2b; 6,21b; 2Tim 1,2b; 4,22b; Tit 1,4b; 4,15b.

198 1Tim 1,14; 2Tim 1,9–10; Tit 2,11–14.

199 Ἡ χάρις τοῦ θεοῦ ... παιδεύουσα ἡμᾶς.

Existenz Gottes bestreitet. Sie umfasst vielmehr das gesamte menschliche Verhalten und zeigt sich in der Geringschätzung und Ignorierung der göttlichen Willenskundgebungen, was unweigerlich zu Verfehlungen im menschlichen Verhalten führt. Röm 1,18ff ist die Schlüsselstelle zu diesem Verständnis. Obwohl Gott den Menschen nicht unbekannt ist, messen sie nicht ihm, sondern dem Geschöpf zu, was ihm gebührt. Damit werden sie unfähig, das für sie Angemessene[200] zu vollbringen. Das vor Gott gültige Recht verwerfen sie und verfallen, indem sie die für ihr Leben massgeblichen Ordnungen verlassen, der Verfehlung, Verirrung und dem Unrecht. Paulus führt die daraus hervorgehenden Praktiken im Lasterkatalog in Röm 1,29–32 an. Auch der Verfasser des 1. Timotheusbriefes stellt in einer ähnlichen Aufzählung Gottlose und Sünder in die Reihe anderer Übeltäter (1Tim 1,9b–11).

Tit 2,12 setzt neben die Gottlosigkeit die Begehren (ἐπιθυμίαι). Und im Gegensatz zum zweimaligen Vorkommen von ἀσέβεια erscheint ἐπιθυμία in den Pastoralbriefen sechsmal.[201] Diese Stellen sprechen alle von einer bösen und verderblichen Begierde. Auch in den übrigen neutestamentlichen Schriften überwiegt beim Substantiv und Verbum die negative Bedeutung, so dass diese zum Inbegriff eines falschen Verlangens geworden sind.[202]

> Dies gilt bereits für das Alte Testament. Das Begehren ist dort weitgehend der Ausdruck eines Verhaltens, das dem Willen Gottes widerspricht und sich somit seinen Geboten entzieht. Sehr deutlich tritt dies im letzten Gebot des Dekalogs zum Vorschein, dessen einzelne Anordnungen unter der Aufforderung «du sollst nicht begehren» stehen.[203] Davor warnt das Gebot, wie es auch Paulus in Röm 7,7 bestätigt.

Für das neutestamentliche Verständnis von Begehren ist es naheliegend, Röm 1,24 heranzuziehen: «Deshalb hat Gott sie den Begierden ihrer Herzen preisgegeben.» Dieser Ausspruch schildert die Folgen der Gottlosigkeit. Ihr Lohn besteht darin, dass sie den Menschen seinen eigenen Begierden unterwirft, denen er wie ein Sklave dienen muss. Er gewinnt, indem er ihren Ansprüchen folgt, weder irgendwelche Freiheit noch Souveränität, sondern wird dazu angetrieben, das ihm Unangemessene zu vollbringen. Paulus weist in erster Linie auf die sexuellen Perversionen hin, denen Männer und Frauen verfallen (Röm 1,24–27). Obwohl

---

200 Τὰ καθήκοντα. Dieser Begriff ist verwandt mit τὸ πρέπον («das Gebührende, Zukommende»).

201 1Tim 6,9; 2Tim 2,22; 3,6; 4,3; Tit 2,12; 3,3.

202 Ausnahmen finden sich in Lk 15,16; 16,21; 22,15; Phil 1,23; 1Thess 2,17.

203 Die LXX übersetzt dies mit οὐκ ἐπιθυμήσεις (Ex 20,17; Dtn 5,21).

die Begehren eigentlich die guten menschlichen Möglichkeiten und Bedürfnisse offenbaren, verleiten sie den Gottlosen, das ihm zugewiesene Mass zu überschreiten. Anstatt Gott gehorcht er der Sünde, die ihn beherrscht, so dass sein Leib mit dessen Gliedern zu einem Werkzeug der Ungerechtigkeit wird (Röm 6,12–14). Die neutestamentlichen Schriftsteller erkennen in den menschlichen Begehren vornehmlich diesen Sachverhalt. Sie werden darum zur Ursache von mannigfachen Verirrungen, Verfehlungen, Bosheiten und Übeln. So stellt sie Kol 3,5 neben Unzucht, Unreinheit, Leidenschaft, Habsucht und Götzendienst und 1Petr 4,3 erwähnt, dass sich Ausschweifungen, Trinkgelage, Fressereien, Zechereien und frevelhafter Götzendienst zu ihnen gesellen. Die entsprechenden Ausführungen in den Pastoralbriefen liegen ebenfalls auf dieser Linie. Gemäss 1Tim 6,9 stürzen die Begehren den Menschen in Untergang und Verderben. Und an den ehemaligen Zustand seiner Leser erinnernd schreibt Tit 3,3 von den vielfältigen Begehren und Lüsten (ἡδοναί), denen «wir dienten»,[204] und dies als Unvernünftige, Ungehorsame, Verirrte, in Bosheit und Neid Lebende, als Verhasste einander hassend. Sie widersprechen der Gerechtigkeit, dem Glauben, der Liebe und dem Frieden, die Timotheus anstreben soll (2Tim 2,22), und verabscheuen die gesunde Lehre des Evangeliums.

Die Charakterisierung der Begehren durch das Adjektiv κοσμικαί («irdisch, weltlich»)[205] findet sich im Neuen Testament nur in Tit 2,12. Untauglich und schlecht sind sie, weil sie nach dem Kommentar von 1Joh 2,17 mit dem gegenwärtigen Kosmos ihr Ende finden. Ihnen eignet keine Beständigkeit, denn sie sind von der irrigen Annahme geleitet, sich gegen den göttlichen Willen behaupten zu können.

Zur Bedeutung von σωφρόνως («besonnen»), δικαίως («gerecht») und εὐσεβῶς («gottesfürchtig»)

Tit 2,12b beschreibt das Ziel der Heil schaffenden Gnade mit Begriffen der griechischen Tugendlehre. Sie sind in der literarischen und philosophischen Tradition der Griechen verwurzelt und der Respekt gegenüber den dem Menschen gesetzten Grenzen ist für ihr Verständnis grundlegend. Ihre Erwähnung verrät das Bestreben, anzuzeigen, dass die errettende Gnade allen Menschen gilt (Tit 2,11), also auch den Griechen und Römern, in deren Mitte das Evangelium verkündigt wird. Diese Tugenden, die für den heidnischen Menschen richtungsweisend sind und sein

---

[204] Δουλεύοντες heisst «als Sklave dienen».

[205] Zur genauen Bedeutung siehe ThWNT III, S. 897, Z. 37–S. 898, Z. 5.

Verhalten sowie seine Beziehung zum Nächsten und Göttlichen regeln, stehen jedoch für den Verfasser des Titusbriefes im Licht des Evangeliums. Somit gelten dessen Verheissung und Anspruch auch für die Heiden. Daraus ergibt sich, dass das, was bisher als das Ziel von ihrem Streben galt, ihnen durch die göttliche Gnade gewährt wird.

Das Adverb σωφρόνως («besonnen»), das Substantiv σωφροσύνη («Besonnenheit») und das Verbum σωφρονεῖν («besonnen sein») bezeichnen ein Überlegen und Urteilen, die der Förderung und Bewahrung des menschlichen Lebens dienen.[206] Sie beachten die für das Dasein gültigen Ordnungen und widersetzen sich Hochmut und Selbstüberschätzung.

Δικαίως («gerecht») wird vor allem das Tun desjenigen genannt, der die Pflichten gegenüber seinem Mitmenschen, es seien die Hausgenossen oder Verwandten, aber auch gegenüber den anerkannten Sitten und geltenden Gesetzen erfüllt.[207] Man findet dieses Verständnis auch im Neuen Testament. Die Herren sollen den Sklaven das «Gerechte und Billige»[208] gewähren (Kol 4,1) und der Weinbergbesitzer will seinen Taglöhnern «was gerecht ist» als Lohn geben (Mt 20,4). Wenn Pilatus sowie seine Frau oder der beim Kreuz anwesende römische Hauptmann Jesus einen Gerechten nennen,[209] halten sie sich an dieses allgemeine Urteil. Und dies trifft auch auf das «Gerechte» zu, von dem Phil 1,7 und 4,8 sprechen.

Ἐυσεβῶς («gottesfürchtig»), εὐσέβεια («Gottesfurcht») und εὐσεβεῖν («gottesfürchtig sein») bezeichnen im profanen Bereich das angemessene Verhalten gegenüber den Göttern. Plato fasst dieses Verständnis in die Worte: «Gottesfürchtig ist, was die Verehrung der Götter betrifft.»[210] Doch die Wortgruppe schliesst zugleich die von ihnen eingesetzten Ordnungen ein, auf denen das private und öffentliche Leben beruht.[211] Wer Gottesfurcht übt, zeigt Respekt gegenüber den staatlichen Instanzen, aber auch gegenüber den eigenen Hausgenossen (1Tim 2,2; 5,4).

Das spezifische Merkmal der Gottesfurcht in den Pastoralbriefen

Innerhalb der neutestamentlichen Schriften findet man in den Pastoralbriefen den häufigsten Gebrauch dieser Begriffe. Den hier vorliegenden

---

206 Siehe die Ausführungen auf Seiten 32–35.

207 Siehe Aristoteles 1967, Nikomachische Ethik, 1129,34–36: «Gerecht wird sein, wer das Gesetzmässige und Gebührende beachtet.»

208 Τὸ δίκαιον καὶ τὴν ἰσότητα.

209 Siehe Mt 27,19.24; Lk 23,47.

210 Plato 1973–1975, Euthyphron, 12e.

211 Siehe die Ausführungen auf Seiten 30–31.

13 Stellen stehen 4 Stellen gegenüber, die sich auf die Apostelgeschichte,[212] und 5, die sich auf den 2. Petrusbrief verteilen.[213] Somit beschränken sie sich auf spätere neutestamentliche Schriften, die das Vordringen des christlichen Glaubens in den griechischen Lebens- und Kulturbereich bezeugen. Die Pastoralbriefe sprechen aber von einem Verständnis der Gottesfurcht, das sich von den damaligen allgemeinen und philosophischen Anschauungen unterscheidet. Deutlich tritt es in 1Tim 3,16 an den Tag:

> «Und anerkanntermassen gross ist das Geheimnis der Gottesfurcht: der offenbart wurde im Fleisch, gerechtfertigt im Geist, erschienen den Engeln, verkündigt unter den Völkern, geglaubt in der Welt, hinaufgenommen in Herrlichkeit.»

Das Thema des Verses lautet «das Geheimnis der Gottesfurcht», und er zitiert bei dieser Gelegenheit Aussagen aus einem urchristlichen Christusmythus.[214] In drei Gegensatzpaaren wird das in der Offenbarung Christi sich vollziehende Geschehen beschrieben, von denen jedes sowohl seine irdische als auch seine göttliche Seinsweise umfasst. Seiner Erscheinung im Fleisch steht seine Rechtfertigung im Geist,[215] seiner Erscheinung vor den Engeln als Repräsentanten des himmlischen Bereichs seine Verkündigung unter den Völkern dieser Welt und seiner Aufnahme in die himmlische Herrlichkeit sein Geglaubtwerden im Kosmos gegenüber. Die Gottesfurcht der christlichen Gemeinde ist somit in der Himmel und Erde umfassenden, wenn auch vorläufig verborgenen Herrlichkeit Christi begründet, die in seiner zukünftigen Parusie allgemein offensichtlich werden wird. Als solche ist sie für die christliche Verkündigung wegleitend.[216] Sie beruht also im Geschehen, in welchem sich Gott in Jesus Christus mit der Menschheit und Welt verbunden hat. Es beinhaltet die Offenbarung seiner Güte und Menschenliebe, die nicht in den Werken der menschlichen Gerechtigkeit, sondern ausschliesslich im göttlichen Erbarmen ihren Ursprung haben. So bestätigt denn Tit 3,5: «Nicht aus Werken in Gerechtigkeit, die wir getan haben, sondern nach seinem Erbarmen hat er uns errettet.» Hier ist der Zugang

---

212 Apg 3,12; 10,2.7; 17,23.

213 2Petr 1,3.6.7; 2,9; 3,11.

214 Siehe dazu Jeremias 1965, S. 23–25, und die ausführliche Darlegung in Roloff 1988, S. 189 ff.

215 Πνεῦμα ist der göttliche Geist.

216 Ihre Begründung im Wirken Jesu Christi bestätigt ebenso 1Tim 6,3, wo von der Lehre «gemäss der Gottesfurcht» die Rede ist, jener Lehre, die sich auf die Überlieferung des Evangeliums stützt.

zu jener Gottesfurcht eröffnet, die durch Gott gewährt wird und die sich weder auf die Natur noch die gerechten Taten des Menschen stützt. Ausser den Pastoralbriefen hält übrigens 2Petr 1,3 den Gedanken fest, dass dem Menschen alles, was zum Leben und zur Gottesfurcht dient, durch die göttliche Macht geschenkt wird.

In der Aussage von Tit 2,12b widerspiegelt sich die Zuwendung der christlichen Botschaft zu den Menschen ihrer heidnischen Umwelt. Für deren bisherige Lebensweise sind neben der Gottesfurcht Besonnenheit und Gerechtigkeit als erstrebenswerte Ziele wichtig. Auch das Evangelium erkennt in diesen Tugenden fundamentale Werte der menschlichen Existenz. Es ist aber nach seiner Botschaft die göttliche Gnade, die die Menschen dazu erzieht und zu ihrer Ausübung befähigt. Sie heiligt sie für dieses Werk, indem sie ihnen die Vergebung ihrer Verfehlungen und ihrer Schuld zuspricht.

Die elterliche Erziehung, wie sie in der christlichen Gemeinde geübt wird, ist somit auf die grundlegenden Wahrheiten ihrer Umwelt aufmerksam und prüft, inwiefern sie mit dem Evangelium übereinstimmen. Sie vollzieht dies gemäss der Anweisung des Paulus: «Alles, was wahr, achtenswert, gerecht, rein, liebenswert, wohllautend ist, ... das bedenkt.» (Phil 4,8) Denn solche Tugenden bezeugen das Werk der göttlichen Gnade, die auch ausserhalb der christlichen Gemeinde wirksam ist.[217] Gemäss den Pastoralbriefen, die um die zukünftige Errettung aller Menschen wissen, tritt das Evangelium in eine Welt, die – wenn auch unwissend – auf diese Errettung wartet und deshalb kein Ort der Gottverlassenheit ist. Die christliche Gemeinde weiss dies und wird deshalb die guten Bestrebungen ihrer heidnischen Umwelt anerkennen und in ihrer eigenen Mitte hochhalten.

3. Der Beitrag der alttestamentlichen Schriften zur Erziehung durch die Gnade

Der Wert der alttestamentlichen Schriften für die christliche Gemeinde

Die christliche Gemeinde trägt in Tit 2,14 den Namen «Eigentumsvolk». Das heisst, sie umfasst eine Menschenschar, die ganz und gar Gott zugehörig ist. Dazu ist sie durch die Erlösung aus ihrer Gottlosigkeit und ihren falschen Begehren geschaffen und eingesetzt worden. Es

---

[217] Nach Apg 17,27 versichert Paulus den heidnischen Athenern, dass Gott «nicht fern von einem jeden von uns ist».

ist der Auftrag des alttestamentlichen Israel, der ihr damit übergeben wurde. Daraus erklärt sich ihr Bemühen, auf die Botschaft der alttestamentlichen Schriften zu hören, um ihre eigene Aufgabe zu verstehen und auszuüben. Die Pastoralbriefe fordern dies ausdrücklich. Die hohe Wertschätzung, die sie den alttestamentlichen Aussagen zumessen, zeigt sich darin, dass Timotheus als Verkündiger und Gemeindeleiter aufgerufen wird, ihnen seine Aufmerksamkeit zuzuwenden und damit ihre Verbindlichkeit anzuerkennen. Darüber berichten die Ausführungen in 2Tim 3,14–17. Sie stehen im Zusammenhang mit dem Bericht über die treue Nachfolge, die Timotheus dem Paulus geleistet hat, und zwar sowohl hinsichtlich der Lehre als auch der Verfolgungen und Leiden, die dem Apostel während seiner ersten Reise in Kleinasien widerfahren sind (2Tim 3,10–11). Zur Nachfolge gehört aber ebenso sein Verbleiben und Festhalten an den heiligen Schriften, d. h. den Schriften des Alten Testaments, die ihm seit seiner frühesten Kindheit vertraut sind. Paulus ruft ihn ausdrücklich dazu auf. Die diesbezüglichen Ausführungen sind folgende:

> «14 Du aber bleibe in dem, was du gelernt und in dem du dich als treu erwiesen hast, wissend, von wem du es gelernt hast, 15 und dass du von Kindheit an die heiligen Schriften kennst, die dich weise machen können zur Errettung durch den Glauben in Christus Jesus. 16 Jede von Gottes Geist eingegebene Schrift ist auch nützlich zur Lehre, zur Überführung, zur Wiederaufrichtung, zur Erziehung in der Gerechtigkeit, 17 damit der Mensch Gottes zugerüstet sei, zu jedem guten Werk instand gesetzt.» (2Tim 3,14–17)

In diesem Text ist die Rede vom σοφίζειν («weise/klug machen»), das durch die alttestamentlichen Schriften erfolgt (V 15). Sie verhelfen dem Menschen zur Klugheit, die ihn befähigt, die ihm in Jesus Christus widerfahrene Errettung zu erkennen und ihr gemäss zu leben. Hierin liegt ihre Nützlichkeit. Die Stelle verweist auf ein σοφίζειν, wie es im alttestamentlichen Sprachgebrauch üblich ist. Zum Beispiel in ψ 18,8b: «Das Zeugnis des Herrn ist zuverlässig, es macht Einfältige weise», oder in ψ 118,98: «Über meine Feinde hast du mich durch dein Gebot weise gemacht.» Jede dieser Schriften ist gemäss der vorliegenden Darlegung θεόπνευστος, d. h. durch das Wehen des göttlichen Geistes entstanden, und offenbart innerhalb ihrer geschichtlichen Gegebenheiten den göttlichen Willen.[218] Ihre Botschaft muss in der christlichen Gemeinde gehört

---

[218] Θεόπνευστος bezeichnet nicht, wie oft behauptet, eine wörtliche, durch den Heiligen Geist diktierte göttliche Inspiration.

werden, die als das neue «Eigentumsvolk Gottes» den Auftrag Israels vollendet und bei diesem Werk durch das alttestamentliche Zeugnis angeleitet wird.

Bei der Schilderung der Nützlichkeit der alttestamentlichen Schriften ist die in V 16 vorliegende Reihenfolge beachtenswert. Sie nennt an erster Stelle die Lehre (διδασκαλία), die die Grundlage für die Wirksamkeit des Timotheus bildet.[219] Die an zweiter Stelle erwähnte und auf ihr basierende Überführung (ἐλεγμός) ist nach dem Verständnis der Pastoralbriefe eine wichtige Funktion des Verkündigers und Gemeindeleiters, die er gegenüber jenen ausübt, die sich in Sünden verirrt haben und bösartigen Widerspruch leisten.[220] 'Ελεγμός bezeichnet die Widerlegung ihrer Irrtümer.[221] Die Absicht dieser Enthüllung von Missverständnissen und Verirrungen ist aber nicht die Blossstellung und Beschämung der im Irrtum Befangenen, sondern, wie die folgende Vokabel ἐπανόρθωσις andeutet, die Wiederaufrichtung oder Wiederherstellung.[222] Dieses neutestamentliche Hapaxlegomenon bezeichnet die Neugestaltung dessen, was durch menschlichen Irrtum aus den Fugen geraten ist.[223] Dem folgt als das eigentliche Ziel der alttestamentlichen Belehrung die «Erziehung in der Gerechtigkeit».[224] Sie bewirkt die Rechtschaffenheit, die den Menschen zu guten Werken instand setzt. 2Tim 3,14–17 führt somit aus, dass die Pastoralbriefe dem Alten Testament bei der Verwirklichung der dem Menschen aufgetragenen guten Werke eine wichtige Funktion zuweisen. Seine Aussagen helfen der neutestamentlichen Gemeinde, ihre Aufgabe zu erkennen und zu erfüllen. Sie sind somit am Werk der Gnade, von dem Tit 2,11–12 spricht, mitbeteiligt. Sie machen den göttlichen Willen offenbar, der die Errettung und Bewahrung der Menschheit sucht. Das schliesst ein, dass sie auch für die elterliche Erziehung eine wegweisende Funktion haben.

Die wichtige Bedeutung dieser Schriften wird bereits von Paulus hervorgehoben. In Röm 15,4 bemerkt er: «Denn was im Voraus geschrieben wurde, ist zu unserer Belehrung geschrieben worden, damit wir durch die Ge-

---

219 Siehe 1Tim 4,16: «Habe acht auf dich selbst und die Lehre, bleibe dabei!»

220 Siehe 1Tim 5,20; 2Tim 4,2; Tit 1,9.13; 2,15.

221 ThWNT II, S. 473, Z. 11–12: «Beweis zur Überführung und Widerlegung». Gemäss Eph 5,11 und 13 bezeichnet das ἐλέγχειν das Aufdecken von Verborgenem.

222 'Επανορθοῦν heisst eigentlich «ins Gerade richten». Menge 1991, S. 256.

223 Philo spricht von der ἁμαρτημάτων ... ἐπανόρθωσις. ThWNT V, S. 452, Z. 18.

224 Πρὸς παιδείαν τὴν ἐν δικαιοσύνῃ.

duld und die Ermahnung der Schriften die Hoffnung haben.»[225] Die Aussage macht deutlich, dass das Alte Testament für die neutestamentliche Gemeinde zur Autorität geworden ist. Dessen Ausführungen geben ihr Aufschluss über den göttlichen Willen, der sie in ihren Entscheidungen leitet. So führt denn Paulus in 1Kor 10,1–11 einzelne Ereignisse aus der Zeit der Wüstenwanderung Israels an, damit die korinthische Gemeinde davor gewarnt wird, dem Bösen zu verfallen. Er erwähnt den Abfall zum Götzendienst (Ex 32,1–6; Num 25,1–5) sowie das aufbegehrende Murren gegen Gott, Mose und Aaron wegen der Wegführung des Volkes aus Ägypten (Num 14,1 ff; 21,4 ff). Diese Vorkommnisse geschahen als Beispiele (τύποι) bzw. beispielshaft (τυπικῶς).[226] Das heisst, sie vermitteln eine gültige Regel oder Norm. Unheil, wie es den Israeliten in der Wüste widerfahren ist, haben auch die Korinther zu erwarten, wenn sie sich solcher Verführung hingeben. Denn jene sind die Vorläufer der christlichen Gemeinde. Ihre Widerfahrnisse haben deshalb massgebliche Bedeutung. Und dieser Gedanke hat in der frühen Christenheit allgemeine Anerkennung gefunden, wie z. B. Hebr 11 zeigt.

4. Merkmale der Erziehung im Alten Testament

Eltern und Kinder im Buch der Sprüche

Man stösst, wenn man nach den alttestamentlichen Aussagen zur Erziehung fragt, unweigerlich auf das Buch der Sprüche als einer Sammlung von Regeln, die den Bereich des gesamten menschlichen Lebens umfassen. Eine stattliche Anzahl von ihnen richtet sich an die Eltern, zum grösseren Teil an die Väter, denen die wichtige Bedeutung der Erziehung ihrer Kinder vor Augen gestellt wird. Deshalb hören sie die Ermahnung: «Wer ihn (seinen Sohn) liebt, sorgt für seine Erziehung.» (Spr 13,24b) Oder: «Du sollst dem Knaben die Erziehung nicht vorenthalten.» (Spr 23,13a) Ebenso: «Erziehe deinen Sohn, so wird er dich zufrieden machen und dir Freude bereiten.» (Spr 29,17) Und: «Ein Knabe, der sich selbst überlassen bleibt, macht seiner Mutter Schande.» (Spr 29,15b) Die erzieherische Funktion prägt somit das Wesen der Elternschaft. Ausdrücklich weist Hebr 12,7b mit seiner Bemerkung «denn wer ist ein Sohn, den der Vater nicht erzieht?» auf diesen Sachverhalt hin. Wird dem Kind die Erziehung verweigert, wird es gleichsam, wie Hebr 12,8

---

225 Gemäss Michel 1955, S. 319, ist anzunehmen, dass in V 4a in Wortlaut und Stil eine feste Überlieferung vorliegt.

226 Siehe 1Kor 10,6.11.

bemerkt, in die Illegitimität gestossen, d. h. mit einem Bastard gleichgesetzt. Seine Rechte im Elternhaus werden ihm entzogen.

Die Notwendigkeit erzieherischer Massnahmen wird damit begründet, dass der heranwachsende Mensch mit Unerfahrenheit oder sogar Torheit behaftet ist, die durch die «Rute der Erziehung» zu vertreiben sind (Spr 22,15). Zu den Verirrungen, die ihn bedrohen, gehören z. B. die Bereicherung durch hinterlistige Gewalttat oder die Verführung durch eine fremde Frau.[227] Deshalb wird er aufgerufen, sich der elterlichen Erziehung nicht zu widersetzen, und vernimmt die Worte: «Höre mein Sohn die Unterweisung deines Vaters und verwirf nicht die Weisung deiner Mutter.» (Spr 1,8; ähnlich Spr 6,20). Nur der Tor verschmäht die väterliche Erziehung. Wer aber Zurechtweisung beachtet, ist klug (Spr 15,5). Denn «der weise Sohn achtet auf die Erziehung des Vaters, doch der Spötter hört nicht auf die Warnung» (Spr 13,1).

Zur Bezeichnung des erzieherischen Handelns dienen das Verbum יסר und das Substantiv מוּסָר.[228] Verwandte Formen der Wurzel wsr gibt es im Akkadischen, Ugaritischen und Arabischen. Ihre Grundbedeutung lautet «unterweisen» bzw. «Unterweisung». Im Alten Testament erscheint das Verbum 43-mal und das Substantiv 53-mal. Ihr Sitz im Leben ist die Weisheitsliteratur. So findet sich denn über ein Drittel aller alttestamentlichen Belege im Buch der Sprüche. Die primäre Aufgabe der Unterweisung ist die Wissensvermittlung über das richtige Verhalten. Wer die Tätigkeit des יָסַר ausübt, also מוּסָר betreibt, lehrt aus seinem Wissen und seiner Erfahrung. Seine Autorität liegt in seiner Lebensweisheit, die er dem Unwissenden und Unerfahrenen vermittelt, damit er lerne, die Schwierigkeiten seines Daseins zu meistern und Gelingen und Glück zu finden. Er soll Hilfe zum Erwachsenwerden erhalten. Um dieses Ziel zu erreichen, erfordert die Erziehung gelegentlich strafende Massnahmen, die die Widerspenstigkeit des zu Erziehenden brechen und sowohl besserwisserische Torheit als auch eingebildeten Hochmut vertreiben. Spr 22,15 redet vom «Stock der Erziehung» (שֵׁבֶט מוּסָר). Und vom Stock als Zuchtmittel reden ebenfalls Spr 13,24, 23,14 und 29,15. Jedoch gelten solche Strafen nicht als ein Ausdruck gehässiger und feindlicher Rache oder elterlicher Gewalttätigkeit, sondern hilfreicher Liebe. «Er (der Knabe) wird nicht sterben, wenn du ihn mit dem Stock schlägst. Du schlägst ihn zwar mit dem Stock, aber du rettest sein Leben vor dem Totenreich.» (Spr 23,13b–14) Indem die körperliche Zucht seiner Förderung und Erhaltung dienen muss, ist ihrem

---

[227] Spr 1,10–14; 5,1–20; 6,23–35; 7,1–27; 23,27–28.

[228] Siehe ThWAT III, Sp. 689. Eine weitere verbale Bezeichnung ist גִּדֵּל «gross machen» (Jes 1,2; Jes 23,4).

gewalttätigen Missbrauch eine Grenze gesetzt. Väterliche Züchtigung bezeugt nicht Aberwillen, sondern Wohlgefallen am Sohn. «Denn wen der Herr liebt, den weist er zurecht,[229] so wie ein Vater an seinem Sohn Gefallen findet.» (Spr 3,12)

Die häufigsten Äquivalente für מוּסָר und יָסַר sind in der LXX παιδεία und παιδεύειν. Menge 1991, S. 511, übersetzt dieses Verbum in seinem eigentlichen Sinn mit «ein Kind erziehen». E. Fraenkel (ThWNT V, S. 596, Anm. 1) umschreibt dessen Bedeutung mit den Worten «sich mit einem Kind intensiv oder berufsmässig beschäftigen». Dies erfolgt öfters durch den παιδαγωγός, den Erzieher, eigentlich den «Knabenführer». Er übt das Erziehen aus, indem er das Kind in die geltenden Lebensgewohnheiten und gesellschaftlichen Regeln einführt und es mit ihnen vertraut macht. Dementsprechend bezeichnet Hesychios die Erziehung als ἀγωγή («Führung, Leitung»).[230] Diese Ansicht vertritt auch Plato, der sie als «Hinziehen und Hinführen von Knaben[231] zu der vom Gesetz als richtig festgestellten Lehre» bezeichnet. Die Erziehung ist somit auf ein Ziel ausgerichtet, das mit dem Kind angestrebt wird.

Es geht bei der Erziehung und Bildung, von denen die «Sprüche» berichten, um die Formung des ganzen Menschen.[232] Er soll das Wissen (דַּעַת) erwerben, das ihn mit dem nötigen Können zur Ausübung handwerklicher Tätigkeiten befähigt.[233] Zugleich soll er den Sinn für Gerechtigkeit (צֶדֶק) und Rechtsentscheid (מִשְׁפָּט) erlangen, durch die seine Beziehung und sein Verhalten zu seinen Mitmenschen geregelt werden. Auch soll er die Weisheit (חָכְמָה) gewinnen, die ihn instand setzt, in seinem Lebensbereich angemessen zu urteilen und zu handeln. Diese Weisheit umfasst sowohl die Kenntnis und das Geschick zu einer praktischen Tätigkeit als auch die Bereitschaft und Fähigkeit, auf vernünftige Rede zu achten und hilfreiche Unterweisung anzunehmen. Solche Erziehung führt zu Klugheit (עָרְמָה)[234] und umsichtigem Planen (מְזִמָּה). Auch verleiht sie die Gabe der Leitung und Verwaltung (תַחְבֻּלוֹת).[235] Sie weckt und fördert die Fähigkeit, die ein überlegtes und umsichtiges Urteilen und Handeln ermög-

229 Gemäss LXX παιδεύει.

230 ThWNT V, S. 597, Z. 3–4.

231 Plato 1973–1975, Nomoi 659d: … ἡ παίδων ὁλκή τε καὶ ἀγωγή.

232 Siehe dazu Spr 1,1–7.

233 Zum Beispiel in 1Kön 7,14 die Kenntnis zur Ausführung von Bronzearbeiten.

234 Dieser Begriff scheint die Fähigkeit zu einem überlegten Handeln zu bezeichnen, das böse Überraschungen ausschliesst.

235 Siehe Spr 1,5. Gemäss LXX κυβέρνησις («Leitung, Regierung, Verwaltung»).

licht, welche die tatsächlichen Gegebenheiten richtig einschätzt, sich nicht zu Überheblichkeit und Hochmut versteigt und Unrecht und Schaden verursacht. G. von Rad bemerkt, das israelitische Bildungsideal berühre sich vor allem mit der Grundforderung des Masshaltens, der σωφροσύνη, also «der rechten Erkenntnis des Zeitgemässen».[236]

5. Eltern und Kinder in ihrer Ausrichtung auf Jahwe und seine Gebote

Die erzieherische Aufmerksamkeit der Eltern für ihre Kinder, von denen das Buch der Sprüche berichtet, widerspiegelt einen Sachverhalt, der auch in weitern alttestamentlichen Büchern zutage tritt. Dabei zeigt sich, dass der Inhalt der Unterweisung, die die Eltern vermitteln, im Gebot oder Gesetz besteht, wie es im Dekalog und den Torliturgien festgehalten ist.[237] Es sind die von Gott geoffenbarten «Satzungen und Rechte»,[238] die die Beziehungen zwischen ihm und den Menschen sowie den Menschen untereinander ordnen. Sie offenbaren den Willen Gottes für sein Volk Israel. Durch sie erkennt es, dass er ihm wie ein Vater seinem Kind begegnet, um dessen Vertrauen und Liebe zu erwecken. Indem Eltern ihren Kindern diese Anweisungen übermitteln, machen sie sie mit Gottes Gerechtigkeit, Güte und Zuneigung bekannt. Ihre Erziehung ist das Bemühen, das heranwachsende Kind in seiner Unwissenheit und Unerfahrenheit auf die wahrhaftige Lebensquelle hinzulenken, damit es imstande sei, selbstständig und aus eigenem Ermessen die richtigen Entscheidungen zu treffen. Durch sie gewinnt es die Klugheit, die es vor törichter und eitler Selbstüberschätzung schützt. Neben Spr 1,7 betonen darum weitere alttestamentliche Stellen, das Ziel erzieherischer Unterweisung sei die «Furcht des Herrn».[239] Wer die Zugehörigkeit zu Gott, die sich in dieser Furcht manifestiert, gering schätzt und verkennt, wird kein Gelingen finden. Die Erziehung ist deshalb die Einübung auf die grundlegende Tatsache, dass der Mensch auf Gott ausgerichtet ist und im Respekt vor ihm die Fähigkeit erlangt, das wahrhaftige Leben zu gewinnen.

Die erzieherischen Personen sind im Volk Israel hauptsächlich die Eltern, wobei die Stellung des Vaters im Besonderen hervorgehoben ist. Jedoch geniessen nach dem fünften Gebot beide Elternteile dieselbe

236 Rad 1961, S. 429.
237 Ex 20,1–17; Dtn 5,1–21; Ps 15; 24.
238 Dtn 5,1: חֻקִּים und מִשְׁפָּטִים.
239 Siehe z. B. Dtn 6,1–2.24; 8,6; 10,12–13.

Anerkennung. Bereits im Bundesbuch wird die Misshandlung oder Verfluchung des Vaters und der Mutter mit dem Tod bestraft,[240] und nach Dtn 27,16 verfällt derjenige, der sie gering schätzt, dem Fluch Gottes. In der Prophetie setzt sich diese Tradition fort. Die Verachtung der Eltern zerstört den häuslichen Frieden. «Des Menschen Feinde sind die Bewohner seines Hauses», klagt Micha im Blick auf diesen Zustand (Mi 7,6). Zum Werk des wiederkommenden Elia gehört es, das Herz der Väter den Söhnen und dasjenige der Söhne den Vätern zuzuwenden (Mal 3,24). Die elterliche Erziehung ist im Handeln Gottes begründet. Dementsprechend sagt Mose im Rückblick auf die Wüstenwanderung: «Und du erkennst in deinem Herzen, dass so, wie einer seinen Sohn erzieht, der Herr, dein Gott dich erzieht.» (Dtn 8,5) Diese Aussage macht offensichtlich, dass die Menschen als Gottes Kinder gelten, dem sie als ihrem Vater ihr Leben verdanken. Bei ihm begegnet ihnen die Gerechtigkeit und Treue, die ihrem Dasein Beständigkeit verleiht. Deshalb bekennt der Psalmist: «Wohl dem Mann, den du, Herr, erziehst und den du aus deiner Weisung belehrst» (Ps 94,12). Ebenso: «Der Herr hat mich erzogen und nicht dem Tod preisgegeben» (Ps 118,18). Aufgrund der zuletzt zitierten Stelle wird offensichtlich, dass selbst eine harte göttliche Erziehungsaktion dem Leben dient und ein Abgleiten in lebensgefährliche Verirrungen und Ausweglosigkeiten verhindert.[241] Dies gilt aber auch für die erzieherischen Bemühungen der Eltern, die ein Abbild der Vaterschaft Gottes darstellen.

Der Sinn seiner Existenz ist für den alttestamentlichen Menschen in seiner Zugehörigkeit zu Jahwe begründet. «Ihr aber sollt mir ein Königreich von Priestern sein und ein heiliges Volk», vernimmt die israelitische Volksgemeinde am Sinai (Ex 19,6). Ihr gesamtes Leben ist mit Jahwe verbunden. Der Einzelne wächst seit Kindsbeinen in diese Gemeinschaft hinein. Bei den Zusammenkünften zur Bundeserneuerung, wo diese Zugehörigkeit bestätigt wird, ist deshalb das gesamte Volk samt den Kindern anwesend. Gemäss Ex 10,9 werden demzufolge nach dem Bericht des Mose an Pharao alle Israeliten am vorgesehenen Opferfest in der Wüste teilnehmen. «Mit unsern Jungen und Alten wollen wir gehen; mit unsern Söhnen und Töchtern.» Und bei der Bekanntma-

---

240 Ex 21,15.17. Die beiden gesetzlichen Bestimmungen stehen innerhalb des Abschnittes der V 12–17. Er zielt darauf, «die innere Geordnetheit der Gentilverbände gegen Frevel in den eigenen Reihen zu sichern» (RGG I, Sp. 1524), und enthält altes Recht, das auf die Verhältnisse des 11. Jahrhunderts v. Chr. hinweist.

241 Die hebräische Formulierung yniסְּרַi יַסֹּר («er hat mich erzogen») schliesst strafende Massnahmen nicht aus.

chung der zehn Gebote treten nach Ex 34,32 «alle Israeliten heran», und Mose «gebot ihnen alles, was der Herr mit ihm auf dem Berg Sinai geredet hatte». Eine detaillierte Aufzählung der verschiedenen Teile einer Volksgemeinde enthält Dtn 29,9–10. Zu ihr gehören ausser den Stammeshäuptern, Ältesten, Amtsleuten, allen Männern, Frauen und Fremden ebenfalls «eure Kinder».[242] Und gemäss Dtn 31,12–13 vernimmt Mose die Anordnung: «Versammle das Volk, Männer, Frauen und Kinder und deine Fremden», wobei im Besonderen die Kinder die Weisung Gottes, die sie noch nicht kennen, hören und lernen. Ebenso erfolgte die Bundeserneuerung, die Josua nach der Inbesitznahme des Landes vollzog, in der Anwesenheit des «ganzen Volkes» (Jos 24,1–2). Und das Gebot, dass man Gott «von ganzem Herzen, von ganzer Seele und mit deiner ganzen Kraft» lieben soll, ist, wie ausdrücklich hervorgehoben wird, den Kindern einzuschärfen (Dtn 6,5–7a). Das alttestamentliche Erziehungsdenken zielt darauf hin, den Menschen seit seiner frühesten Kindheit an seine Zugehörigkeit zu Jahwe zu erinnern.

Der Israelit ist Angehöriger eines Volkes, das von sich bekennt, es sei von Gott zu seinem Eigentum erwählt. Diese Tatsache wird vor allem durch die Befreiung aus der ägyptischen Sklaverei begründet, die Israel durch Jahwe widerfahren ist (Ex 19,4–5). Die Kunde von diesem für seine Existenz grundlegenden Ereignis soll jeder heranwachsenden Generation übermittelt werden. Die Gebote und Satzungen, die Israel empfangen hat, sind der Ausdruck der Zuneigung und Liebe, die Jahwe ihm mit dieser Tat gewährt hat. Besonders das Deuteronomium hat in einer Zeit, da der Glaube an diese Tatsache gefährdet und am Erlöschen war, deren Gültigkeit erneut bekräftigt. So werden die Väter angehalten, ihren Kindern auf die Frage, was die Satzungen und Rechte Israels bedeuten, Aufschluss zu erteilen. «Du sollst deinem Sohn sagen: Wir waren Sklaven des Pharao in Ägypten, der Herr aber führte uns mit starker Hand heraus aus Ägypten, und der Herr tat vor unsern Augen grosse und furchtbare Zeichen und Wunder an den Ägyptern, an Pharao und seinem ganzen Haus, uns aber führte er von dort heraus, um uns hierher zu bringen und uns das Land zu geben, wie er es unsern Vorfahren geschworen hatte» (Dtn 6,20–23). Es handelt es hier um eine katechetische Unterweisung. Sie erfolgt in der Mitte der Familie und belehrt den jungen Menschen über die grundlegenden Fakten seines eigenen und des Lebens seines Volkes. Der Besitz des von Gott verliehenen Landes bedingt, dass seine Bewohner das Gesetz mit dessen Satzun-

242 טַפְּכֶם. טַף bezeichnet ein «kleines Kind». Nach Köhler 1958, S. 355, «die nicht oder wenig Marschfähigen».

gen und Rechten halten. Das ist eine immerwährende Verpflichtung, die jede Generation einhalten und ihren Nachkommen anvertrauen soll. Durch sie bekundet sie ihre Zugehörigkeit zu Jahwe. «Du sollst sie – nämlich die Satzungen und Rechte – deinen Kindern einschärfen und du sollst davon reden, wenn du in deinem Haus sitzest und wenn du auf dem Wege gehst, wenn du dich niederlegst und wenn du dich erhebst.» (Dtn 6,7)[243] Jedem israelitischen Vater ist diese Verpflichtung auferlegt. Deshalb vernimmt er die Aufforderung: «Nur hüte dich und nimm dich selber sehr in acht, damit du die Dinge nicht vergissest, die deine Augen gesehen haben, damit sie dir alle Tage deines Lebens nicht aus dem Sinn weichen und du sie deinen Kindern und deinen Kindeskindern wissen lässest» .(Dtn 4,9).[244] Väterliche Orientierung gibt es aber auch über einzelne Bräuche, die das Leben der Israeliten prägen. Zum Beispiel zum Passah, zum Mazzenessen oder zur Erstgeburt.[245] Und eigentliche Erinnerungsdenkmäler für die kommenden Generationen sind die Steine, die in Jos 4,6–8.21–23 erwähnt werden. Sie vergegenwärtigen die Überschreitung des Jordans, welche die Inbesitznahme des verheissenen Landes einleitete, die wie das Durchschreiten des trockenen Schilfmeeres nach dem Auszug aus Ägypten als eine göttliche Errettertat gilt.

6. Die Kindererziehung der neutestamentlichen Gemeinde als der Nachfolgerin des alttestamentlichen Israel

Die neutestamentliche Gemeinde bildet das neue Eigentumsvolk Gottes. Sie ist Gott zugehörig und damit beauftragt, die Befreiung aus der Gottlosigkeit und den falschen Begehren, wie sie in Jesus Christus vollbracht wurde, zu bezeugen und anzuzeigen, dass die Menschheit zu einem gerechten und gottesfürchtigen Leben berufen ist, das sich in guten Werken manifestiert. Sie erfüllt damit den Auftrag Israels. Daraus resultiert ihre Aufmerksamkeit für die alttestamentlichen Schriften. Sie dienen ihr zum Verständnis ihrer eigenen Aufgabe. Weil sie vom göttlichen Geist (θεόπνευστος) erfüllt sind, bezeugen sie, wie es z. B. das Buch der Sprüche zeigt, die von Gott eingesetzten Ordnungen zu einem heilsamen und gerechten Leben.

Zwischen dem alttestamentlichen Israel und der neutestamentlichen Gemeinde herrscht somit hinsichtlich der Erziehung eine Parallelität. Die israelitischen Kinder sollen vernehmen, dass sie einer Volks-

---

243 So auch in Dtn 11,18–19.
244 Ebenso Dtn 6,1–2; 32,46.
245 Ex 12,26–27; 13,7–8.14–15.

gemeinschaft angehören, die ihren Ursprung in der Befreiung aus der ägyptischen Sklaverei hat. Dieses Ereignis gilt als eine Manifestation der göttlichen Gnade und Treue und bildet die Grundlage, auf der das Leben des Volkes und seiner einzelnen Glieder beruht. Der Mensch gehört Gott. Und die Eltern sind für ihre Kinder die Vermittler und Garanten dieser Tatsache.

Dementsprechend beschreibt Tit 2,11–14 die durch die Gnade ausgeübte Erziehung. Sie verweist den Menschen auf den Gott, der sich in Jesus Christus zu seinen Gunsten hingegeben hat, damit er in wahrhaftiger Selbsterkenntnis die für ihn angemessenen Ordnungen anerkenne. Und dies vollzieht sich angesichts einer Zukunft, welche die umfassende Herrschaft Gottes und Jesu Christi für jedermann offenbar machen wird.

Wie in den alttestamentlichen Ausführungen sind auch gemäss den Pastoralbriefen die Eltern verpflichtet, ihre Kinder in die Wahrheit einzuführen, die ihnen die unentbehrliche Grundlage in allen ihren Lebensphasen bietet. Allerdings gibt es in diesen Schriften nur einige kurze Hinweise, die von der erzieherischen Funktion der Eltern sprechen. Konkreter und vielfältiger sind die Bemerkungen im Buch der Sprüche. 1Tim 3,4 verlangt von den Vorstehern, dass sie als Väter ihre Kinder in Unterordnung (ἐν ὑποταγῇ) halten, und 1Tim 3,12 von den Diakonen, dass sie ihnen gut vorstehen (καλῶς προιστάμενοι). Dazu sprechen 1Tim 5,10 und Tit 2,4 von der Sorge der Mütter für ihre Kinder. Sie sollen sich um deren Gedeihen kümmern (τεκνοτροφεῖν) und kinderliebend (φιλότεκνοι) sein. Im Weitern sind beide Elternteile verpflichtet, dem eigenen Haus ihre Aufmerksamkeit zu schenken. Die Pastoralbriefe verweisen also auf die wesentlichen Punkte, die für die Erziehung wegleitend sind.

7. Gott als der Vater Jesu Christi – Die menschliche Gotteskindschaft in Christus

Deutlich halten die Pastoralbriefe fest, dass es die Gnade ist, die erzieht (Tit 2,11–12). Vater und Mütter stehen somit unter deren Verheissung und Anspruch. Sie sind Angehörige der christlichen Gemeinde, die als Eigentumsvolk Gottes gilt (Tit 2,14). Dieser Ausdruck schliesst zugleich die Gotteskindschaft ein. So sagt Dtn 14,1a von den Israeliten, «Ihr seid Kinder für den Herrn, euern Gott», die dazu erwählt sind, sein Eigentumsvolk zu sein. Gott nimmt ihnen gegenüber die Stellung und Funktion eines Vaters ein.[246] Und an der Vaterschaft Gottes halten ebenfalls die Pastoralbriefe fest. Nicht nur der Gebrauch des Ausdrucks «Eigentumsvolk» erlaubt diesen Schluss, sondern alle ihre Grussformeln enthalten die Formulierung «Gott Vater».[247] Es handelt sich um eine Verbindung, die auch in den Grussformeln der paulinischen und deuteropaulinischen Briefe[248] sowie des 1. Petrus-, des 2. Johannes- und des Judasbriefes[249] anzutreffen ist. Die Vaterschaft gilt also für die Pastoralbriefe und die übrigen neutestamentlichen Schriften als eine Eigenschaft Gottes. In den meisten Fällen, in denen sie die Vokabel Vater gebrauchen, bezeichnen sie nicht einen Menschen, sondern Gott. Wer Gott sagt, sagt zugleich Vater. Wie das Herrengebet zeigt, ist diese Bezeichnung zur Anrede für Gott geworden (Mt 6,9; Lk 11,2).

Diese göttliche Vaterschaft wird gemäss den Pastoralbriefen in Jesus Christus offensichtlich. Sie nennen ihn den Mittler, der die Menschen gegenüber Gott und Gott gegenüber den Menschen vertritt und dadurch die Beziehung zwischen Gott und den Menschen garantiert (1Tim 2,5).[250] Der Ausdruck «Gott Vater» erhält eine ergänzende Bestimmung, die sich aus dem Wirken Jesu Christi ergibt. Diese weist darauf hin, dass Jesus Christus als Sohn Gottes in engster Verbindung mit seinem Vater handelt, ja mit ihm wesensgleich ist. Deshalb wird ihm wie Gott ebenfalls der Titel «Herr» (κύριος) beigelegt. Durch ihn manifestiert sich die erziehende Gnade. Jesus Christus ist somit der Orientierungspunkt, auf den sich die elterliche Erziehung ausrichtet. Er garantiert der Menschheit die umfassende Fürsorge und Errettung durch seinen himmlischen Vater.

Nach dem Bericht des Matthäus fragt Jesus seine Zuhörer: «Oder welcher Mensch ist unter euch, der, wenn sein Sohn um ein Brot bitten wird, ihm einen Stein geben wird? Oder wenn er um einen Fisch bitten wird, ihm eine Schlange geben wird?»[251] Selbst die Vaterschaft unvollkommener Menschen schliesst jede böse Hinterhältigkeit gegenüber

---

246 Auch Dtn 32,6; Jes 63,16; Jer 31,9; Mal 1,6; 2,10 bezeichnen ihn mit diesem Namen.

247 Θεὸς πατήρ. Siehe 1Tim 1,2; 2Tim 1,2; Tit 1,4.

248 Röm 1,7; 1Kor 1,3; 2Kor 1,2; Gal 1,1; Phil 1,2; 1Thess 1,1; Phlm 3 sowie Eph 1,2; Kol 1,2; 2Thess 1,1–2.

249 1Petr 1,2; 2Joh 3; Jud 1.

250 Paulinische Verlautbarungen nennen Gott den «Vater unseres Herrn Jesus Christus». Siehe Röm 15,6; 2Kor 1,3; 11,31. Diese Formulierung bietet eine «ausführliche Darlegung des Gehaltes der Gottesbezeichnung». ThWNT V, S. 1009, Z. 16–17.

251 Mt 7,9–10. Ähnlich Lk 11,11–12.

dem eigenen Kind aus. Für Gott als den vollkommenen Vater trifft dies erst recht zu. Er sorgt für alle Wesen innerhalb seiner Schöpfung. Er ernährt die Vögel, die selber keine Vorräte anlegen. Ebenso kleidet er die Lilien, die weder arbeiten noch spinnen, mit einer Pracht, die diejenige des Königs Salomo übertrifft. Kann er es demnach unterlassen, die Menschen, die als seine Kinder gelten, zu ernähren und zu kleiden und all ihrer Bedürftigkeit abzuhelfen? (Mt 6,25–32; Lk 12,22–31) Kleingläubige Furcht ist angesichts solcher Fürsorge fehl am Platz. Zwei Sperlinge werden zwar um den geringen Preis von fünf Rappen verkauft. Doch keiner fällt ohne den Willen des himmlischen Vaters zur Erde (Mt 10,29; Lk 12,6). Wieviel grösser wird somit die Fürsorge Gottes für seine Kinder sein? Sogar die Haare auf ihrem Haupt sind gezählt (Mt 10,30; Lk 12,7). Die göttliche Vatergüte ist von unübertrefflicher Einzigartigkeit und schliesst weder Kleine noch Geringe aus.[252]

Die Grundlage der Kindererziehung in der christlichen Gemeinde bilden die Anweisungen des Evangeliums mit den entsprechenden alttestamentlichen Ausführungen, unter denen das Buch der Sprüche hervorragt. Sie lehren den heranwachsenden Menschen jene Besonnenheit und Gerechtigkeit, die aus der Gottesfurcht fliessen und ihn vor bösen Verfehlungen und Verirrungen bewahren. Die Eltern werden damit für ihr Kind zu Repräsentanten Gottes, die es durch ihre Erziehung auf dessen gnädigen Willen hinweisen. Daraus folgt, dass sie mit ihren Massnahmen nicht ihre eigenen Interessen, Programme und Ideale verwirklichen, zu deren Trägern sie ihr Kind formen und bilden. Sondern sie bezeugen ihm, was die göttliche Gnade schafft. Diese erweckt in ihm die Gewissheit, dass keine Verfehlung und Schuld den Wert seines Lebens zerstört, weil Gott als sein Beschützer für es eintritt.

Die Autorität, die Eltern ausüben, ist somit nicht ihre eigene. Sie sind nicht Herr oder Herrin über ihr Kind, die ihm gegenüber ihren überlegenen Standpunkt geltend machen und vielfach mit einer Lust am Diktieren verbinden. Sie werden es aber auch nicht sich selber überlassen, in der irrigen Meinung, es werde sich allein zu helfen wissen und aus eigener Kraft und Überlegung aus seinen Missgeschicken klug werden. Sondern sie sind seine ihm von Gott gegebenen Nächsten, denen es sein Leben verdankt, damit es unter ihrer Obhut zu einem selbstständigen Menschen heranwachse. Dabei haben sie immer zu bedenken, dass die Gnade erzieht. Unter deren Autorität stehen sie bei der Ausübung ihres Auftrags. Was sie von ihren Kindern an Gehorsam, Vertrauen,

252 Siehe Mt 18,14: «So ist es nicht der Wille eures Vaters in den Himmeln, dass eines dieser Kleinen verloren gehe.»

Solidarität und Fleiss fordern, müssen sie zuerst erfüllen. Sie sind Erzieher, indem sie selbst «Gezogene» sind. Ihre Erziehung zeichnet sich nicht vor allem durch moralische oder religiöse Belehrungen aus, sondern durch ihr eigenes wahrhaftiges Verhalten. Auch werden sie ihr Kind mit dem Erreichen seiner Selbstständigkeit freigeben, damit es unabhängig ihres Einflusses seinen Weg gehe, der ihm bestimmt ist, selbst wenn dieser nicht ihren Vorstellungen und Erwartungen entspricht. Indem sie dazu bereit sind, bekennen sie, dass sie ihm gegenüber auf jede eigenmächtige Verfügung verzichten.

VII Exkurs: Erziehung in den übrigen Schriften des Neuen Testaments

Die vorangehenden Ausführungen handeln vom erzieherischen Auftrag der Eltern in den Pastoralbriefen, der sich an der Gnade, wie sie im Leben und Wirken Jesu Christi erschienen ist, orientiert. Die Frage drängt sich auf, ob sie mit den weitern neutestamentlichen Aussagen, die die Beziehung von Eltern und Kindern zum Thema haben, übereinstimmen und einem neutestamentlichen Konsens zugeordnet werden können. Dabei treten in erster Linie die Ausführungen in Eph 6,1–4 und Kol 3,20–21 in den Vordergrund. Sie finden sich in Briefen, die wie die Pastoralbriefe nicht der ersten Generation der Christenheit angehören. Aber auch sie nennen Paulus als ihren Verfasser. Diese Tatsache ist wie bei den Pastoralbriefen als ein Hinweis anzusehen, dass sie ihre Darlegung als eine Weiterführung paulinischer Gedanken betrachten, die für sie verbindlich sind. Auch bilden ihre Aussagen zum vorliegenden Thema einen Teil einer Haustafel. Daraus ergibt sich der Schluss, dass sie ebenfalls Eltern und Kinder als Glieder einer Hausgemeinschaft ansehen.

1. Eltern und Kinder in den Haustafeln des Epheser- und Kolosserbriefes

Die Anweisung in Epheser 6,1–4

Die Haustafel des Epheserbriefes (Eph 5,21–6,9) zeichnet sich wie diejenige des Kolosserbriefes (Kol 3,18–4,1) dadurch aus, dass sie die einzelnen Personen, die die Hausgemeinschaft bilden, hinsichtlich ihrer gegenseitigen Beziehungen ins Auge fasst. So die Ehegatten, sodann Eltern und Kinder, ebenso Sklaven und Herren. Das Verhalten, das ihr Zusammenleben bestimmt, richtet sich nach dem Grundsatz: «Seid einander untergeordnet in der Furcht Christi.»[253] Es ist die in Christus begründete Ordnung, die für die häusliche Gemeinschaft wegleitend ist und die sich auf seine Unterordnung unter seinen himmlischen Vater stützt.[254]

---

[253] Eph 5,21: Ὑποτασσόμενοι ἀλλήλοις ἐν φόβῳ Χριστοῦ.
[254] Man beachte Aussagen wie Joh 5,19 und 8,38, aber auch 1Kor 15,28.

«1 Ihr Kinder, gehorcht euern Eltern im Herrn; denn das ist recht. 2 Ehre deinen Vater und die Mutter – was ein sehr wichtiges Gebot wegen einer Verheissung ist –, 3 damit es dir gut gehe und du lang lebend auf der Erde sein wirst.» (Eph 6,1–3)

Mit diesen Worten wird das Verhalten der Kinder gegenüber den Eltern umschrieben. Es treten also nicht nur die Väter, sondern ebenso die Mütter auf den Plan. Diese Tatsache scheint durch das alttestamentliche Zitat aus Ex 20,12 und Dtn 5,16 veranlasst zu sein, das Vater und Mutter erwähnt und voraussetzt, dass die Erziehung, wie es nun auch der Epheserbrief betont, beiden obliegt.

«Gehorchen» ist die übliche deutsche Übersetzung des griechischen ὑπακούειν.[255] Die Beziehung von ὑπακούειν zu ἀκούειν («hören») gleicht der Beziehung des deutschen «gehorchen» zu «hören».[256] Menge 1991, S. 702, gibt ὑπακούειν mit «hinhören, zuhören, aufmerken» und «Folge leisten, gehorchen» wieder. Die Kinder stellen sich also unter die Verlautbarungen ihrer Eltern, indem sie ihnen volles Gehör schenken.[257] Denn es sind vornehmlich die Eltern, die sie in das unbekannte Land ihrer Zukunft führen. Ihnen verdanken sie ihr Dasein. Somit sind sie berechtigt und verpflichtet, den Kindern mit der alltäglichen Fürsorge die unentbehrlichen Grundlagen und Regeln für ihr Leben zu vermitteln. Die Aussage «denn das ist gerecht» (δίκαιον) bestätigt die Richtigkeit des kindlichen Gehorsams, was im vorliegenden Fall durch das fünfte Gebot begründet wird.[258] Damit argumentiert der Verfasser des Epheserbriefs wie die Pastoralbriefe übereinstimmend mit der alttestamentlichen Überlieferung. Der Imperativ τίμα – im Deutschen «ehre!» – ist die Übersetzung des hebräischen כַּבֵּד, das will, dass das Kind die den Eltern zukommende Gewichtigkeit und Bedeutsamkeit anerkenne.[259] Diese sind ihm gegenüber darin im Vorsprung, dass sie über die für sein Leben gültigen Grundlagen Bescheid wissen. Deshalb sollen sie ihm darüber Aufschluss erteilen. Und das Kind soll hören, verstehen und folgen. Denn daran hängt das Wohl und Gelingen seines eigenen Lebens. Darauf weist Eph 6,3 hin, indem die entsprechende alttestamentliche

---

255 So die Zürcher Bibel 2007 und die Lutherbibel 1999 («seid gehorsam»).

256 Siehe Kluge 1967, S. 316, unter dem Stichwort «horchen».

257 Die in der LXX häufige Übersetzung des hebräischen שָׁמַע mit ὑπακούειν zeigt, dass auch bei diesem Verbum dieselbe Vorstellung lebendig ist. ThWNT I, S. 225, Z. 7–8.

258 Siehe Ex 20,12 und Dtn 5,16.

259 Das Verbum bezeichnet eigentlich, was schwer ist, somit auch gewichtig und bedeutungsvoll werden kann und Ehre verdient. Siehe Köhler 1958, S. 418–420.

Verheissung in geringer Abweichung vom Text der LXX zitiert wird: «damit es dir gut gehe und du lang lebend auf der Erde sein wirst». Das Gebot zur Hochachtung gegenüber den Eltern bezweckt das Wohlergehen des heranwachsenden Menschen. Eph 6,2b nennt es deshalb eine ἐντολὴ πρώτη, d. h. «ein sehr wichtiges Gebot».[260] Dabei ist der Umstand in Betracht zu ziehen, dass die Empfänger des Briefes ehemalige Heiden sind, die als Angehörige der Völkerwelt einst den alttesamentlichen Verheissungen fernstanden (Eph 2,12), nun aber durch das Evangelium Anteil daran erlangten (Eph 3,6). Im Respekt gegenüber dem fünften Gebot, den sie von den Kindern fordern, erweisen sich die Epheser als Angehörige des Gottes Israels, der ihnen gemäss dem Evangelium Jesu Christi seine Gnade zuwendet, deren heilsame Ordnungen nun auch für sie gültig sind.

Die Ergänzung «im Herrn» (ἐν κυρίῳ), wie sie in Eph 6,1a vorliegt,[261] macht darauf aufmerksam, dass es sich um eine im Wirken Jesu Christi begründete Anordnung handelt. Jesus anerkennt nämlich mit den übrigen Geboten des Dekalogs die Anweisung, Vater und Mutter zu ehren.[262] Und er verteidigt deren Gültigkeit gegen die irreführende Auslegung und Überlieferung der Pharisäer und Schriftgelehrten, wobei er zur Bestätigung die gesetzliche Bestimmung aus dem Bundesbuch, «Wer über Vater oder Mutter schlecht redet, soll des Todes sterben», zitiert.[263] Seine Worte stehen zugleich in Übereinstimmung mit seinem eigenen Verhalten. Er hat sich seinen Eltern untergeordnet, wie Lukas am Schluss seines Berichtes über die Kindheit Jesu bemerkt (Lk 2,51). Auch hat er vor seinem Sterben am Kreuz für seine verlassene Mutter gesorgt, indem er sie der Obhut seines Lieblingsjüngers übergeben hat (Joh 19,26–27). Allerdings hat er die Zugehörigkeit zu seinem himmlischen Vater über den Gehorsam gegenüber seinen Eltern gesetzt. Als diese ihn auf ihrer Pilgerreise nach Jerusalem vermissten und voll Sorge suchten, erwiderte er den Vorwurf seiner Mutter mit den Worten: «Wusstet ihr nicht, dass ich in dem, was meines (himmlischen) Vaters ist, sein muss?» (Lk 2,49) Die Forderungen des göttlichen Willens ste-

---

260 Πρώτη weist hier auf den Rang hin. Siehe Bauer 1958, Sp. 1439,1c. Es bezeichnet an dieser Stelle nicht die Reihenfolge, also das erste von mehreren, was übrigens für die Tafel der zehn Gebote nicht zutrifft, weil bereits das zweite Gebot eine Verheissung enthält.

261 In der textlichen Überlieferung ist ἐν κυρίῳ nicht unangefochten. In den Majuskeln BDFG fehlt es. Jedoch kann es aufgrund zuverlässiger Zeugen wie P46, a und A als ursprünglicher qualifiziert werden.

262 Siehe Mt 19,19; Mk 10,19; Lk 18,20.

263 Siehe Mt 15,1–6; Mk 7,8–13.

hen somit über den familiären Bindungen und Ansprüchen. «Wer den Willen Gottes tut, der ist mir Bruder und Schwester und Mutter», antwortet deshalb Jesus den ihn umringenden Zuhörern, die ihn darauf aufmerksam machen, dass seine Mutter und Geschwister ihn von seinem Wirken wegrufen wollen (Mk 3,31–35 parr). Damit bekräftigt er, dass sich die elterliche Erziehung dem Willen Gottes nicht widersetzen darf.

Dem Verhalten der Kinder steht in Eph 6,4 dasjenige der Väter gegenüber, die als die für die Erziehung verantwortlichen Personen gelten. Ihnen stehen jedoch die Mütter zur Seite, wie das im vorangehenden V 2 zitierte fünfte Gebot zeigt. Von Müttern als Erziehungspersonen spricht ebenso das Buch der Sprüche,[264] in dessen Aussagen Vater und Mutter dem Kind gleich nahe stehen.[265]

Der väterliche Auftrag wird folgendermassen umschrieben:

> «4 Und ihr Väter, reizt eure Kinder nicht zum Zorn, sondern zieht sie auf in der Erziehung und Ermahnung des Herrn.»

V 4 qualifiziert das grundlegende Verhalten der Väter gegenüber ihren Kindern als «Erziehung und Ermahnung des Herrn». Das Verbum ἐκτρέφειν,[266] das ihre erzieherische Funktion beschreibt, bezeichnet wie sein Simplex τρέφειν die Ernährung und Pflege, die Tieren und Menschen von ihren Betreuern zukommt und ihr Wachstum und Gedeihen fördert.[267] In solcher väterlicher Fürsorge erfolgt gemäss der vorliegenden Aufforderung die Erziehung (παιδεία). Diese umfasst die Führung und Leitung, die das Kind in die gültigen Voraussetzungen und Gewohnheiten seines Lebens einführt.[268] Der Ausdruck νουθεσία, der eine Ergänzung zu παιδεία bildet, bezeichnet die «Zurechtweisung, Ermahnung, Warnung».[269] Das verwandte Verbum νουθετεῖν heisst dementsprechend «zurechtweisen, ermahnen, warnen», im ursprünglichen Sinn «Verständnis bewirken». Oft ist es mit διδάσκειν («lehren») ver-

264 Siehe Spr 1,8; 4,3b; 6,20.

265 Siehe Spr 23,25; 28,24.

266 Es findet sich im Neuen Testament lediglich noch in Eph 5,29.

267 Zu ἐκτρέφειν und τρέφειν siehe Bauer 1958, Sp. 488 und 1633; Menge 1991, S. 223 und 692.

268 Zu παιδεία und παιδεύειν siehe Seiten 111–112. Τρέφειν betont im Gegensatz zu παιδεύειν mehr den vegetativen und weniger den ethischen Charakter der Erziehung. ThWNT V, S. 597, Z. 16–17.

269 Siehe Menge 1991, S. 474; ThWNT IV, S. 1013–1016.

bunden, aber nicht damit identisch.[270] Sowohl das Substantiv als auch das Verbum bezeichnen die ermahnende Rede, die beabsichtigt, den zu Erziehenden zurecht zu bringen ohne seinen trotzigen Unwillen zu erwecken. Sie tritt Missverständnissen und Widerständen entgegen, will sie aber durch einsichtsvolle und vernünftige Argumentation überwinden.

Νουθεσία und νουθετεῖν bezeichnen ein elementares Mittel der Erziehung. Weitere Anwendungen zeigen, dass dieses Zurechtweisen nicht nur von den Vätern, sondern ebenso von den übrigen Hausgenossen ausgeübt wurde.[271] Es beschreibt also den Umgang zwischen sich nahestehenden und einander vertrauten Personen und ist von verständnisvoller Anteilnahme geprägt. Calvin beschreibt es als «comitas temperata» («massvolle Freundlichkeit»), welche das Ziel verfolgt, dass die sich Irrenden zurechtgebracht werden.[272] Paulus erkennt im νουθετεῖν eine charakteristische Verhaltensweise eines Vaters gegenüber seinen Kindern.[273] Es ist aber zugleich ein Verfahren, durch das die christliche Gemeinde dem Ungehorsamen in ihrer Mitte begegnet. Dieser soll nicht als ein Feind behandelt, sondern als ein Bruder ermahnt werden (2Thess 3,15). Derselbe Umgang wird ebenso für die Unordentlichen (1Thess 5,14) und die Häretiker (Tit 3,10) gefordert. Es handelt sich um ein Verhalten, durch das Verkündiger, Vorsteher oder die gesamte Gemeinde ihre Zurechtweisung ausüben.[274]

Der Begriff νουθεσία hebt die verständnisvolle Zuneigung hervor, mit der ein Vater seinem Kind seine Anweisungen vermittelt, die es in seinem Leben leiten werden. Er unterwirft es keinem gewalttätigen Zwang, sondern bildet es zu einem einsichtsvollen Menschen, der die Bereitschaft zeigt, den göttlichen Willen zu erkennen und ihm zu folgen, um die Weisheit zu gewinnen, die für es zutreffenden Entscheidungen und Massnahmen zu ergreifen. Die väterlichen Zurechtweisungen, die die Erziehung prägen, erfolgen im Namen Jesu Christi. Der Genitiv κυρίου («des Herrn») in Eph 6,4 ist ein Genitivus subiectivus, der darauf hinweist, dass diese Erziehung in Jesus Christus begründet ist. Es besteht somit eine innere Übereinstimmung von Eph 6,4 mit Tit 2,11–14, wo ausgeführt wird, dass die erziehende Gnade im irdischen Wirken Christi

270 So in Kol 1,28 und 3,16. Bei Plato 1973–1975, Politik, 399b: διδαχῇ καὶ νουθετήσει.

271 Plato 1973–1975, Politik, 559e: «vom Vater oder andern zurechtweisenden (νουθετούντων) Hausgenossen».

272 Siehe ThWNT IV, S. 1015, Anm. 12.

273 1Kor 4,14: «wie meine geliebten Kinder ermahnend» (νουθετῶν).

274 Apg 20,31; Kol 1,28; 3,16; 1Thess 5,12.

offenbar geworden ist. Sie bestimmt den Anfang und das Ziel jeder menschlichen Erziehung.

Strafende Massnahmen sind gelegentlich nötig, um die Gültigkeit einer Zurechtweisung zu bestärken. Die neutestamentlichen Schriften sprechen allerdings nicht davon. Doch Weish 16,6 bemerkt über die Wüstengeneration: «Zur Zurechtweisung (εἰς νουθεσίαν) wurden sie aber für kurze Zeit in Schrecken versetzt und hatten ein Zeichen der Errettung zur Erinnerung an die Weisung deines Gebots.» Nach diesem Ausspruch kann auch eine harte Zurechtweisung zur Besserung führen. Josephus berichtet in Antiquitates 3,311 von der Bestrafung, die Väter den Kindern zur Zurechtweisung auferlegen. Philo zählt sie jedoch zu den sanfteren Warnungen (ThWNT IV, S. 1014, Z. 33–38).

Der Hinweis auf die «Erziehung und Zurechtweisung des Herrn» erfolgt in Eph 6,4 auf dem Hintergrund, dass die Väter ihre Kinder nicht zum Zorn reizen. Das griechische παροργίζειν[275] weist auf eine schwere Störung oder ein böses Zerwürfnis zwischen den Vätern und ihren Kindern hin, wodurch sie zu gegenseitigen Feinden werden. Allerdings ist das Zürnen nicht durchwegs verwerflich. Dies äussert sich beim göttlichen Zorn als der heftigen Reaktion gegen menschliche Bosheit und Sünde, die Gottes Gerechtigkeit und Liebe gering achten. Er vernichtet die trotzige und hochmütige Absicht, durch die der Mensch Gott entgegentritt und sich ihm gegenüber behaupten will. Insofern ist er ein gerechter Zorn. Ihm entsprechend erfolgt der gerechte menschliche Zorn, der dem Unrecht Widerstand leistet und es verhindern und vernichten will.[276] Jedoch vermag er, wenn er losbricht, nur mit Mühe die ihm gesetzte Grenze einzuhalten, denn er verfällt leicht und bald dem Unrecht. Allerdings verbietet Eph 4,26 den menschlichen Zorn nicht durchwegs, warnt jedoch die Zürnenden: «Sündigt nicht!» und setzt ihrem Verhalten mit der Ermahnung «Die Sonne soll nicht untergehen über euerm Zorn» eine kurze Frist. Im Blick darauf werden die Väter aufgefordert, jeden Anlass zu meiden, der ihre Kinder zu Empörung anstachelt und zu ihren Feinden macht. Die Wurzel solch zorniger Entrüstung ist die Eigenmächtigkeit und Lieblosigkeit, die ihnen die Zuneigung und Hingabe verweigert, die sie aufgrund der Zugehörigkeit zu ihrem Vater beanspruchen dürfen. Es ist die väterliche Missachtung der «Erziehung und Zurechtweisung des Herrn»,auf die die Kinder Anspruch haben und die in ihnen das Vertrauen erweckt,

---

275 Zu dessen Bedeutung siehe Menge 1991, S. 532; ThWNT V, S. 382,1 ff.

276 Siehe den Zorn Davids wegen der Missachtung des Eigentums des Armen durch den Reichen (2Sam 12,5).

dass ihre Väter nicht Feinde, sondern Freunde sind, die ihnen auch in ihren Verfehlungen ihre Treue und Zuneigung gewähren. Darauf beruht der Gehorsam und die Hochachtung, die Kinder ihren Eltern schuldig sind und wovon die vorangehende Anordnung berichtet.

Die Anweisung in Kolosser 3,20–21

> «20 Ihr Kinder, gehorcht den Eltern in jeder Hinsicht, denn dies ist wohlgefällig im Herrn. 21 Ihr Väter, reizt eure Kinder nicht, dass sie nicht den Mut verlieren.»

Die Anweisung in der Haustafel des Kolosserbriefes erwähnt wie diejenige des Epheserbriefes die Pflichten der Kinder gegenüber den Eltern, allerdings ohne den Hinweis auf das fünfte Gebot. Die Worte «in jeder Hinsicht» (κατὰ πάντα) heben hervor, dass dieser Gehorsam allumfassend ist, d. h. das Hinhören und die Aufmerksamkeit auf die Eltern überall und immer voraussetzt. «Wohlgefällig» (εὐάρεστον) bezeichnet an der vorliegenden Stelle, was dem Willen Jesus Christi gemäss ist.[277] Und wie in Eph 6,1 bezeichnet die Formel «im Herrn» (ἐν κυρίω) den Bereich, der den Inhalt und das Ausmass des Gehorsams festsetzt. Sie betont, dass der Gehorsam der Kinder nicht im Widerspruch gegen den Willen Jesu Christi bzw. Gottes erfolgen darf.[278]

Ἐρετίζειν («reizen»), welches im folgenden V 21 das verfehlte Verhalten der Väter gegenüber den Kindern beschreibt, liegt hinsichtlich seiner Bedeutung in der Nähe von παροργίζειν («zum Zorn reizen») in Eph 6,4.[279] Indem es zum Zorn und Kampf reizt,[280] bewirkt es Verbitterung, Kränkung und Feindschaft. Die Väter werden ermahnt, sich davor zu hüten. Denn ihr erzieherisches Verhalten soll bei ihren Kindern Vertrauen und Zuversicht erwecken. Mit der Warnung «dass sie nicht den Mut verlieren»[281] werden die bösen Folgen ins Auge gefasst, die bei den Kindern Unwille, Mutlosigkeit, Verzagtheit, Traurigkeit und Verzweiflung erzeugen. Abweichend von Eph 6,4 wird hier deren seelische Befindlichkeit geschildert. Die Anweisung sucht den Frieden zwischen den

---

277 Gelegentlich auch das dem Willen Gottes Gemässe. Siehe z. B. Röm 12,2.

278 Siehe die Ausführungen zu Lk 2,49 und Mk 3,31–35 parr auf Seiten 123–124.

279 Παροργίζειν wird übrigens von a und A und weitern Majuskeln sowie etlichen Minuskeln bevorzugt.

280 Siehe Menge 1991, S. 284; Bauer 1958 Sp. 610. Gelegentlich bezeichnet es politische Agitationen (1Makk 15,40).

281 … ἵνα μὴ ἀθυμῶσιν.

Generationen, der nur garantiert ist, wenn die Väter den Kindern die unentbehrliche Zuneigung und Hochachtung erweisen, so dass sie ihren Anordnungen gerne folgen.

Die Übereinstimmung der Ausführungen des Epheser- und Kolosserbriefes mit den Pastoralbriefen

Der Ort, wo sich nach den Pastoralbriefen sowie dem Epheser- und Kolosserbrief die Erziehung der Kinder vollzieht, ist das Haus. Die Pastoralbriefe heben diesen Sachverhalt hervor, indem sie bei ihren Hinweisen auf die Hausverwaltung, die Vätern und Müttern obliegt, zugleich an deren Erziehungspflicht erinnern.[282] Beide, sowohl die Eltern als auch die Kinder, sind Bewohner ihres Hauses, wo sie, oft mit weitern Hausgenossen, ihr gemeinsames Leben gestalten und Geborgenheit und Schutz finden. Hier sollen die Kinder von ihrer Geburt bis zu ihrem Erwachsensein unter der Obhut ihrer Eltern verbleiben, um durch deren Erziehung mit den Grundlagen ihres Lebens vertraut zu werden. Es ist die Erziehung durch die göttliche Gnade, die ihnen die Gewissheit vermittelt, dass sie trotz ihrer Verfehlungen und Verirrungen Errettung und Bewahrung erwarten werden. Das Haus ist die Stätte, wo ihnen diese Wohltat täglich entgegentritt. Es gilt ja als ein Abbild der christlichen Gemeinde, die das Haus Gottes genannt wird.

Im Epheser- und Kolosserbrief finden sich die Anordnungen zur Erziehung in den jeweiligen Haustafeln. Wie die Pastoralbriefe setzen auch sie voraus, dass Eltern und Kinder die Bewohner eines gemeinsamen Hauses sind. Sie heben jedoch einen wichtigen Gesichtspunkt hervor. Beide Briefe sprechen vom Gehorsam, den die Kinder ihren Eltern schuldig sind. Er impliziert das Hinhören und die Aufmerksamkeit auf die elterlichen Anweisungen und Ermahnungen. Dies erfolgt aufgrund der Tatsache, dass die Eltern für ihre Kinder als die massgeblichen Instanzen eingesetzt sind, die ihnen die wegleitenden Grundsätze und Erfahrungen vermitteln. Der Gehorsam, den ihnen die Kinder leisten, ist zugleich ein Akt des Vertrauens, dass die Eltern es sind, die ihnen in erster Linie die zuverlässigen und hilfreichen Anordnungen übergeben. Die Haustafel des Epheserbriefes erkennt in dieser Zuwendung die angemessene Anerkennung und Ehre, die Kinder ihren Eltern schulden. Sie begründet ein solches Verhalten mit dem fünften Gebot, das unter der Verheissung steht: «damit es dir gut gehe und du lang lebend auf der Erde sein wirst». Die Ehre oder der Respekt gegenüber den Eltern

---

[282] Siehe 1Tim 3,4.12; Tit 2,4–5.

bilden die Grundlage für ein erfülltes Leben für die heranwachsende Generation. Die Erde, die sie bewohnt, wird für sie nicht zu einem Ort des Fluchs, sondern des Segens, der ihr Gottes Güte während langer Jahrzehnte gewährt.

Hinsichtlich des Verhaltens der Eltern heben die beiden Briefe auch den Gesichtspunkt hervor, dass Väter ihre Kinder nicht zum Zorn reizen oder verbittern und mutlos machen. Die elterliche Erziehung darf bei den eigenen Kindern nicht Auflehnung und Feindschaft erwecken, sondern soll dem Frieden zwischen den Generationen dienen. Dies geschieht «in der Ermahnung und im Zuspruch des Herrn», die die Kinder nicht dem Eigennutz, der Gewalttätigkeit, der Geringschätzung oder Vernachlässigung durch die Eltern ausliefern, sondern sie zum Gehorsam gegenüber dem göttlichen Willen erziehen. Ihm sind Eltern und Kinder untergeordnet. Und jene Eltern, die diesen Willen beachten, werden imstande sein, ihre Kinder anzuleiten, damit sie verstehen und ausüben, was «im Herrn wohlgefällig ist».

Das Haus ist sowohl in den Pastoralbriefen als auch im Epheser- und Kolosserbrief der Ort, wo die kommende Generation innerhalb der Ordnungen und Verhältnisse heranwächst, die durch die im Evangelium verkündigte Gnade begründet und geprägt sind. Der für die Pastoralbriefe leitende Gesichtspunkt, dass Gott will, dass alle Menschen errettet werden, muss im gemeinsamen Leben der Hausbewohner sichtbar werden. Die Haustafeln des Epheser- und Kolosserbriefes bestätigen diesen Sachverhalt. Wie die Pastoralbriefe machen sie offensichtlich, dass für die christliche Gemeinde das einzelne Haus ein Ort ist, wo sich jene Gemeinschaft verwirklicht, in der sich die von der neutestamentlichen Botschaft verkündigte und erwartete Errettung der Menschheit anzeigt.

Es handelt sich beim Haus mit der es bewohnenden Familie nicht um einen Ort bürgerlicher Lebensgestaltung, zu der die christliche Gemeinde wegen der bald erwarteten, jedoch ausgebliebenen Parusie Christi gedrängt wurde, weil sie sich mit einer lang währenden Existenz in der gegenwärtigen Welt abfinden musste. So Dibelius 1966, S. 32–33, der in den Ausführungen der Pastoralbriefe «eine Art religiöser Familientradition» erkennt, die sich der Bürgerlichkeit der damaligen Zeit anpasste, um den Bestand der christlichen Gemeinde für die zukünftigen Generationen zu sichern. Sondern die wichtige Bedeutung des Hauses erwächst aus dem Bewusstsein, dass seine Bewohner der christlichen Gemeinde angehören, die sich als Haus Gottes versteht. Gott nimmt innerhalb der Menschheit Wohnung und sammelt aus ihrer Mitte seine Gemeinde, die er durch seine Anordnungen gestaltet, damit sie seine Gerechtigkeit und Güte bezeuge.

Von daher wird das einzelne Haus mit seinen Bewohnern zum Erweis der Anwesenheit Gottes unter den Menschen. Die Ausführungen der Pastoralbriefe, aber auch die Haustafeln des Epheser- und Kolosserbriefes fordern mit Nachdruck, dass die Gemeinde diese Tatsache anerkenne, damit sie in den einzelnen Häusern Gestalt annehme.

2. Väterliche und mütterliche Erziehung bei Paulus – Die Begriffe νουθετεῖν («Verständnis bewirken»), θάλπειν («hegen»), παρακαλεῖν («ermahnen»), παραμυθεῖσθαι («ermuntern») und μαρτύρεσθαι («bezeugen»)

Die Anordnungen der Haustafeln des Epheser- und Kolosserbriefes regeln das gemeinsame Leben der Hausbewohner und ordnen dementsprechend die Beziehung zwischen den Eltern und den Kindern. Und gemäss den beiden Briefen und den Pastoralbriefen besteht hinsichtlich der Kindererziehung eine grundsätzliche Übereinstimmung. Wenn nun zum vorliegenden Thema drei paulinische Aussagen herangezogen werden, handelt es sich um Äusserungen aus der ersten Generation der Christenheit, die einzelne Merkmale eines Vaters oder einer Mutter erwähnen. Sie widerspiegeln aber zugleich das Verhalten des Paulus gegenüber seinen Gemeinden. Es sind die Aussagen in 1Kor 4,14–15 sowie in 1Thess 2,7 und 2,9–12.

Zu 1. Korinther 4,14–15

> «14 Nicht um euch zu beschämen schreibe ich dies, sondern als meine geliebten Kinder ermahne ich euch. 15 Denn wenn ihr unzählige Erzieher in Christus habt, habt ihr nicht viele Väter. Denn in Christus Jesus habe ich euch durch das Evangelium gezeugt.»

Paulus hat in den Ausführungen von 1Kor 1,10–4,13 die Korinther wegen ihrer Parteinahme für einzelne Verkündiger,[283] die zu Streitigkeiten und Spaltungen in der Gemeinde führte, ermahnt. Und zur Erklärung seiner eigenen Position weist er darauf hin, dass seine Verkündigung nicht «in Weisheit der Rede» besteht, die beabsichtigt, die Zuhörer für sich einzunehmen. Sondern sie beruht im «Wort vom Kreuz» (1Kor 1,17–18). Daraus folgt, dass er nicht durch irgendwelche Überlegenheit seiner Rede oder Weisheit das Geheimnis Gottes verkündigt. Vielmehr hält er daran fest, «nichts unter euch zu wissen als Jesus

---

283 1Kor 1,12. Erwähnt werden neben Paulus Apollos, Kephas und Christus.

Christus und diesen als Gekreuzigten» (1Kor 2,1–2), der als solcher jeder Herrlichkeit und Majestät entbehrt. Sein Diener und der Haushalter der Geheimnisse Gottes will Paulus sein (1Kor 4,1), der keines menschlichen Ruhms und Ansehens bedürftig ist. Diese in Korinth missachtete und vergessene Tatsache stellt er seinen Adressaten vor Augen. Dabei ist er aber nicht von der Absicht getrieben, sie zu beschämen und sie wegen ihrer Verführbarkeit oder Torheit blosszustellen und der Verachtung preiszugeben. Sein Verhalten gleicht vielmehr demjenigen eines Vaters gegenüber seinen «geliebten Kindern», der lediglich deren Nutzen sucht. Und auf die Legitimität seiner Vaterschaft pocht Paulus zu Recht. Er hat die korinthische Gemeinde durch seine Verkündigung gezeugt.[284] Somit ist er ihr massgeblicher Apostel, durch dessen Dienst sie ins Leben gerufen wurde. Es mag eine Unzahl weiterer Verkündiger oder Lehrer geben, die in ihrer Mitte tätig sind.[285] Aber sie nehmen lediglich die Stellung von Pädagogen ein. Dieser Begriff bezeichnet an der vorliegenden Stelle jenen Erzieher, dem vor allem die Aufsicht über die Knaben übergeben war, um sie zu einem korrekten Benehmen anzuleiten.[286] In seinem apostolischen Dienst erkennt sich jedoch Paulus als Vater, der in seiner Zuneigung und Liebe zum Kind alle Personen, die sich um dessen Erziehung bemühen, übertrifft. Er, der es gezeugt hat, betrachtet es als sein Fleisch und Blut und deshalb schätzt er dessen Leben nicht geringer als sein eigenes ein. Somit wird er es nicht der Schande preisgeben, denn dessen Schaden ist auch der seinige. Dementsprechend bezeichnet Paulus seine erzieherischen Anordnungen sinnigerweise mit dem Verbum νουθετεῖν (1Kor 4,14), das beim Kind nicht Groll und Widerwillen, sondern Verständnis und Zuversicht erwecken will, wie dies der innigsten Absicht eines Vaters entspricht.[287]

Zu 1. Thessalonicher 2,1–12

Der Abschnitt berichtet über die Verkündigung des Paulus und seiner Mitarbeiter in Thessalonich und verweist anlässlich seiner Schilderung

---

284 Siehe V 15b. Paulus gebraucht diese Redeweise auch hinsichtlich des Sklaven Onesimos, den er sein Kind nennt, das er in Fesseln gezeugt, d. h. ihm zum Glauben verholfen hat (Phlm 10). In Gal 4,19 spricht er von den Geburtsschmerzen, die er für die Galater als seine Kinder erleidet.

285 Paulus spricht von μύριοι, gemäss Bauer 1958, Sp. 1047, «unzählig, zahllos».

286 Weiss 1977, S. 116, bemerkt, dass diesen Pädagogen hauptsächlich die äusserliche Erziehung zur guten Sitte (εὐκοσμία) anvertraut war.

287 Zum Verständnis von νουθετεῖν siehe Seiten 125–126.

sowohl auf das Verhalten einer Mutter als auch eines Vaters. Ähnlich wie in Korinth haben die Verkündiger auch in dieser Stadt weder einen eigenen Vorteil, Gewinn noch Ruhm gesucht. Paulus erinnert daran mit den Worten: «Denn weder sind wir je mit Schmeichelrede aufgetreten, wie ihr wisst, noch unter einem habsüchtigen Vorwand – Gott ist Zeuge – noch haben wir Ruhm unter Menschen gesucht, weder von euch noch von andern.» (V 5–6) Ihre Stellung und Funktion als Apostel hätte es ihnen allerdings erlaubt, «gewichtig zu sein» (ἐν βάρει εἶναι). Τὸ βάρος bezeichnet das Gewicht, und zwar an dieser Stelle als Einfluss und Macht.[288] Es handelt sich dabei um ein absichtliches Sich-zur-Geltung-Bringen. Paulus lehnt es aber ab, die apostolische Autorität durch ein solch wichtigtuerisches Auftreten zur Schau zu stellen. Nicht als «Besserwissende», die sich mit ihrer Überlegenheit aufspielen, sondern als Unmündige (νήπιοι), die sich keiner Lebensweisheit und Lebenserfahrung rühmen können, sind er und seine Gefährten den Thessalonichern entgegengetreten,[289] so dass jeder Anschein von Eigenruhm dahin ist. Die wahrhaftige Beziehung zu den Thessalonichern bezeichnet Paulus mit dem Partizip ὁμειρόμενοι (V 8), welches das heftige Begehren seiner Liebe zum Ausdruck bringt, die ihn mit seinen Briefempfängern verbindet.[290] Er vergleicht sie mit der Liebe einer Amme oder Mutter, die ihre Kinder stillt,[291] welche ihr nicht weniger als ihr eigenes Fleisch und Leben gelten.[292] Der Vergleich verrät die ausserordentliche Zuneigung, die Paulus gegenüber den Thessalonichern ergriffen hat. Und sie prägt, wie er im Weitern ausführt, nicht nur die Beziehung einer Mutter zu ihrem kleinen Kind, sondern ebenso die erzieherischen Massnahmen eines Vaters. In der Verkündigung in Thessalonich ist diese Tatsache an den Tag getreten, bei welcher Paulus und seine Mitarbeiter weder Mühsal noch Anstrengung scheuten, sondern gottesfürchtig, gerecht und

---

288 Siehe ThWNT I, S. 554, Z. 16–19.

289 Νήπιος, «unmündig», sodann «töricht, unverständig, unerfahren», ist überlieferungsmässig besser bezeugt als die Variante ἤπιοι («mild, sanft») und deshalb vorzuziehen.

290 Siehe die Ausführungen in ThWNT V, S. 176, Z. 19–31, wo es mit «hingezogen sein zu etwas» übersetzt ist. Nach Bauer 1958, Sp. 1119, und Menge 1991, S. 488, heisst es «liebevolle Gesinnung hegen, Sehnsucht haben». Oft bezeichnet es die Sehnsucht trauernder Eltern zum verlorenen Kind.

291 V 7: Θάλπῃ τὰ ἑαυτῆς τέκνα. Θάλπειν heisst eigentlich «erwärmen», sodann «hegen, pflegen». Bauer 1958, Sp. 692–693.

292 Siehe den Ausspruch in Eph 5,29: «Keiner hat je sein eigenes Fleisch gehasst, sondern er ernährt und pflegt (θάλπει) es.»

untadelig wie ein Vater an den eigenen Kindern gehandelt haben. Und dieses Verhalten fasst er nun in die Worte:

> «11 ... ihr wisst, dass wir jeden Einzelnen von euch wie ein Vater seine Kinder 12 ermahnten und ermunterten und bezeugten, würdig des Gottes zu wandeln, der euch zu seinem Reich und zu seiner Herrlichkeit berufen hat.»

Es sind die drei Begriffe παρακαλεῖν («ermahnen»), παραμύθεσθαι («ermuntern») und μαρτύρεσθαι («bezeugen»), die das erzieherische Verhalten eines Vaters charakterisieren und deren Bedeutung nun darzustellen ist.

Παρακαλεῖν heisst gemäss seiner ursprünglichen Bedeutung «an die Seite rufen». Die mannigfache Verwendung dieses Kompositums von καλεῖν und des von ihm abgeleiteten Substantivs παράκλησις heisst also nicht nur zurufen, sondern zu sich hin rufen.[293] Der Ausdruck wird je nach Situation mit «bitten, ermahnen, auffordern» oder «trösten» übersetzt. Von seiner eigentlichen Bedeutung her äussert sich in diesem Akt eine tiefe Verbundenheit des Rufenden mit dem Gerufenen. Die Botschaft, der Zuspruch, das Anliegen, die Anweisung oder der Befehl des Rufenden, erfolgen aufgrund einer umfassenden Zuwendung und Anteilnahme, die er gegenüber dem Angesprochenen bekundet. Ihn ruft er an seine Seite zu sich hin. Er erweist sich damit als sein Freund und Helfer, der ihm mit seinem Ratschlag, seiner Aufforderung oder Anweisung zugleich seine Solidarität bekundet und sein Vertrauen erweckt. Diesen Aspekt hebt vor allem die häufige deutsche Übersetzung «trösten» hervor. Παρακαλεῖν will einen Zuspruch oder eine Aufforderung mitteilen, die verlässlich sind, was durch die Zuwendung, die der Tröstende leistet, garantiert wird.[294]

Es ist dieses παρακαλεῖν, das Paulus gegenüber seinen Gemeinden in reichem Ausmass ausgeübt hat, um sie vor drohenden und verführerischen Gefahren, Irrtümern und Verirrungen wie Unzucht, Überlistung des Nächsten, Streitsucht und Unbotmässigkeit zu warnen und sich Gottes Willen zur Verfügung zu stellen.[295] Hierin äussert sich seine Anteilnahme am Geschick seiner Glaubensgenossen. Das Wissen und die Erfahrung, die

---

[293] Siehe ThWNT V, S. 772, Z. 5–8. Man beachte die Zusammensetzung aus παρά («nahe bei, daneben») und καλεῖν.

[294] Gemäss Kluge 1967, S. 792, bedeutet das mit dem deutschen Wort «trösten» verwandte altnordische Adjektiv «traustr»: «wozu man Vertrauen hat».

[295] Siehe Röm 12,1; 15,30; 1Kor 1,10; 4,16; 16,15–16.

> in diesen Ermahnungen an den Tag treten, beruhen jedoch in der Tatsache, dass er und seine Mitarbeiter selber von Gott ermahnt und getröstet werden. Gott, «der Vater des Erbarmens und der Gott allen Trostes», hat ihnen in ihrer Bedrängnis die Ermahnung erwiesen, die sie befähigt, den ihnen anvertrauten Menschen ebenfalls solchen Beistand zu leisten (2Kor 1,3–4). Paulus handelt bei diesem Werk im Auftrag Gottes, bzw. Christi. «Ich aber, Paulus, ermahne euch durch die Sanftmut und die Freundlichkeit Christi», schreibt er den Korinthern (2Kor 10,1). Damit fehlt seiner Ermahnung und seinem Zuspruch jede eigenmächtige Bevormundung und Besserwisserei. Und sie bleiben sogar bei gelegentlicher Strenge ein Akt der Liebe und Freundlichkeit.

Das Verbum παραμυθεῖσθαι («ermuntern») findet sich in den paulinischen Schriften ausser in 1Thess 2,12 noch in 1Thess 5,14, wo es ebenfalls in der Nähe von παρακαλεῖν steht. In einer nahen Verbindung mit dem Substantiv παράκλησις befinden sich auch die beiden Substantive παραμυθία (1Kor 14,3) und παραμύθιον (Phil 2,1) mit der Bedeutung «Zuspruch, Ermahnung, Trost». Eine klare Unterscheidung gegenüber παρακαλεῖν und παράκλησις ist kaum möglich. Jedoch sind die Begriffe nicht auswechselbar. G. Stählin macht darauf aufmerksam, dass παραμυθεῖσθαι und die beiden verwandten Substantive im Neuen Testament weder den Zuspruch Gottes noch den eschatologischen Trost bezeichnen, sondern sich auf den innerirdischen Bereich zwischen Menschen beschränken.[296] Joh 11,19.31 berichtet dementsprechend vom menschlichen Trost für diejenigen, welche um einen nahen Angehörigen trauern. Aber es scheint weniger der fordernde und verpflichtende Aufruf des παρακαλεῖν, der bei παραμυθεῖσθαι zu hören ist, sondern das freundliche und liebreiche Zureden. Phil 2,1 spricht vom «Zuspruch der Liebe» (παραμύθιον ἀγάπης), durch den Paulus Erquickung erfährt. Das Simplex μυθεῖσθαι heisst «reden, erzählen, berichten» und im Besonderen «deuten, erklären».[297] Es vermittelt erhellenden Aufschluss, der ermunternd und wegweisend ist. Wie bei παρακαλεῖν weist auch hier die Vorsilbe παρά darauf hin, dass der Sprechende den Angesprochenen in seine unmittelbare Nähe ruft, um ihm in seiner Verlegenheit und Mutlosigkeit Beistand zu leisten. Es sind gemäss 1Thess 5,14 «Kleinmütige» (ὀλιγόψυχοι), die einen solchen Zuspruch der Liebe und Anteilnahme benötigen. Ein Vater zeigt sich durch diese Zuwendung als nächster Mitmensch und Begleiter seines unmündigen Kindes, der ihm in seiner

---

296 Siehe ThWNT V, S. 819, Z. 26–31.
297 Siehe Menge 1991, S. 461–462.

geringen Lebenserfahrung Beratung und Führung gewährt und ihm die Freundlichkeit erweist, die für es unentbehrlich ist.

Das Verbum μαρτύρεσθαι, das die dreigliedrige Reihe in 1Thess 2,12 abschliesst, zeigt einen letzten Aspekt des erzieherischen Verhalten eines Vaters. Es heisst in seiner passiven Bedeutung «bezeugt werden» und betont mit einer nachdrücklichen Behauptung oder Versicherung, «dass etwas so ist».[298] Die Wahrhaftigkeit und Zuverlässigkeit einer Bekanntmachung, Aufforderung und Anordnung wird durch μαρτύρεσθαι garantiert und gegebenenfalls in einer feierlichen Kundgebung proklamiert. In dieser Bedeutung erscheint es in Gal 5,3: «Ich (Paulus) bezeuge aber wieder jedem beschnittenen Menschen, dass er verpflichtet ist, das ganze Gesetz zu vollbringen.» Oder Eph 4,17: «Dies nun sage und bezeuge ich im Herrn, dass ihr nicht mehr so wandelt, wie die Heiden in der Nichtigkeit ihres Verstandes wandeln.»[299] Solches Bezeugen trifft nach 1Thess 2,12 auch für einen Vater zu. Die Anordnungen, Ermahnungen, Aufmunterungen und Belehrungen, die seine Kinder vernehmen, bezeugt er als wahrhaftig und verbindlich. Er steht voll und ganz hinter seinen Äusserungen und Massnahmen und bezeugt, was für ihn selbst als verpflichtend gilt, wofür er seine Hand ins Feuer legt und jederzeit dafür eintreten will.

Die Erziehung, die Paulus durch die Begriffe παρακαλεῖν, παραμυθεῖσθαι und μαρτύρεσθαι charakterisiert, zeichnen sich durch die Zuwendung und Anteilnahme aus, die ein Vater gegenüber seinem Kind ausübt. Sie ist von der Solidarität geprägt, durch die er ihm Raum in seiner unmittelbaren Nähe gewährt und in ihm seinen Nächsten erkennt. Durch seinen Zuspruch, seine Ermahnungen, Aufforderungen und Anweisungen verhilft er ihm in den jeweiligen Situationen zu einem angemessenen Verhalten und befähigt es, seine zukünftigen Lebensjahre aus eigener Kraft zu bestehen. Und bei allen erzieherischen Massnahmen bleibt er sein Begleiter, der ihm durch sein eigenes Verhalten verbürgt, dass sein Reden und Handeln Verlass bietet und Vertrauen verdient. Das väterliche Erziehen äussert sich aber ebenso im νουθετεῖν als einem Ermahnen, welches bestrebt ist, Verständnis und Bereitschaft zum Guten zu erwecken.

Diese Erziehung bezeugt die Errettung und Bewahrung, die Gott dem Menschen in Jesus Christus gewährt. Ihnen entsprechen die einzelnen Aktionen, die sich gemäss 1Thess 2,12 am Verhalten orientieren, das für sämtliche Glieder der Gemeinde gilt. Die heranwachsenden

298 Siehe ThWNT IV, S. 517, Z. 17–18.
299 Beachte auch Apg 20,26; 26,22.

Kinder nehmen daran Anteil. Das erzieherische Handeln wird deshalb jede Massnahme vermeiden, die dem Kind die Zugehörigkeit zu Gott verdunkelt. Übereinstimmend mit der Aussage von Eph 6,4 übt somit ein Vater nach dem Verständnis von 1Thess 2,12 die «Erziehung des Herrn» aus.

Was aber für den Vater gilt, trifft auch für die Mutter zu. Ihre Beziehung zum Kind ist in nicht geringerem Mass von Zuneigung und Liebe geprägt, wie die Verben ὁμείρεσθαι («hegen») und θάλπειν («pflegen») in 1Thess 2,7 verraten.[300] Die hingebungsvolle und fürsorgerliche Zuwendung zum Kind ist somit für Paulus ein grundlegendes Merkmal beider Eltern, wie auch seine Bemerkung «Nicht müssen die Kinder für die Eltern Schätze sammeln, sondern die Eltern für die Kinder» bestätigt (2Kor 12,14). Ihre erzieherischen Funktionen lassen sich übrigens nicht säuberlich trennen. Das Verbum τρέφειν, das ein umfassender Ausdruck für das erzieherische Handeln ist, bezeichnet dementsprechend nicht nur eine mütterliche, sondern ebenso eine väterliche Aktion.[301] Und es sind sowohl der Vater als auch die Mutter, die, wie aus Spr 1,8 und 6,20 hervorgeht, gemeinsam ihre Kinder über das richtige Verhalten orientieren. Weil jedoch beide in der Erziehung eine gemeinsame Funktion ausüben, ist auch die gegenseitige Stellvertretung jederzeit möglich.

3. Das Ende von Rute und Geissel als Symbole der Erziehung im Neuen Testament

Ihre Bedeutung im Alten und Neuen Testament

Im Buch der Sprüche, in den Psalmen und der Weisheit Salomos sowie bei Jesus Sirach gelten Rute und Geissel als legitime Erziehungsmittel. Sie sind gleichsam ein Zeichen des erzieherischen Willens. Spr 13,24 bekräftigt dies mit den Worten. «Wer seinen Stock schont, hasst seinen Sohn, wer ihn aber liebt, kümmert sich um seine Erziehung.» Und Sir 22,6 trägt sogar keine Bedenken, zu betonen, dass Züchtigungen (μάστιγες) und Erziehung (παιδεία) in jedem Augenblick Weisheit sind. Wer also zur Rute greift, bekundet damit, dass er sich um die Erziehung seines Kindes bemüht und es vor Verfehlung und Schaden bewahren will. Spr 22,15 spricht von der Rute der Erziehung oder Unterweisung (שֵׁבֶט מוּסָר), welche die Unvernunft im Herzen des Knaben vertreiben

---

300 Siehe die Ausführungen auf Seite 132.

301 Für die Mutter: Lk 23,29. Für den Vater: Mt 6,26 und in Eph 6,4, dort jedoch mit dem Kompositum ἐκτρέφειν.

wird. In der törichten Selbstüberschätzung seiner Kräfte und Fähigkeiten werden ihre Schläge mithelfen, ihn zu einem besonnenen Verhalten zu führen. Denn indem sie seinen Hochmut und Trotz vertreiben, wird er seine Möglichkeiten richtig einschätzen und ihnen gemäss urteilen und handeln. Die Demütigung und Erniedrigung, die dem Kind durch eine solche Erziehung zugefügt werden, sind gelegentlich hart. Doch es ist die Liebe zu ihm, die Eltern dazu führt, zu solchen Mitteln zu greifen. Sie orientiert sich am erzieherischen Handeln Gottes, von dem es in Spr 3,12 heisst: «Wen der Herr liebt, erzieht er. Er geisselt aber jeden Sohn, den er annimmt.»[302]

Schläge mit Rute und Geissel gelten heute nicht mehr als ein allgemein anerkanntes Erziehungsmittel. Somit drängt sich die Frage auf, inwiefern die diesbezüglichen Aussagen im Buch der Sprüche und anderswo im Alten Testament noch Anerkennung beanspruchen dürfen. Man wird sich bei dieser Gelegenheit daran erinnern, dass Rute, Stock und Geissel als ein Ausdruck des Zorns gelten,[303] der sich gemäss den neutestamentlichen Aussagen allzu leicht mit der Sünde verbindet, die das Unheil und Verderben fördert. Dementsprechend bemerkt Jak 1,20: «Der Zorn eines Mannes schafft die Gerechtigkeit Gottes nicht.» Und dieser heillose Zorn droht bei der erzieherischen Anwendung von Rute und Geissel die Oberhand zu gewinnen und nicht die Gerechtigkeit, sondern die Rache zu fördern.[304]

Bemerkenswert ist nun aber, dass Paulus im Anschluss an seine Warnung an die Römer «Rächt euch nicht selbst, Geliebte, sondern gebt Raum dem Zorn Gottes» (Röm 12,19), die Ermahnung ausspricht: «Wenn dein Feind hungert, speise ihn, wenn er dürstet, tränke ihn. Denn indem du dies tust, wirst du feurige Kohlen auf sein Haupt sammeln.»[305] Feurige Kohlen auf das Haupt des Feindes sind ein Bild für ein göttliches Strafgericht.[306] Es will in Röm 12,20 darauf hinweisen, dass die Aktion, die gegenüber dem Feind angemessen ist, nicht darin besteht, ihn in seiner Not zu drangsalieren oder ihm sogar den Todesstoss zu versetzen, sondern ihn zu speisen und zu tränken, d. h. ihn am Leben zu erhalten. Es ist das Strafgericht der Liebe, das nicht nieder-

---

302 Übersetzung gemäss dem Text der LXX.

303 Jes 10,5 spricht vom «Stock meines Zorns» und «der Rute meines Grimms».

304 Zum menschlichen Zorn siehe die Ausführungen auf Seiten 27–28 und 126–127.

305 Röm 12,20: Es handelt sich um ein Zitat aus Spr 25,21–22.

306 Siehe Ps 140,11: «Er (Gott) lasse feurige Kohlen auf sie regnen; er lasse sie in Gruben fallen; nicht werden sie aufstehen.»

schlägt, sondern aufrichtet. Aus dem Feind wird der Freund. Jener muss sterben, damit dieser lebe. Eine rabbinische Auslegung zu Spr 25,21 erläutert: «Denn glühende Kohlen scharrst du auf sein (des Feindes) Haupt, und Gott wird ihn dir übergeben oder: er wird ihn dir zum Freunde machen.»[307]

Im Blick auf das heranwachsende Kind bedeutet dies, dass der Gebrauch von Rute und Geissel nicht zu einem üblichen Mittel der Erziehung werden darf. Ihre Anwendung gleicht nämlich einer rächenden Zorngebärde. Eine der ersten und wichtigsten Aufgabe bei der Erziehung besteht jedoch darin, dass das Kind die Liebe, Freundlichkeit und Güte seiner Eltern wahrnehme. Ihre Gegenwart soll es nicht an Drohung und Demütigung erinnern, sondern ihm zur Ermunterung und Hilfe werden.

Gemäss der paulinischen Voraussetzung gilt, dass der Zorn Gottes, der den Menschen wegen seiner Sünden trifft, durch das von Jesus Christus vollbrachte Sühnopfer weggenommen wird. «Die Strafe für unsern Frieden ist auf ihm», schreibt Deuterojesaja über den Gottesknecht (Jes 53,5b), den die neutestamentlichen Schriftsteller in Jesus Christus erkennen. Dementsprechend folgert Paulus in Röm 5,9: «Um so viel mehr wir nun durch Christi Blut gerecht gesprochen worden sind, werden wir durch ihn vor dem Zorn gerettet werden.»[308] Gott fällt sein Urteil über den sündigen Menschen und er verurteilt ihn nicht endgültig und unwiderruflich. Sondern durch seine errettende Gnade wird er vielmehr zu guten Werken instand gesetzt und kann wegen seiner Verfehlungen nicht verdammt werden. Darum spricht Jesus der Ehebrecherin die Worte zu: «Ich verurteile dich nicht», und dies im Gegensatz zu den Schriftgelehrten und Pharisäern, die gemäss dem mosaischen Gesetz ihren Tod forderten (Joh 8,1–11).

Dies gilt auch angesichts der Verfehlungen, in die ein Kind unweigerlich gerät. Wird es davon heimgesucht, soll es in der Gewissheit leben, dass es von den Eltern nicht über die Massen gestraft, sondern in ihnen Helfer findet, die den Schaden, den es angerichtet hat, beseitigen, ihm die Schuld, in die es geraten ist, verzeihen und ihm in seiner Schwachheit beistehen, damit es zukünftig vor bösen Verfehlungen bewahrt bleibe. Es lebt ja nicht mehr unter dem Zorn, sondern unter der Gnade. Deshalb dürfen seine Eltern bei seinem Versagen ihm nicht als Rächer, sondern müssen ihm als Freunde entgegentreten. Dafür sind jedoch

---

307 Strack III, S. 302. Zur Auslegung von Röm 12,20 siehe Michel 1955, S. 278–279.

308 Paulus bestätigt dies in 1Thess 1,10b: «Jesus, der uns errettet vor dem kommenden Zorn».

körperliche Strafen nicht das geeignete Mittel, weil sie es an Hass anstatt an Liebe erinnern und seinen Trotz und seine Feindschaft erwecken.

Allerdings sind Eltern immer wieder mit der Bosheit, der Hinterlist und der Widerspenstigkeit ihres Kindes konfrontiert. «Denn das Streben des menschlichen Herzens ist böse von seiner Jugend an» (Gen 8,21b). Eltern, die diese Tatsache ignorieren und sie im blinden Vertrauen auf eine vermeintliche kindliche Unschuld leichtfertig missachten, erwarten schlimme Enttäuschungen. Eine kluge Erziehung wird deshalb das Aufwachen und Erstarken böswilliger Bestrebungen verhindern, indem sie ihnen entschlossen entgegentritt. Sie wird sich dabei allerdings nicht vom verständnisvollen und liebevollen Umgang mit dem Kind abdrängen lassen, es jedoch in jeder Hinsicht zur Wahrhaftigkeit und Aufrichtigkeit anleiten. Dies gelingt Eltern umso besser, wenn sie sich selbst darin üben und bewähren.

Die Rute in 1Kor 4,21 als Gegensatz zur Liebe und zum Geist der Sanftmut

Anordnungen, welche elterliche Erziehung mit der Rute fordern, wie sie sich in den alttestamentlichen Schriften finden, kennt das Neue Testament nicht. Der Grund scheint darin zu bestehen, dass der Zorn Gottes den Menschen nicht endgültig und unwiderruflich trifft, weil er unter der Herrschaft der Gnade lebt. Rute und Geissel können somit nicht mehr als Symbole der Erziehung gelten.[309] Als einziger neutestamentlicher Schriftsteller droht nun allerdings Paulus angesichts der Wirren in der korinthischen Gemeinde mit der Rute, obwohl er mit Vehemenz den Vorrang der göttlichen Gnade verficht. Aber Rute und Stock gelten für ihn nicht als ein reguläres Erziehungsmittel, sondern als die Ausnahme, welche die Gnade nicht verdrängen, sondern aufrichten will. So schreibt er an seine Briefempfänger:

> «Was wollt ihr? Soll ich mit der Rute zu euch kommen oder in Liebe und im Geist der Sanftmut?» (1Kor 4,21)

Anlass zu dieser Äusserung geben ihm die aufgeblähten Lehrer und Verkündiger, die seine apostolische Autorität anfechten. Im Schlussabschnitt seiner ausführlichen Darlegung zu seiner Verkündigung des Evangeliums in 1Kor 1,10–4,21 erwähnt er deren falsche Behauptung,

---

[309] Hebr 12,9 nennt zwar die Väter «Erzieher» (παιδευταί) und V 10 spricht von ihrem «erziehen» (παιδεύειν), kennt aber keinen Aufruf zum Gebrauch der Rute.

dass er als gegenwärtig Abwesender zukünftig nicht mehr in Korinth erscheinen werde, um seinen Einfluss geltend zu machen. Dagegen erwidert er: «Ich werde aber schnell zu euch kommen, wenn der Herr will.» Und hinsichtlich dieser angekündigten Begegnung mit seinen Widersachern bemerkt er, dass er nicht auf ihre Rede, sondern auf ihre Kraft achten werde (1Kor 4,19). Er will nicht ihre hochfahrenden Worte hören, sondern ihre Taten sehen. Als Apostel und Begründer dieser Gemeinde ist er mit Recht um deren guten Zustand besorgt. Er ist dies vor allem als ihr Vater, als den er sich bezeichnet, «denn in Christus Jesus habe ich euch durch das Evangelium gezeugt» (1Kor 4,15b). Und in dieser Stellung und Funktion ist er auch bereit, zur Rute, d. h. zu einem harten Zuchtmittel zu greifen. Paulus weiss, dass er damit im Gegensatz zu seinem üblichen Verhalten seine väterliche Liebe verbirgt. Doch er vermag dem Hochmut und der Überheblichkeit seiner Gegner nur mit einer schmerzlichen Blossstellung und Demütigung beizukommen, die einer Züchtigung mit der Rute gleichen. Er handelt damit nicht gegen seinen apostolischen Auftrag. Dieser verbietet ihm nämlich, bei den Verkündigern des Evangeliums ein anmassendes Auftreten zu dulden. Über sich selbst berichtet er ja: «Und ich kam in Schwachheit und in Furcht und viel Zittern zu euch, und meine Rede und meine Verkündigung bestand nicht in überredenden Weisheitsworten, sondern in Erweisung von Geist und Kraft, damit euer Glaube nicht in der Weisheit der Menschen, sondern in der Kraft Gottes bestehe» (1Kor 2,3–5). Doch diese Verpflichtung auf das Evangelium, die seine Tätigkeit prägt, hat er bei seinen Gegnern nicht gefunden. Deshalb musste er ihrem selbstgefälligen und verführerischen Gebaren, das die Einheit der Gemeinde zerstörte, entgegentreten. Und weil seine Ermahnungen und Zurechtweisungen, seine Liebe und Sanftmut möglicherweise nichts fruchten werden, denkt er daran, hart durchzugreifen. Eine schwere Züchtigung seiner Gemeinde könnte bevorstehen. Wie sie aussehen soll, wird jedoch nicht ausgeführt.[310]

Wenn Paulus bei dieser Gelegenheit von der Rute spricht, befürwortet er keine rachsüchtige Vergeltung. Wie könnte er sonst die römische Gemeinde zur Feindesliebe ermahnen (Röm 12,20–21). Und die Worte: «Werden wir geschmäht, so segnen wir, werden wir verfolgt, so dulden wir, werden wir gelästert, so trösten wir», die er kurz vorher in seinem Brief an die Korinther richtete (1Kor 4,12b–13a), weisen darauf hin, dass er nicht die Absicht kennt, Unrecht mit derselben Münze

[310] Weiss 1977, S. 122, denkt an eine Strafpredigt oder Disziplinarmassnahme sowie an den Ausschluss der Rädelsführer.

heimzuzahlen. Aber er darf eine schnöde Ablehnung der Liebe und Sanftmut, mit denen er seine Gegner zum Gehorsam gegenüber dem Evangelium führen will, nicht dulden. Seine Frage, «Soll ich mit der Rute zu euch kommen oder in Liebe und im Geist der Sanftmut?» hält den Korinthern vor Augen, was nun auf dem Spiel steht. Paulus sucht nicht zuerst die harte Massregelung, sondern die Liebe und Milde. Er will keinesfalls Feind, sondern Freund sein. Wenn er jedoch gezwungen wird, zur Rute zu greifen, d. h. ausserordentliche Härte zu üben, besteht das Ziel dieser Aktion in der Aufrichtung und Erhaltung der rechtmässigen und wahrhaftigen Verkündigung, die von etlichen frech missachtet wird. Seine Strenge und Härte sind in diesem Fall der Ausdruck jenes Zorns, der dem göttlichen Willen untergeordnet ist, der nicht Hass und Vernichtung sucht, sondern der heilsamen, aber verschmähten Ordnung zum Recht verhilft. Paulus handelt damit in Übereinstimmung mit Spr 3,12: «Denn wen der Herr liebt, den weist er zurecht, wie ein Vater den Sohn, an dem er Gefallen hat.»

Die Aussage in 1Kor 4,21 zeigt, dass die Rute als Erziehungsmittel nicht endgültig ausgedient hat. Trotz seines berechtigten Vorbehalts gegenüber dem menschlichen Zorn,[311] den er mit andern neutestamentlichen Schriftstellern teilt, sind für ihn harte Strafen, die die Liebe und Güte des Erziehers für etliche Augenblicke unerkennbar machen, unvermeidlich. Denn er steht nun Gegnern gegenüber, deren schändliches Benehmen er durch Liebe und Güte nicht mindert oder beseitigt, sondern begünstigt. Nur noch ein hartes und unnachgiebiges Vorgehen kann ihrem Unfug wehren. Ihre Eitelkeit, Hinterlist und Bosheit muss schonungslos blossgestellt werden, damit ihre Nichtigkeit unverhüllt an den Tag trete und das Recht der Liebe und Sanftmut erneut aufgerichtet werde. Es ist allerdings ein «opus alienum»,[312] das einem Zorngericht gleicht. Doch die wuchernde Sünde, welche diese Menschen in Bann hält, erfordert eine solche Massnahme, damit der versöhnende Geist des Evangeliums in unverhullter Klarheit hervortrete.

Keine Strafe ohne den Vorrang der Gnade vor dem Zorn

Paulus deutet an, dass sich ein Vater nicht vor einer harten erzieherischen Aktion scheuen darf. Allerdings ist es ihm nicht erlaubt, mit einer derartigen Strafe an seinem Kind Rache zu üben. Denn dies bringt keine

---

311 Siehe Röm 12,19: «Rächt euch nicht selbst, Geliebte, sondern gebt Raum dem Zorn Gottes, denn es ist geschrieben: Mir ist die Rache, ich werde vergelten, sagt der Herr.»

312 Siehe Conzelmann 1969, S. 113.

Besserung, sondern schürt das Feuer der Widerspenstigkeit und Empörung. Dem Kind soll vielmehr eindrücklich vor Augen gestellt werden, dass es nicht berechtigt ist, durch ein widriges Verhalten seine Eltern zu schikanieren und den familiären und häuslichen Frieden zu zerstören. Seinem bösen Begehren muss eine Grenze gesetzt werden, die es nicht überschreiten darf, auch wenn die strafende Massnahme für einige Augenblicke keine Spur von Liebe und Sanftmut verrät. Paulus nennt als Zuchtmittel die Rute. In der Gegenwart steht es Eltern und Erziehern allerdings nicht mehr ohne weiteres zu, dem Ungehorsam und der Respektlosigkeit ihres Kindes bedenkenlos mit einer Körperstrafe entgegenzutreten. Aber dennoch sind sie gelegentlich genötigt, mit Schärfe dem kindlichen Unfug Einhalt zu gebieten. Wagen sie es nicht, vermitteln sie den Eindruck von Unentschlossenheit und Schwäche, die das drohende Übel nicht ausrotten, sondern fördern. Anstelle von körperlicher Züchtigung gibt es jedoch Strafen, die dem Kind ohne die Gefahr rachsüchtiger Erniedrigung die fatalen Folgen seines verkehrten Verhaltens bewusst machen. Zum Beispiel den Ausschluss für etliche Stunden oder Tage aus seiner Familie oder seinem Lebenskreis. Diese Isolierung erinnert es an die einzigartigen Vorteile, die es in der Mitte seiner Eltern und Geschwister geniesst und die es zu seinem eigenen Schaden verlieren müsste.

Das massgebliche Kriterium bei der Handhabung einer harten, aber unausweichlichen Strafe besteht darin, dass sie niemals zur Vernichtung, sondern zur Gnade führt. Deshalb muss sie in der Absicht erfolgen, dem Kind eine verheissungsvolle Lebensmöglichkeit zu eröffnen. Sie ist ja die Verwirklichung einer Erziehung, die sich am göttlichen Handeln orientiert. Gottes Zorn, der sich der Sünde entgegenstellt und sie beseitigt, währt aber nur einen kurzen Augenblick, um alsbald seinem Wohlgefallen Platz zu machen (Ps 30,6).[313] Gott hadert nicht immer und verharrt nicht im Zorn (Ps 103,9). Seine Gnade und sein Erbarmen verzeihen die Schuld und vertilgen den Schuldner nicht (Ps 78,38). Innerhalb dieser Perspektive muss auch eine harte Strafe erfolgen, damit sie ihrer Bitterkeit zum Trotz gute Früchte bringe. Daran hält sich ebenso Paulus, wenn er den in 1Kor 5,1–5 erwähnten Unzüchtigen zum «Verderben des Fleisches» dem Satan übergibt und damit seine Bosheit schonungslos blossstellt und verurteilt, jedoch mit der Absicht, dass «der Geist gerettet werde am Tage des Herrn». Ähnliches bemerkt 1Tim 1,20 über Hymenäus und Alexander, die dem

313 Siehe ebenfalls Jes 54,8: «Im Aufwallen des Zorns verbarg ich einen Augenblick mein Angesicht vor dir, aber mit ewiger Güte habe ich mich über dich erbarmt.»

Satan übergeben wurden, damit sie erzogen werden, nicht mehr zu lästern.

Diesen Aspekt haben in der Vergangenheit auch kirchliche Lehrer, welche die Körperstrafe noch unangefochten befürworteten, hervorgehoben. Martin Luther wird der Ausspruch zugeschrieben, dass neben der Rute der Apfel bereitliegen soll. Das heisst, das Kind soll in seinen Erziehern nicht nur den Feind und Peiniger, sondern den Freund und Helfer erkennen, der ihm trotz der augenblicklichen Erbitterung wohltun will. Vor einem masslosen Gebrauch der Rute warnt auch Heinrich Bullinger.[314] Solange Worte der Ermahnung und des Zuspruchs ausreichen, sind Schläge zu vermeiden. Und wenn sie erfolgen, was jedoch nur bei schweren Strafen zulässig ist, dürfen sie nicht Gewalttätigkeit und Rachegelüste fördern, sondern müssen Einsicht, Vertrauen und Besserung ermöglichen. Ihre Notwendigkeit erklärt Bullinger allein damit, dass es Kinder gebe, die ohne scharfe Züchtigungen nichts ausrichten, sondern im stetigen Ungehorsam verharren, indessen andere durch freundliche Güte und einsichtigen Rat gewonnen werden.

4. Gerechtigkeit und Friedfertigkeit als unentbehrliche Voraussetzung zur Vermeidung der Körperstrafe – Warnung vor verletzender Rede

Harte erzieherische Massnahmen, wie die Körperstrafen es sind, werden in einer Umgebung, in der die Eltern ihren Kindern ihre dauernde Zuneigung und Fürsorge bekunden, äusserst selten sein und meistens ganz dahinfallen. Wenn sie nämlich bestrebt sind, ihnen angesichts der Fehler, Verirrungen und Bosheiten, in die sie unweigerlich geraten, mit ihrer Ermahnung und Vergebung den richtigen Weg zu weisen, und wenn das Haus, das sie mit ihnen bewohnen, ein Ort der Gerechtigkeit und des Friedens ist, wird die Rute von selbst überflüssig werden. Sogar schwierige Situationen lassen sich ohne ihren Einsatz besser und wirksamer bewältigen. Denn die Kinder werden erkennen, dass das elterliche Wort, das sie leitet und führt, vertrauenswürdig ist. Deshalb werden sie sich ihm nicht dauernd widersetzen, sondern zur Gewissheit gelangen, dass sie ihm zu ihrem eigenen Nutzen folgen können. Fehlt jedoch diese Voraussetzung, reagieren die Eltern ihrerseits auf den Widerstand der Kinder mit Zorn, der sie bald nach der Rute oder ähnlichen harten Zuchtmitteln greifen lässt. Aber es ist jener Zorn, von dem Jak 1,20 schreibt,

[314] Bullinger 2004, 1. Band, S. 553–554.

dass er keine Gerechtigkeit schafft, sondern gegenseitige Empörung, Bitterkeit und Feindschaft erregt.

Schliesslich ist aber zu bedenken, dass der überbordende menschliche Zorn ebenso und weit häufiger seinen Ausdruck in despektierlichen und giftigen Schimpf- und Schmähreden findet, die meistens weit schlimmeres Unheil anrichten. Mit Recht spricht Sir 26,6b von der Geissel der Zunge und Sir 28,17 erwähnt, dass der Hieb der Geissel Striemen hervorbringt, der Hieb der Zunge aber Knochen zerbricht. Denn die Zunge kann zum scharfen Schwert und ihre bittern Worte zu Pfeilen werden (Ps 64,4). Tadelnde und demütigende Reden von Eltern und Erziehern, besonders wenn sie von einer penetranten Selbstgerechtigkeit geprägt sind, erregen nicht nur Missmut und Traurigkeit, sondern erzeugen jenen Hass, der nach Rache ruft. Die Verbannung der Rute aus den Familien und Schulräumen schafft noch keine absolute Sicherheit, dass Demütigung und Erniedrigung ein Ende finden. Nur die respektvolle Haltung, die die Kinder als Geschöpfe Gottes betrachtet, ermöglicht die Liebe, die sogar die böse Zunge zähmen kann.

VIII Männer, Frauen und Witwen in der christlichen Gemeinde als dem Haus Gottes (1Tim 5,1–16)

3. Vom Umgang des Timotheus mit fehlbaren Männern und Frauen

«1 Einen ältern Mann fahre nicht an, sondern ermahne ihn wie einen Vater, jüngere wie Brüder, 2 ältere Frauen wie Mütter, jüngere wie Schwestern mit aller Heiligkeit.» (1Tim 5,1–2)

Die christliche Gemeinde gilt als Haus Gottes. Ihre Angehörigen sind somit als Familienglieder zu betrachten. Auf dieser Grundlage beruht der Umgang des Timotheus mit den fehlbaren Gemeindegliedern. Dementsprechend vernimmt er die Anweisung, mit ältern und jüngern Männern und Frauen nicht unangemessen zu verfahren, sondern sie wie Vater und Mutter oder wie Bruder und Schwester zu ermahnen. Deshalb setzt 1Tim 5,1 dem neutestamentlichen Hapaxlegomenon ἐπιπλήσσειν das Verbum παρακαλεῖν gegenüber, das eine der im Neuen Testament üblichen Bezeichnung für die Ermahnung und Zurechtweisung des Nächsten ist.

Ἐπιπλήσσειν bedeutet «losschlagen, daraufschlagen, zuschlagen» und in übertragener Bedeutung «anfahren, schelten, zum Vorwurf machen».[315] Es beschreibt im vorliegenden Fall eine Aktion, die den Fehlbaren nicht zurechtweisen, sondern durch Losschlagen oder Zuschlagen erledigen will. Sie ist nicht bestrebt, ihn auf den richtigen Weg zu führen, sondern niederzuwerfen, mundtot zu machen oder sogar zu eliminieren. Und dies steht im Gegensatz zu dem für Timotheus geforderten παρακαλεῖν, das üblicherweise mit «ermahnen, ermuntern, auffordern» übersetzt wird. Der Fehlbare wird damit zu einer Tat aufgerufen, die ihn aus seinem Irrtum befreit.[316] Der ihn zurecht weist, will nicht sein Totschläger, sondern sein Helfer sein. Er betrachtet ihn nicht als seinen Feind, sondern als einen seiner nächsten Angehörigen, dem er mit seinem Tadel zugleich seine Sympathie, sein Wohlwollen und seine Liebe erweist. Er zeigt sich als Gefährte und Mitleidender, der sein Verhalten demjenigen eines Vaters gleichsetzt und die von ihm Ermahnten wie seine Hausgenossen betrachtet.

---

315 Siehe Menge 1991, S. 272.

316 Siehe Seiten 133–134.

Diese Ermahnungen des Timotheus, die er als Vorsteher den fehlbaren Gliedern seiner Gemeinde schuldig ist, sollen «in aller Heiligkeit» (ἐν πάσῃ ἁγνείᾳ) erfolgen. Ἁγνεία ist in 1Tim 4,12 ein Leitbegriff für die Amtsführung.[317] Achtet man auf die alttestamentliche Bedeutung, so bezeichnet es in 2Chr 30,19 die kultische Reinheit,[318] die den Zutritt zum Heiligtum gewährt und bei den Glaubenden ein Merkmal der Gottesfurcht ist. Die Heiligkeit, die Timotheus bei seinen disziplinarischen Massnahmen einzuhalten hat, verbietet ihm ein eigenmächtiges, gewalttätiges, aber auch nachlässiges Verhalten gegenüber den Fehlbaren. Sie sind ja Glieder einer Gemeinde, die als das Haus Gottes gilt. Timotheus soll ihnen die errettende Gnade bezeugen, die sie nicht unbarmherzig verurteilt, sondern zu einer besonnenen, gerechten und gottesfürchtigen Lebensführung anleitet (Tit 2,11–12).

2. Die Anweisungen zum Umgang des Timotheus mit den Witwen

Die Situation der Witwen gemäss alttestamentlichen und neutestamentlichen Aussagen

Die kurze Anweisung an Timotheus zum angemessenen Umgang mit den Männern und Frauen in der Gemeinde wird von einer längeren Darlegung über die Witwen abgelöst (1Tim 5,3–16). Die Ausführungen zu diesem Thema greifen ein Problem auf, das nicht nur in den damaligen Kirchen, sondern in der gesamten antiken Welt anzutreffen war. Es gab viele junge Frauen, die verwitwet waren und für deren Unterhalt eine geregelte Fürsorge fehlte, so dass sie vielfach unzähligen Belastungen und Entbehrungen ausgesetzt waren.

Das Geschick der Witwe galt allgemein als bedauerlich.[319] Jes 54,4 spricht von der Schmach der Witwenschaft. Jes 10,2, Ez 22,7 und Hiob 24,3 klagen über Ausbeutung und Unterdruckung von Witwen. Deren schlimmste Bedrängnis war die Rechtlosigkeit, die sie wehrlos den gewalttätigen und hinterlistigen Machenschaften der Mächtigen aussetzte. Gleichzeitig mit dieser Klage erfolgte der Vorwurf gegen die Obern, die der Not dieser Frauen nicht entgegengetreten sind. In diesen alttestamentlichen Aussagen spiegelt sich jedoch eine Tatsache wider, die auch in der Umwelt Israels zu finden war. Konnte eine Witwe nicht in ihre ursprüngliche Familie zu-

---

317 Neben «Wort, Lebensführung, Liebe, Glaube» (λόγος, ἀναστροφή, ἀγάπη, πίστις).

318 Ἁγνεία ist Äquivalent des hebräischen טָהֳרָה.

319 Siehe dazu ThWNT IX, S. 428 ff.

rückkehren, war ihr bei den Angehörigen ihres verstorbenen Mannes oft eine demütigende Stellung vorbehalten. Sie gehörte zu den sozial, wirtschaftlich und rechtlich Benachteiligten und wurde mitunter als Schuldsklavin verkauft.

Diesem bösen Los zum Trotz halten alttestamentliche Aussagen fest, dass Gott der Helfer der Witwen ist (Ps 146,9). Er schafft ihnen Recht (Dtn 10,18; Ps 68,6). Das Unrecht gegen sie steht sogar unter dem ius talionis (Ex 22,21–24). Deshalb ist Rücksicht und Fürsorge für die Witwen geboten und verheissungsvoll (Jer 7,5–7). Dies zeigen neben prophetischen Aussagen vor allem einzelne Gesetze des Deuteronomiums. Sie fordern für sie den Anteil am Zehnten (Dtn 14,28–29; 26,12–13) und verordnen, dass ihr Kleid unverpfändbar sei und ihr die Nachlese auf dem Acker, am Ölbaum und im Weinberg zukomme (Dtn 24,17.19–21). Das spätere Judentum hat an diesen Bestimmungen festgehalten. Gott ist der Hort der Witwen. Er übersieht und verachtet sie nicht. Sir 35,17 erinnert daran mit den Worten: «Er (Gott) verwirft das Rufen der Waise nicht, noch die Witwe, wenn sie ihre Klage ausschüttet.» Solche Fürsorge bestätigt ebenso Spr 15,25: «Das Haus der Stolzen reisst der Herr nieder, aber er sichert die Grenze der Witwe.» Und die Witwenfreundlichkeit spiegelt sich in verschiedenen Gesetzen und Praktiken wider. Die Witwe erhält Anteil an der Kriegsbeute (2Makk 8,28). Sie darf ihr Geld im Tempel verwahren (2Makk 3,10; Josephus 1982, 6,282). Slav. Henoch 42,9 nennt denjenigen glücklich, der gerechtes Gericht für die Waise und die Witwe spricht. Und die Rechtshilfe zu ihren Gunsten gehört nach Strack 1969, IV, S. 559 ff, zu den Werken der Barmherzigkeit.

Jesus nahm die alttestamentlichen Anklagen gegen das Unrecht, das Witwen angetan wurde, erneut auf. Gegenüber den Schriftgelehrten erhob er den Vorwurf: «sie, die die Häuser der Witwen aufzehren und zum Schein lange Gebete beten» (Mk 12,40; Lk 20,47). Ihre Hilfeleistungen für die Benachteiligten, zu denen sie verpflichtet waren, missbrauchten sie zu ihrem eigenen Vorteil und wurden damit zu Ausbeutern derjenigen, die sie zu schützen hatten. Und die folgende Perikope spricht einer Witwe die grössere Opferwilligkeit zu als den Reichen (Mk 12,41–44; Lk 21,1–4). Obwohl selbst der Barmherzigkeit bedürftig, übt sie am meisten Barmherzigkeit. Auch gibt die lukanische Sonderüberlieferung im Gleichnis vom ungerechten Richter einen Hinweis auf die damalige Geringschätzung und Rechtlosigkeit einer Witwe (Lk 18,1–8). Dass aber Gottes Beistand besonders den leidenden Witwen gilt, zeigt die Geschichte der Totenauferweckung von Nain (Lk 7,11–17), und der Bericht über die Prophetin Hanna verrät, wie hoch eine Witwe geschätzt wird, die während langer Jahrzehnte in ihrem Stand verharrte (Lk 2,36–38).

Das Bild der Witwe, das die alt- und neutestamentlichen Schriften vermitteln, zeigt die Merkmale eines Menschen, der offensichtlich der göttlichen und menschlichen Zuwendung bedarf. Die Witwe kann aber in der Gewissheit leben, dass Gott, der sich der Notleidenden und Bedrängten annimmt, um ihre Armut weiss und ihr die unentbehrliche Hilfe gewährt. Ihre Existenz ist zugleich der Appell an die christliche Gemeinde, ihre Bedürftigkeit nicht zu übersehen und nicht Hand zu ihrer Ausbeutung zu bieten, sondern ihr in ihrer Mitte Daseinsrecht und Schutz zu verschaffen. Dies zeigt sich im Bericht über die Witwenspeisungen in Jerusalem (Apg 6,1) sowie in den Liebestaten der Tabitha in Joppe (Apg 9,39a). Und der Jakobusbrief schärft seinen Lesern ein, dass die wahrhaftige Gottesverehrung die Aufmerksameit für Witwen und Waisen einschliesst (Jak 1,27).

Das Verhalten von Witwen gegenüber dem eigenen Haus

> «3 Achte Witwen, die wirklich Witwen sind. 4 Wenn aber eine Witwe Kinder oder Enkel hat, sollen sie zuerst lernen, dem eigenen Haus Ehre zu erweisen und den Vorfahren Vergeltung zu erstatten. Denn das ist vor Gott angenehm. 8 Wenn aber einer für die Seinigen und hauptsächlich die Hausgenossen nicht sorgt, hat er den Glauben verleugnet und ist schlimmer als ein Ungläubiger.» (1Tim 5,3–4.8)

V 3 nennt als das wesentliche Anliegen, das in der Verordnung von 1Tim 5,3–16 geregelt wird, dass Timotheus den wirklichen oder einsamen Witwen Ehre erweise. Ihnen gelte sein hauptsächliches Interesse. Das Verbum ehren – griechisch τιμᾶν – bezeichnet aber nicht nur die Hochachtung und Anerkennung, die ihnen entgegengebracht werden soll, sondern schliesst zugleich die materielle und finanzielle Unterstützung zu ihren Gunsten ein.[320] Wer die übrigen Witwen sind, schildern die Aussagen in V 4. Im Gegensatz zu den wirklichen Witwen verbringen sie ihr Leben in der Mitte ihrer Kinder und Enkel. Sie haben somit weder einen Anlass noch ein Recht, sich um die Aufnahme im Kreis der wirklichen Witwen zu bemühen und dort Unterstützung durch die Gemeinde zu fordern. Sondern sie sollen an ihrem Ort und bei ihrer Aufgabe verbleiben. Denn ihr Lebenskreis ist das eigene Haus und die eigene Familie.

Die Aussage in V 4 ist allerdings zweideutig. Der Singular des Substantivs χήρα («Witwe») und der Plural des Verbums μανθανέτωσαν («sie sollen lernen») weisen auf einen Subjektwechsel hin, der zwei verschie-

---

[320] Siehe Roloff 1988, S. 287: als spezifischer Terminus technicus «besolden, ein Honorar zahlen».

dene Interpretationen ermöglicht. Nach der ersten Version werden Kinder und Enkel aufgefordert, ihren Eltern und Grosseltern als ihren Vorfahren durch ihre Unterstützung Dank abzustatten und damit ihrem Haus und ihrer Familie Ehre zu erweisen. «Kinder und Enkel» sind bei dieser Version das Subjekt des Verbums «lernen». Sie gelten als Ernährer ihrer verwitweten Mutter oder Grossmutter und sollen sich ihnen gegenüber in der ihnen angemessenen Fürsorgepflicht bewähren.

Nach der zweiten Version findet kein Subjektwechsel statt. Sondern das Subjekt des Verbums «lernen» sind die Witwen.[321] Sie haben die Pflicht, sich um ihr Haus mit den Kindern und Enkeln zu sorgen. Die Vokabel «zuerst» (πρῶτον) betont, dass sie dies in erster Linie lernen und sich darin üben, solange ihnen die erforderlichen Mittel zur Verfügung stehen. So erstatten sie ihren Vorfahren den ihnen zukommenden Dank. Das griechische πρόγονοι («Vorfahren») bezeichnet nicht die noch lebenden Mütter und Grossmütter, wie dies die erste Version annimmt, sondern die bereits verstorbenen Vorfahren.[322] Und diese Bedeutung unterstützt die Richtigkeit der zweiten Version. Es geht sowohl hier als auch in den übrigen Teilen der Verordnung – eine Ausnahme bildet lediglich der angefügte Schlusssatz (V 16) – um das angemessene Verhalten der Witwen. Dazu gehört ihre Fürsorge für die nächsten Hausgenossen. Denn dies ist Gott angenehm, d. h., es entspricht seinem Willen.[323] Wie sehr dieser Gedanke den Verfasser des Briefes beherrscht, zeigt sich darin, dass er ihn am Schluss seiner Überlegung in V 8 nochmals als allgemeine Verlautbarung wiederholt. Die Fürsorge für die eigenen Hausgenossen ist ein Werk, das aus dem Glauben folgt. Wer sich das Recht herausnimmt, es gering zu achten, verleugnet ihn. Denn der Glaube bindet ihn an das Gebot Gottes, das die Eltern zur Fürsorge an ihren Kindern einsetzt.[324] Wer dies vernachlässigt, ist schlimmer als

---

321 Einen ähnlichen Wechsel vom Singular zum Plural findet man übrigens in 1Tim 2,15.

322 Siehe dazu Menge 1991, S. 582: «Ahnen, Vorfahren»; Bauer 1958, Sp. 1396: «Voreltern, Vorfahren»; Liddell 1996, S. 1473: «forefather, ancestor». Diese Bedeutung findet sich ebenfalls in 2Tim 1,3; Sir 8,4; 2Makk 8,19; 11,25.

323 Siehe ἀπόδεκτος «aufgrund eines göttlichen Willensaktes». ThWNT II, S. 57, Z. 34–44.

324 2Kor 12,14: «denn nicht müssen die Kinder für die Eltern Schätze sammeln, sondern die Eltern für die Kinder».

ein Ungläubiger oder Heide, der aus natürlicher Zuneigung vollbringt, was er seinem eigenen Haus und dessen Bewohnern schuldig ist.[325]

Die wirkliche oder vereinsamte als Gegensatz zur üppig lebenden Witwe

> «5 Die wirkliche und vereinsamte Witwe aber hat auf Gott gehofft und verharrt in den Bitten und Gebeten Nacht und Tag, 6 die üppig lebende aber ist gestorben. 7 Und dies gebiete, damit sie unbescholten seien.» (1Tim 5,5–6)

Der Witwe, die innerhalb ihres Hauses und ihrer Familie lebt und die sich um die Pflege ihrer eigenen Kinder sorgt, wird jene gegenübergestellt, die als wirkliche Witwe bezeichnet und durch den Begriff «vereinsamt» (μεμονωμένη) näher definiert wird (V 5a).[326] Ihr fehlt die eigene Familie, in deren Haus sie ihre Pflicht erfüllt, aber auch Aufenthalt und Auskommen findet. Sie vor allem ist vom bittern Geschick, das Witwen in der damaligen Zeit heimgesucht hat, betroffen. Deshalb bietet sie ein Bild der Verlorenheit und Hilflosigkeit, die sie nicht aus eigenen Kräften fernhalten und überwinden kann. Zum Dasein dieser wirklichen Witwe gehört aber ebenso, dass sie durch «Bitten und Gebete Nacht und Tag»[327] bei Gott Zuflucht sucht. Denn auf ihn als ihren Helfer hat sie ihre Hoffnung gesetzt.[328] Als solche darf sie von der christlichen Gemeinde nicht gering geachtet und übersehen werden, sondern verdient die ihr zukommende Ehre und Unterstützung. Die Gemeinde, die als Haus Gottes gilt, ersetzt ihr das fehlende irdische Haus und bezeugt damit, dass ihre Lebensweise keine aussichtslose und verlorene Existenz ist. Nach einem sinnlosen und dem Tod geweihten Dasein strebt aber die verschwenderische Witwe, die schon als Lebende gestorben ist. Aber dies ist nicht der Weg, den die wirkliche Witwe wählen und einschlagen darf (V 7). Denn ihr ist Besseres verheissen.

---

325 Gemäss Plato gehört die Sorge um das Haus zur Tugend der Frau. Plato 1973–1975, Menon, 71e.

326 Siehe im griechischen Text das καί explicativum.

327 Die Reihenfolge «Nacht und Tag» stammt aus der jüdischen Tradition. Der Tag beginnt mit der Nacht.

328 Siehe: Ps 146,9: «Der Herr hilft ... Waisen und Witwen auf.» Ps 68,6: «Ein Richter der Witwen ist Gott in seiner heiligen Wohnstatt.» Ebenso Dtn 10,18. Sir 35,17: «Er (Gott) verwirft die Witwe nicht, wenn sie ihre Klage ausschüttet.»

Der biblische Gebrauch von σπαταλᾶν (V 6), welches das Verhalten der üppig lebenden Witwe kennzeichnet, kann auch die Missachtung oder Ausbeutung von Armen und Elenden einschliessen, denen lebensnotwendige Güter entzogen werden. Ez 16,49 berichtet über die Schuld Sodoms: «In der Fülle an Brot und im Überfluss an Wein hat es üppig gelebt (ἐσπατάλων), ... aber die Hand des Armen und Elenden hat es nicht festgehalten.» Und Jak 5,4–5a bemerkt über die Reichen: «Ihr habt auf Erden wohllüstig und üppig gelebt (ἐσπαταλήσατε)», doch sie haben den Lohn der Arbeiter, die die Felder mähten, zurückbehalten. Die üppig lebende Witwe, die über finanzielle und materielle Reichtümer verfügt, die sie unter Umständen mit unlautern Machenschaften vermehrt, bildet wohl den schärfsten Gegensatz zur wirklichen Witwe. Auch sie ist in der Antike eine verbreitete Figur. ThWNT IX, S. 443, Anm. 131, berichtet von der leichtfertigen Witwe, die bald nach dem Tod ihres Mannes zu neuen Liebesfreuden übergeht und den toten Gatten bedenkenlos vergisst, indem sie sich den Genüssen des Lebens hingibt.

«9 Als Witwe soll ins Verzeichnis eingetragen werden, die nicht weniger als 60 geworden, Frau eines Mannes, 10 bezeugt durch gute Werke, wenn sie Kinder erzogen hat, Gastfreundlichkeit übte, wenn sie die Füsse der Heiligen gewaschen hat, wenn sie Bedrängten Beistand leistete, wenn sie jedem guten Werk nachgefolgt ist.» (1Tim 5,9–10)

Es gehört zum eigentümlichen Merkmal der hier vorliegenden Witwenverordnung, dass für die durch die Gemeinde unterstützten wirklichen Witwen gültige Anordnungen festgesetzt werden. Sie sind nicht lediglich Almosenempfängerinnen. Denn die Fürsorge, die ihnen zukommt, ist ein Zeichen der Güte Gottes, «der uns alles reichlich zum Nutzen darbietet, um Gutes zu verrichten und durch gute Werke reich zu sein» (1Tim 6,17b–18). Dieser Zweck prägt die einzelnen Bestimmungen, die die Aufnahme solcher Witwen in ein Verzeichnis regeln. Er wird dort zweimal hervorgehoben. Sie ist «durch gute Werke bezeugt» sowie «jedem guten Werk ist sie nachgefolgt». Dies ist die für eine wirkliche Witwe angemessene Verhaltensweise. Sie wird somit ähnlich den Presbytern und den Diakonen zu einem Dienst gerufen und mit einer Aufgabe oder einem Amt betraut, die sie innerhalb der Gemeinde zu versehen hat. Der Begriff zur Bezeichnung dieses Auftrags ist das Verbum καταλέγεσθαι, das die Wahl in eine Körperschaft oder die Einschreibung als Mitglied bezeichnet und auch der Fachausdruck für eine militärische Musterung und Aushebung ist.[329]

---

[329] Siehe Bauer 1958, Sp. 817.

Die für die Auswahl einer Witwe wegleitenden Kriterien sind folgende:

1. Ein Mindestalter von 60 Jahren. Es ist gemäss Strack III, S. 653, der Beginn des Altwerdens[330] und bietet die Gewähr, dass eine Witwe jener Lebensweise und Aufgabe treu bleibt, zu der sie sich gegenüber Christus und der Gemeinde verpflichten will. Eine erneute Heirat ist aufgrund der mit diesem Alter gegebenen Lebenssituation kaum mehr zu erwarten, was die Erfüllung des zu leistenden Gelübdes erleichtert.

2. Die Aussage «Frau eines Mannes» (ἑνὸς ἀνδρὸς γυνή) bedeutet, dass eine Witwe nach dem Tod ihres Mannes keine neue Ehe geschlossen hat, sondern in ihrem Stand verblieben ist. Die Wiederverheiratung einer jungen Witwe war nach dem Urteil des Verfassers der Pastoralbriefe allerdings legitim und von Nutzen, wie der folgende V 14a bestätigt. Jedoch ebenso legitim war der Verzicht auf eine weitere Heirat, wie dies von den wirklichen Witwen erwartet wird.

> Berücksichtigt man die Aussagen des Paulus zu diesem Thema, von denen man mit Gewissheit annehmen kann, dass sie dem Verfasser bekannt waren, so tritt auch er für jede der beiden Möglichkeiten ein. Paulus schreibt den Korinthern: «Ich aber sage den Unverheirateten und den Witwen: Es ist gut für sie, wenn sie bleiben wie ich. Wenn sie sich aber nicht enthalten können, so sollen sie heiraten; denn es ist besser zu heiraten, als sich in Begierde zu verzehren.» Ebenso schreibt er: «Eine Frau ist gebunden, solange ihr Mann lebt; ist aber der Mann entschlafen, so ist sie frei, sich mit wem sie will zu verheiraten, nur im Herrn. Glückseliger ist sie aber nach meiner Erkenntnis, wenn sie so bleibt.»[331]

Strack III, S. 648, erkennt nun im Hinweis auf die einmalige Heirat der wirklichen Witwe ein Verbot zur Polyandrie, der eine Frau nach dem Tod ihres Mannes frönte. Auf jene Form einer Ehe, bei der diese Frau gleichzeitig mit mehreren Ehemännern lebte, kann nach seiner Meinung das Wort in 1Tim 5,9b allerdings nicht bezogen werden. Denn diese Art von Polyandrie war nämlich im Judentum nicht erlaubt. Strack hält es jedoch als ein Verbot gegen die «verschleierte Polyandrie», bei welcher eine aus nichtigen Gründen, aber rechtmässig geschiedene Frau alsbald eine neue Ehe einging und nach kurzer Zeit eine abermalige Scheidung und Wiederverheiratung zum zweiten, dritten und vierten Mal vollzog. Und eine solche Witwe, die die eheliche Treue in schnöder Weise als

---

330 Auch nach römischer Gesetzgebung mussten Witwen, die unverheiratet blieben, 50 oder 60 Jahre alt sein, also das gebärfähige Alter überschritten haben. Sonst bestand für sie Heiratspflicht.

331 Siehe 1Kor 7,8–9 und 7,39–40.

gering achtete, eignete sich nicht für den Eintrag ins Witwenregister. Denn dieser Eintrag schloss zugleich die Verpflichtung zum Dienst in der Gemeinde ein, der nur im Gehorsam gegenüber dem Evangelium ausgeübt werden konnte. Doch einer Witwe, die in ihrem bisherigen Leben die Heiligkeit der Ehe bedenkenlos missachtete, war das lautere Gelübde zur Ehelosigkeit nicht zuzutrauen und soll der Eintrag ins Witwenregister verweigert werden.

3. Die folgenden Aussagen in V 10 weisen auf die konkreten Werke hin, die nach gültigem Zeugnis und unanfechtbarer Versicherung von der Witwe in ihrem bisherigen Leben vollbracht wurden, so dass sie in dieser Hinsicht als μαρτυρουμένη («wohlbezeugt») gilt. An erster Stelle wird die Erziehung von Kindern erwähnt. Das griechische τεκνοτροφεῖν bezeichnet als neutestamentliches Hapaxlegomenon die Sorge für deren leibliches und geistiges Wachstum.[332] Auffällig ist, dass das für die Frauen charakteristische Kindergebären fehlt, wie es in 1Tim 2,15 und 5,14 vorkommt.[333] Die Aufmerksamkeit richtet sich vielmehr auf die Kindererziehung, der sich diese Witwen widmeten. Das erlaubt die Vermutung, dass dieses Werk nicht eigenen, sondern fremden Kindern galt, die ihrer Fürsorge anvertraut waren.[334]

Das folgende «Gastfreundschaft erweisen» (ξενοδοχεῖν)[335] gilt in den Pastoralbriefen als eine Voraussetzung für das Amt des Episkopen.[336] Doch die Gastfreundschaft soll nach der Ermahnung des Paulus ebenso von allen übrigen Angehörigen der Gemeinde ausgeübt werden. Röm 12,13b enthält seine Anordnung: «Trachtet nach der Gastfreundschaft!» Sie gehört nach Mt 25,35.38 neben dem Speisen und Tränken der Hungernden und Dürstenden, dem Bekleiden der Nackten, dem Aufsuchen der Kranken und Gefangenen zu den christlichen Liebeswerken. Vor allem die das Evangelium verkündigenden Apostel und Missionare waren auf diese Dienstleistung angewiesen.[337]

Die Fusswaschung der Heiligen ist gemäss dem Vorbild Jesu in Joh 13,1–5 ein Zeichen der Bereitschaft zum niedrigsten Dienst, zu dem die wirkliche Witwe an ihren Glaubensgenossen gerufen ist. Calvin bemerkt dazu: «Solche äusserlich schmutzigen und fast sklavischen Diens-

---

332 Siehe Bauer 1958, Sp. 1601.

333 Siehe das dortige τεκνογονία und τεκνογονεῖν.

334 Beachte den diesbezüglichen Hinweis in Dibelius 1966, S. 59.

335 Es handelt sich ebenfalls um ein neutestamentliches Hapaxlegomenon.

336 Siehe φιλόξενος in 1Tim 3,2 und Tit 1,8.

337 Siehe Apg 16,15; Röm 16,23; 3Joh 5–8.

te nahm keine bequeme und verwöhnte Frau auf sich. Die sie aber leistete, bewies eben damit ihre emsige Tüchtigkeit.»[338]

Die Hilfe für die Bedrängten (θλιβόμενοι) galt wahrscheinlich vornehmlich den Armen.[339] Bedrängnisse jeglicher Art sind allerdings ein unvermeidliches Kennzeichen der christlichen Gemeinde,[340] so dass diesbezüglich Hilfeleistungen von Witwen nicht ausgeschlossen sind.

Die Werke der wirklichen Witwen, die ihnen den Eintrag ins Witwenregister ermöglichten, erfolgten an Personen, die nicht mit der Hilfe eigener Angehöriger rechnen konnten. Zu ihnen gehörten Kinder, die ihre Eltern verloren hatten, aber auch Bedürftige und Kranke, denen die Unterstützung und Pflege durch Hausgenossen fehlten. Die wirklichen Witwen haben sich bereits in früheren Lebensjahren für solche Werke zur Verfügung gestellt. Nicht ihre eigenen Interessen waren das vornehmliche Ziel, das sie anstrebten, sondern die Aufmerksamkeit für Menschen, die lebensnotwendige Hilfeleistungen entbehrten. In ihrem vereinsamten Dasein waren sie aber selber auf Unterstützung angewiesen, die ihnen durch die Gemeinde zuteil wurde. In deren Auftrag leisteten sie ihre Dienste für die Bedürftigen und Notleidenden. Damit sie diese aber richtig erfüllen konnten, mussten sie in den Anforderungen, die dazu nötig waren, bewährt sein.

Die Aufnahme ins Witwenregister war ein Akt der Barmherzigkeit. Sie gestattete jedoch nicht, dass diese Frauen zu eigennützigen Geniesserinnen guter Gaben wurden. Denn die dem Menschen verliehene Barmherzigkeit verpflichtet und befähigt ihn seinerseits zu barmherzigen Taten. Auf dieser Grundlage beruht die Verordnung für die wirklichen Witwen. Sie duldet kein falsches Mitleid, das den Missbrauch der empfangenen Gaben zu Faulheit und Protzerei ermöglicht. Die Herrschaft der Barmherzigkeit, die für die christliche Gemeinde verbindlich ist, verhindert jeden Eigennutz. Darin besteht der Zweck der für die Gemeindewitwen gültigen Auswahlkriterien.

Die Aufgabe und Pflicht der jüngeren Witwen (1Tim 5,11–15)

> «11 Jüngere Witwen aber weise ab. Denn wenn sie gegen Christus gierig werden, wollen sie heiraten, 12 wobei sie unter das Urteil fallen, dass sie das erste Versprechen verworfen haben. 13 Zugleich aber auch gewöhnen sie sich, faul in den Häusern umherzuziehen, nicht aber nur faul, sondern auch geschwätzig und neugierig, wobei sie reden, was sich nicht gehört. 14

---

[338] Calvin 1963a, S. 501.

[339] So Schlier in ThWNT III, S. 146, Z. 47.

[340] Siehe Joh 16,33; Apg 14,22; 1Thess 3,1–4.

Ich will nun, dass die jüngeren heiraten, Kinder gebären, das Haus verwalten, wegen Beschimpfung dem Widersacher keinen Anlass geben. 15 Denn schon haben sich etliche abgewendet hinter dem Satan her.»

Die Ausführungen der V 11–15 rechtfertigen die Notwendigkeit der für den Eintrag ins Witwenregister geltenden Bedingungen. Denn sie sind die Reaktion auf Missstände, die bei jüngern Witwen an den Tag getreten sind. Diese standen in der Gefahr, den Anforderungen im Dienst einer Gemeindewitwe, zu dem sie sich verpflichtet hatten, nicht gewachsen zu sein. Ihr Verhalten wird mit den Worten charakterisiert, dass «sie gegen Christus gierig werden» (καταστρηνιάσωσιν τοῦ Χριστοῦ).

Das Verbum καταστρηνιᾶν ist als neutestamentliches Hapaxlegomenon im ganzen griechischen Sprachgebrauch einmalig. Wahrscheinlich handelt es sich um eine Sonderbildung des Verfassers, die er zur Kennzeichnung des Verhaltens dieser Frauen gebildet hat. Die Präposition κατά («gegen») bezeichnet ein gegen Christus sich richtendes Handeln.
Das Simplex στρηνιᾶν übersetzt Menge 1991, S. 641, mit «übermütig sein, üppig leben, schwelgen». C. Schneider (ThWNT III, S. 632–633) erkennt in ihm die Bedeutung von ἀτακτεῖν («unordentlich sein») und τρυφᾶν («heftig entbrennen, gierig sein, sinnlich erregt sein»). In Offb 18,7 charakterisiert es das üppige Treiben des sich selbst verherrlichenden Babylon, das gemäss V 9 von Unzucht begleitet ist.[341] In der LXX ist das Substantiv στρῆνος ein Äquivalent des hebräischen שַׁאֲנָן im Sinn von Hochmut und Übermut. Aufgrund dieser Anwendungen beschreibt στρηνιᾶν ein Verhalten, das heftigen sinnlichen Regungen unterliegt, sich auch in Übermut und Hochmut und sogar, wenn es die Verhältnisse erlauben, in Üppigkeit und Luxus äussert. Es kennzeichnet Menschen, die, getrieben von übermächtigen Gefühlen, sich der ihnen zugewiesenen Ordnung widersetzen.

Jüngere Witwen waren nicht imstande, das Versprechen oder Gelübde zur Ehelosigkeit, wie es der Eintrag ins Witwenregister erforderte, zu leisten. Denn das Verlangen zu heiraten, wie dies ihrer natürlichen Veranlagung entspricht, konnte sie jederzeit überwältigen und veranlassen, ihr Versprechen zu brechen. Doch vor diesem Schritt sollen sie bewahrt werden. Ihre Zurückweisung vom Gemeindedienst diente zu ihrem Schutz. Denn sie wären mit einer Aufgabe belastet worden, der sie nicht gewachsen waren. Ihr Verlangen zur Heirat wäre zum Anlass geworden, sich gegen Christus zu stellen, vor dem sie ihre Treue zu ihrem Dienst

[341] Von der reichen Üppigkeit (στρῆνος) dieser Stadt berichtet ebenfalls Offb 18,3.

versprochen haben. V 12 nennt es das wichtigste Versprechen,[342] das sie nun als ungültig oder wertlos erklären mussten.[343] Und unter ein solches Urteil zu fallen, hatte nicht nur für sie, sondern ebenso für die Gemeinde unliebsame Folgen.

Die weiteren Ausführungen (V 13) berichten jedenfalls keine positiven Erfahrungen, sondern lediglich Vorkommnisse, die das Gegenteil der hilfreichen Absichten darstellen, die mit dem Witwenamt angestrebt wurden. Geschildert wird eine Karikatur der eigentlichen Tätigkeit einer wirklichen Witwe. Man erfährt, dass diese jüngern Witwen in den Häusern umherzogen.[344] Diese Feststellung lässt darauf schliessen, dass diese Häuser der vornehmliche Wirkungsort der Gemeindewitwen waren, wo sie ihre Verpflichtungen ausübten und den Bedrängten, Schwachen und Kranken Hilfe leisteten, vielleicht auch deren Familien und Kinder betreuten. Dabei scheuten sie sich nicht vor unangenehmen und niedrigen Dienstleistungen. Jedoch diese entsagungsvolle Aufgabe wurde von den jüngern Witwen gemieden und verachtet. Faul (ἀργαί) trieben sie sich umher. ᾿Αργός bezeichnet eigentlich ein unnützes Verhalten, das nicht zu einem wirkungsvollen Handeln führt.[345] Diese Lebensweise haben sie sich angewöhnt und sie gleichsam zu ihrem Metier gemacht. Das entsprechende Verbum μανθάνειν («lernen») kann das Einüben einer Tätigkeit bezeichnen, die zur Gewohnheit wird und sogar das Wesen des betreffenden Menschen prägt.[346] Zudem gesellten sich Geschwätzigkeit und Neugierde[347] zu ihrer Faulheit. Diese Witwen mischten sich in fremde Angelegenheiten, die Anlass zu unnötigem und ungehörigem Gerede boten.[348] Roloff 1988, S. 298, vermutet, dass es sich im vorliegenden Fall nicht nur um «Klatsch und Tratsch», sondern um «Gefährlicheres» handelt. Er weist auf die Aussage über die Irrlehrer in Tit 1,11 hin, von denen berichtet wird, dass «sie lehren, was man nicht darf», und mit ihrem Verhalten ganze Häuser durcheinanderbringen. 2Tim 3,6 warnt übrigens vor dem schlechten Einfluss solcher Lehrer auf sündige und

---

342 Ἡ πρώτη πίστις. Πρῶτος hat hier den Sinn von «wichtigstes» oder «vorzüglichstes».

343 Siehe ἀθετεῖν «für ungültig erklären, nicht anerkennen, verwerfen». Bauer 1958, Sp. 40–41.

344 Περιερχόμεναι τὰς οἰκίας.

345 Siehe ThWNT I, S. 452. 2Petr 1,8 erwähnt es neben ἄκαρπος («unfruchtbar»).

346 ThWNT IV, S. 393, Z. 15–29. Die Konjektur von Mangey, die μανθάνουσιν durch λανθάνουσιν («im Geheimen herumlaufen») ersetzt, ist abzulehnen.

347 Siehe φλύαρος und περίεργος.

348 Λαλοῦσαι τὰ μὴ δέοντα («sie redeten, was sich nicht gehört»).

von Begierden getriebenen Frauen. Jeremias macht darauf aufmerksam,[349] dass das griechische περίεργος nicht nur auf die Vorwitzigkeit und Neugierde dieser Witwen hinweist, sondern ebenso auf Angelegenheiten, die die Zauberei betreffen,[350] so dass von ihnen möglicherweise abergläubische Handlungen und Beschwörungen ausgeübt wurden. V 13 bietet allerdings keinen zuverlässigen Grund für derartige Folgerungen. Wenn tatsächlich solche Praktiken vorlagen, hätte dies der Verfasser des Briefes offen ausgesprochen. Und vieles, was diese Frauen redeten, blieb wahrscheinlich nichtiges Geschwätz. Gelegentliche Verbindungen zu Irrlehrern sind jedoch nicht auszuschliessen, wenn man in Betracht zieht, wie eindringlich die Pastoralbriefe vor deren Aktivität warnen.[351] Doch dass diese Witwen Häresien lehrten, ist kaum anzunehmen.

Für junge Witwen, die das Versprechen zu einer dauernden Ehelosigkeit nicht einhalten konnten, war es wegen solch unliebsamer Folgen besser, bei ihrer eigentlichen Bestimmung zu verbleiben. Sie sollen heiraten, Kinder gebären und das Haus verwalten (V 14a). Und dieser Auftrag ist nicht geringer einzuschätzen als die dauernde Witwenschaft. Beide gelten als gleichwertige Gaben Gottes, wie dies von Paulus in 1Kor 7,7–9 dargelegt wird, dessen Anliegen der Verfasser der Pastoralbriefe verficht. Die jungen Witwen sollen die ihnen gegebene Gabe ergreifen und der geschöpflichen Bestimmung ihres Geschlechtes folgen. Sie erfüllen damit nicht nur ihr natürliches Verlangen, sondern ein wesentliches Anliegen des Evangeliums, indem sie durch dieses Werk ihre eigene und die Errettung der Menschheit bezeugen. Missachten sie jedoch ihren Auftrag, würden sie die Gemeinde der Verachtung und Schande aussetzen. Denn Frauen, die ihre Pflichten vernachlässigen, bieten einem feindseligen Gegner (ἀντικείμενος) Anlass zu Schmähung und Lästerung, die das Ansehen der Christen in Verruf bringen.

Βούλομαι («ich will»), womit der Verfasser der Pastoralbriefe die Anordnung in V 14a einleitet, weist auf ein entschlossenes und entschiedenes Wollen hin, das er als eine apostolische Forderung versteht.[352] Der ἀντικείμενος ist der Feind. 'Αντικεῖσθαι heisst «gegenüberliegen» sowie «entgegengesetzt-, feind sein». Im Neuen Testament findet sich lediglich die zweite

349 Jeremias 1965, Band 4, S. 34.

350 Siehe Bauer 1958, Sp. 1282. Τὰ περίεργα πράσσειν heisst in Apg 19,19 «Zauberei betreiben».

351 1Tim 1,3–7; 4,1–3; 2Tim 3,6–9; Tit 1,10–16.

352 ThWNT I, S. 631, Z. 1–3. So auch in 1Tim 2,8 und Tit 3,8.

Bedeutung (ThWNT III, S. 655, Z. 11–15). Und der Feind ist im vorliegenden Fall vornehmlich der feindselige Heide.

Die Hinwendung zum Satan

V 15 schliesst diese Anordnung mit dem Hinweis, dass sich einige von diesen Witwen bereits zum Satan abgewendet haben. Sie waren also weder willig noch bereit, gemäss der Wahrheit des Evangeliums zu leben. Vielmehr sind sie zu deren Widersachern und Feinden geworden. Sie haben, wie es durch das Verbum ἐξετράπησαν («sich abwenden») angezeigt wird, einen Richtungswechsel vollzogen, weg von Christus, zum Satan hin. Ihm hangen sie mit derselben Intensität an, wie sie Christus für sich beansprucht. Die Vokabel ὀπίσω («hinter») ist in der vorliegenden Verbindung mit dem Satan im Neuen Testament einmalig. Sie dient ihm vielmehr zur Bezeichnung der Zugehörigkeit zu Jesus Christus. Der Ruf in seine Nachfolge, den seine zwei ersten Jünger, Simon Petrus und Andreas, vernehmen, lautet: «Auf, hinter mich!»,[353] und er vereint sie untrennbar mit seinem Geschick. Denn wie er trägt der Jünger sein Kreuz. Dementsprechend bemerkt Jesus: «Wer nicht sein Kreuz trägt und hinter mir geht, kann nicht mein Jünger sein.» (Lk 14,27) Auch schliesst diese Nachfolge die dauernde Zugehörigkeit ein, die keinen Rückzug erlaubt. Denn «niemand, der seine Hand an den Pflug legt und zurückblickt, ist tauglich für das Reich Gottes» (Lk 9,62).

Mit ihrem Verhalten betrieben diese Frauen die Schädigung und Zerstörung der Gemeinde. Irgendwelche konkrete Handlungen werden allerdings nicht berichtet. Aber sie strebten den Praktiken des Satans nach, die sich ausnahmslos gegen Gott und sein Evangelium wandten.

Der Satan sinnt gemäss dem Drohwort Jesu an Petrus nicht, was von Gott, sondern von den Menschen ist (Mt 16,23; Mk 8,33). Von dieser Voraussetzung her betreibt er sein Werk als Verführer, der seine Schlinge um seine Opfer legt oder sie in seine Falle lockt und gefangen nimmt (1Tim 3,7; 2Tim 2,26), wobei er sich in seiner Arglist sogar in einen Engel des Lichts verwandelt (2Kor 11,14). Bei dieser Bestreitung und Verleugnung der Wahrheit des Evangeliums erweist er sich allerdings nicht als ein ebenbürtiger Rivale Gottes, der über eine eigene souveräne Macht verfügt. Sondern er handelt in göttlicher Vollmacht.[354] Sie gestattet ihm, die Wahrhaftigkeit der Glaubenden zu prüfen. Doch seine Prüfungen bewegen sich gemäss Hiob 1,12 und 2,6 innerhalb der ihm von Gott gesetzten Grenzen.

---

353 Δεῦτε ὀπίσω μου (Mt 4,19; Mk 1,17).

354 Apg 26,18 spricht von seiner ἐξουσία, also einer ihm verliehenen Gewalt.

Hier vollzieht der Satan eine strafende und erziehende Funktion, die letztlich nicht dem Untergang, sondern der Errettung dient.[355]

Die Bereitschaft zur Barmherzigkeit (1Tim 5,16)

> «16 Wenn eine Glaubende Witwen hat, soll sie ihnen Unterstützung leisten, und die Gemeinde soll nicht belastet werden, damit sie den wirklichen Witwen Unterstützung leiste.»

Diese letzte Anordnung richtet sich an Frauen,[356] die Witwen aus eigenen Mitteln Hilfe gewähren. Diese fanden wahrscheinlich keine Möglichkeit zu einer weiteren Heirat und mussten nach damaliger Gepflogenheit Familienangehörige um Aufnahme und Unterstützung angehen. Die Unterstützung, die eine gläubige Frau (πιστή) solchen Witwen leistete, folgte dem in V 8 festgehaltenen Grundsatz, dass jeder, der für seine Hausgenossen nicht sorge, seinen Glauben verleugne und schlimmer als ein Ungläubiger sei. Eine Gläubige ist also verpflichtet, diesen Dienst gemäss ihrem Vermögen zu erfüllen. Die Anordnung wurde vom Verfasser des Briefes wohl deshalb getroffen, weil es Bestrebungen gab, solche Witwen der Fürsorge der Gemeinde zu überweisen. Doch dies galt es zu verhindern. Die Aussage «die Gemeinde soll nicht belastet werden, damit sie den wirklichen Witwen Unterstützung leiste» macht darauf aufmerksam, dass sie dadurch in ihren Hilfeleistungen überfordert wäre, und dies zuungunsten der wirklichen Witwen, die wegen ihrer Armut nicht vernachlässigt oder übersehen werden dürfen.[357]

Die Absicht der Witwenverordnung in 1Tim 5,3–16

Diese Verordnung will der in der damaligen Zeit verbreiteten Not der Witwen entgegentreten. Denn als Vorsteher von christlichen Gemeinden darf Timotheus die Anklagen Jesu gegen die Schriftgelehrten wegen der Missachtung und Misshandlung dieser Frauen nicht überhören.[358] Sondern er hat den göttlichen Willen zu beachten, der bereits dem Volk

---

[355] Siehe 1Tim 1,20; 1Kor 5,5; 2Kor 12,7.

[356] Die Variante πιστὸς ἤ, die neben Frauen auch Männer erwähnt, ist gemäss der Überlieferung als spätere Einfügung zu betrachten und kann vernachlässigt werden.

[357] Man beachte die Bemerkung Calvins: «Ein Gläubiger aber, der in eigennützigem Sinn auf die Gemeinde abwälzt, was er leisten sollte, tut eine schwere Sünde.» (Calvin 1963a, S. 505)

[358] Mk 12,38–40 parr.

Israel die Fürsorge zu ihren Gunsten aufgetragen hat.[359] Jesus schliesst sich dieser Forderung an und damit wird sie zu einem Anliegen des von der christlichen Gemeinde verkündigten Evangeliums. Diese Massnahmen, die der Verfasser des 1. Timotheusbriefes anordnet, stehen in einer engen Verbindung mit der Funktion, die die Frau als Hausverwalterin innehat und die vom Wirken der Ehegattin und Mutter geprägt sind. Deshalb gilt für eine Witwe, die in ihrer Familie lebt, der Grundsatz, dass sie sich in erster Linie der Betreuung und Erziehung ihrer Kinder und Enkel widme. Sie erfüllt diese Aufgabe in der Anerkennung und Dankbarkeit gegenüber ihren eigenen Eltern und Grosseltern, die ihr diese Gunst in ihrer Kindheit erwiesen haben. Jeder Mensch wird als Kind seiner Eltern geboren und gewinnt in der häuslichen Gemeinschaft unter deren Obhut und Fürsorge seine Selbstständigkeit. Diese Ordnung bestimmt gemäss den Pastoralbriefen das Leben der einander folgenden Generationen und hat auch für die Witwe Gültigkeit. «Wenn aber jemand für die Seinigen und hauptsächlich die Hausgenossen nicht sorgt, hat er den Glauben verleugnet und ist schlimmer als ein Ungläubiger.» Innerhalb dieser Voraussetzung vollzieht sich das Wirken einer Witwe, die mit ihren Kindern und Angehörigen in ihrer Familie lebt.

Die Verordnung richtet aber den Blick hauptsächlich auf die «wirkliche Witwe», die ohne Verwandtschaft in ihrer Einsamkeit über keine sichere Hilfe verfügt und der wegen ihres fortgeschrittenen Alters jede Aussicht auf eine nochmalige Heirat verwehrt bleibt. Ihre notvolle Lage erfordert von ihr, ihre Hoffnung völlig auf Gott zu setzen, der ihr einziger Zufluchtsort ist. Damit wird sie für die Gemeinde zu einem Beispiel echten Glaubens, der von der Zuwendung der göttlichen Gnade lebt. Für sie tritt die Gemeinde mit ihrer Fürsorge ein. Diese Unterstützung verpflichtet sie jedoch zu guten Werken, durch die sie sich schon in früheren Jahren bewährt hat. Ihre Dienste übt sie in den Häusern der Gemeinde aus und leistet damit ihren Beitrag zu deren Aufbau. Sie verrichtet sie also im Rahmen der von der Frau zu vollziehenden Hausverwaltung. Die Unterstützung, die sie geniesst, liefert ihr somit nicht nur den lebensnotwendigen Unterhalt, sondern erweckt in ihr den Eifer zur Barmherzigkeit. Sie wird damit zur Zeugin für die Menschenfreundlichkeit Gottes, sowohl für die christliche Gemeinde als auch für die jüdische und heidnische Umwelt.

Hand in Hand mit dieser Tatsache erfolgt aber die strikte Ablehnung jedes Missbrauchs der gewährten Fürsorge. Jüngere Witwen, die aufgrund unliebsamer Erfahrungen zu Nachlässigkeit, Schmarotzerei,

---

359 Dtn 14,28–29; 24,17.19–21; 26,12–13.

Neugierde und Geschwätzigkeit neigen, wird die Aufnahme ins Register der wirklichen Witwen verweigert. Sie sollen vielmehr an ihre eigentliche Aufgabe als Ehefrau, Mutter und Hausverwalterin erinnert werden und wieder heiraten, wie dies der allgemeinen Regel entspricht, die auch bei Juden und Heiden vorherrschend ist. Ebenso wird jedermann ermahnt, Witwen aus seiner Familie und Verwandtschaft aus eigenen Mitteln zu versorgen und nicht die Gemeinde zu belasten. Denn die Barmherzigkeit, die diese an Notleidende leistet, darf nicht zu privaten Interessen missbraucht werden. Sie erlaubt keine Machenschaften, die Begehrlichkeit und Eigennutz fördern. Sondern sie orientiert sich an der Gerechtigkeit. Wer Hilfe erfährt, wird unverzüglich zur Hilfe gegenüber seinem bedürftigen Nächsten aufgefordert und in Dienst genommen. Denn die christliche Gemeinde darf kein Schmarotzertum unter der Flagge der Barmherzigkeit dulden. Sie will vielmehr, dass jeder seine Aufgabe gemäss seinen Begabungen ergreife und mit Eifer ausübe. Träge Faulheit und verschwenderischer Genuss passen nicht zum Evangelium. Indem die Witwenverordnung des 1. Timotheusbriefes diesen Grundsatz deutlich erkennen lässt, wird sie für jede Art von Unterstützung, die die christliche Gemeinde leistet, wegweisend sein.

IX Schlussbetrachtung

1. Der hohe Wert von Ehe und Elternschaft für die christliche Gemeinde

Die Pastoralbriefe fassen das Ziel der Botschaft des Evangeliums in die Worte «dass alle Menschen gerettet werden» und bezeichnen damit die eschatologische Ausrichtung, welche die Verkündigung der christlichen Kirchen prägt. Diese Ausrichtung beinhaltet aber keine Vertröstung auf das Jenseits, die dem Ungenügen und der Not der Welt entflieht. Sondern sie ist bestrebt, innerhalb der Gemeinde Zustände zu schaffen, die der Verheissung des Evangeliums angemessen sind. Dem alttestamentlichen Israel folgend gilt sie als das Eigentumsvolk (Tit 2,14) Gottes, das er zu seinem Dienst ausrüstet, um der Menschheit anzuzeigen, dass sie nicht ihr Untergang, sondern ihre Errettung erwartet. Aufgrund dieses Auftrags fragen die Pastoralbriefe nach der Funktion von Mann und Frau, wie sie ihnen durch Gott übergeben worden ist. Er hat sie als Partner zusammengefügt, damit sie die Erde als das ihnen übergebene Territorium gestalten. Und er hat sie dazu bestimmt, dass sie innerhalb ihrer Familie und Angehörigen in ihrem Haus oder Wohnbereich leben, den sie gemeinsam verwalten. Hier gebiert die Frau ihre Kinder, die die Bausteine für die Zukunft der Menschheit darstellen. Deren Erziehung ist aber die Aufgabe beider Eltern. Sie ist durch die Ausrichtung auf die in Jesus Christus erschienene Gnade geprägt, die den Menschen instand setzt, den göttlichen Geboten und Anweisungen zu folgen, die ihn zu einem vernünftigen, gerechten und hilfreichen Urteilen und Handeln führen.

Diese errettende Gnade überlässt den heranwachsenden Menschen, der in seiner kindlichen Unerfahrenheit und Schwachheit verloren wäre, nicht einem unberechenbaren Schicksal. Sondern er soll unter der Obhut von Vater und Mutter, denen er sein irdisches Leben verdankt, aufwachsen. Sie sind dazu bestimmt, ihm durch ihre Gegenwart und Nähe jene Zuneigung und Liebe zu vermitteln, die durch keine fremden Personen oder institutionellen Einrichtungen zu ersetzen sind. Einzig durch die göttliche Vaterliebe können sie übertroffen werden. Wo immer Kinder die Liebe ihrer Eltern entbehren müssen, weil sie ihnen durch unglückliche und widrige Umstände entfremdet oder entrissen wurden, kann dieser Verlust nur behoben werden, wenn die an deren Stelle tretenden Personen um die echte Elternliebe Bescheid wissen und so, wie es ihnen möglich ist, ersetzen, was ihnen fehlt.

Die Pastoralbriefe treten mit Nachdruck dafür ein, dass die christliche Gemeinde diese Ordnung anerkennt und um deren Aufrechterhaltung besorgt ist. Ein unübersehbares Indiz dafür ist, dass die Presbyter und Diakone als leitende Personen dies durch ihre eigene Lebensführung bezeugen. Die Ehe soll ihnen heilig sein und ebenso das Wohlergehen ihrer Kinder sowie die Verwaltung des eigenen Hauses. Gleiches gilt auch für die Witwen, die durch die Gemeinde zu Hilfeleistungen in den einzelnen Häusern eingesetzt werden. Die Pastoralbriefe halten am Grundsatz fest, dass keine morsche oder korrupte Person mit einem kirchlichen Amt beauftragt werden darf. Denn die errettende Gnade erlaubt keine Machenschaften, die dem Geist des Evangeliums zuwiderlaufen. Deshalb sind die Gemeindeleiter verpflichtet, jeder Tendenz, die Ehe und Familie gering schätzt oder sie beseitigen will, entgegenzutreten. Damit würde die für die Kinder heilsame Lebensgrundlage zerstört und die Hoffnung auf die ihnen durch Gott verheissene Errettung und Bewahrung verdunkelt. Es ist somit der Kirche verwehrt, den hohen Wert der Ehe und Elternschaft infrage zu stellen, die eine für diese irdische Zeit unentbehrliche Ordnung darstellen.

2. Mann und Frau als gleichwertige Partner

Zahlreiche Kommentatoren erkennen in den Pastoralbriefen die in der Antike vorherrschende Ansicht von der Minderwertigkeit der Frau im Vergleich zu dem ihr überlegenen Mann. Ersichtlich werde diese Tatsache im gottesdienstlichen Predigtverbot. Sodann im schmerzlichen Kindergebären, das die Frau als Strafe wegen der Übertretung des göttlichen Gebots zu erdulden habe, die sie der Herrschaft des Mannes unterwirft. Doch die vorliegende Untersuchung erkennt in der alttestamentlichen Aussage von Gen 3,16 nicht vor allem eine Bestrafung, sondern die göttliche Bewahrung, die sie erneut mit dem Mann verbindet, der ihr gemäss Gen 3,20 den Ehrennamen Eva, d. h. «Mutter aller Lebenden», gibt. Sie wird für die Menschheit zu einem Zeichen ihrer Errettung. Die ursprüngliche Verbindung mit dem Mann, die weiterhin besteht, prägt ihr Leben bei allen ihren Aktionen. Ihre Zusammengehörigkeit ist im göttlichen Schöpfungsakt begründet, der beide als gleichwertige Partner gebildet und zusammengefügt hat. Dies wird auch durch neutestamentliche Berichte bestätigt.[360] So wird denn bei Jesus, in dessen Wirken sich die Erneuerung der Schöpfung anzeigt, keine Ge-

---

360 Siehe Mt 19,4–6; Mk 10,6–8; 1Kor 11,11–12.

ringschätzung der Frau sichtbar. Frauen begleiten ihn bei seiner Tätigkeit und nehmen an seinem Geschick bis zu seinem Sterben am Kreuz Anteil. Und Frauen sind die ersten Zeuginnen seiner Auferstehung von den Toten. Dementsprechend wird in den christlichen Gottesdiensten im Gegensatz zur Synagoge der Frau nicht ein marginaler Platz zugewiesen. Vielmehr soll sie neben dem Mann vollen Anteil an der verkündigten Lehre erhalten. Sie wird sogar, wie 1Tim 5,9–10 darlegt, mit einem öffentlichen Fürsorge- und Helferamt, also einer amtlichen Funktion ausgestattet. Jedoch das gottesdienstliche Predigt- und Lehramt blieb ihr verwehrt. Dahinter stand gemäss den Pastoralbriefen die Absicht, sie bei ihrer ursprünglichen Funktion des Kindergebärens und der Hausverwaltung festzuhalten. Zusätzlich wurde diese Einschränkung fatalerweise auch in den Kirchen während langer Jahrhunderte immer wieder mit einer intellektuellen und charakterlichen Minderwertigkeit begründet, die sie für diesen Dienst untauglich mache. Doch das konnte nicht für alle Zeiten aufrechterhalten werden, sondern musste schliesslich der seit der Schöpfung gültigen Tatsache der Zusammengehörigkeit von Mann und Frau als zwei gleichwertigen Partnern weichen. Die Übernahme öffentlicher Funktionen und weiterer Tätigkeiten, die bisher allein dem Mann vorbehalten waren, ist deshalb möglich geworden.

Dennoch wird die Frau ihre ursprüngliche Bestimmung, «Mutter aller Lebenden» zu sein, nicht ablegen. Die Existenz der Menschheit ist ja an diese Tatsache gebunden, und keine zukünftige Entwicklung kann sie beseitigen. Allerdings werden und müssen nicht alle Frauen die Bereitschaft bekunden, Mutter zu werden. Jedoch ein ansehnlicher Teil bleibt dabei, weil der Mensch diese von Gott eingesetzte Ordnung nicht aufheben kann. Und obwohl jede göttliche Verfügung verheissungsvoll ist, trifft dies für das Kindergebären in besonderem Mass zu. Denn jedes neugeborene Kind ist ein Hinweis, dass Gott die Menschheit erhalten will. Und die Hausverwaltung und Erziehung, die die Frau mit dem Mann vollzieht, gehören zu den wertvollsten Beiträgen zur Gestaltung der Zukunft. Deshalb sollen sie diesen Auftrag zuversichtlich ergreifen, weil er ein lohnendes Werk ist.

Bibliografie

Biblische, apokryphe und urchristliche Texte

Nestle-Aland: «Novum Testamentum Graece». Deutsche Bibelgesellschaft, Stuttgart, 2006

A. Huck: «Synopse der drei ersten Evangelien». J. C. B. Mohr, Tübingen, 1950

K. Elliger, W. Rudolph: «Biblia Hebraica Stuttgartensia». Deutsche Bibelgesellschaft, Stuttgart, 1990.

A. Rahlfs: «Septuaginta». Deutsche Bibelgesellschaft, Stuttgart, 1979

R. Weber: «Biblia sacra iuxta Vulgatam versionem». Deutsche Bibelanstalt, Stuttgart, 1984

E. Nestle: «Novum Testamentum Latine» (Textum Vaticanum). Württembergische Bibelanstalt, Stuttgart, 1954

«Zürcher Bibel». Theologischer Verlag Zürich, Zürich, 2007

«Die Bibel oder die ganze Heilige Schrift des Alten und Neuen Testaments». Nach der Übersetzung Martin Luthers. Württembergische Bibelanstalt, Stuttgart, 1969

«La Bible» (traduction oecuménique). Société biblique française. Les éditions du cerf, Paris, 1988

«The Holy Bible». University Press, Oxford

Kautsch 1994: E. Kautsch «Die Apokryphen und Pseudepigraphen des Alten Testaments»,2 Bände. Wissenschaftliche Buchgesellschaft, Darmstadt, 1994

Fischer 1993: J. A. Fischer «Die Apostolischen Väter», Band 1. Wissenschaftliche Buchgesellschaft, Darmstadt, 1993

Konkordanzen

G. Lisowsky: «Konkordanz zum hebräischen Alten Testament». Deutsche Bibelgesellschaft, Stuttgart, 1981

E. Hatch, H. A. Redpath: «A concordance to the Septuagint». Akademische Druck- und Verlangsanstalt, Graz, 1975

W. F. Moulton: «A concordance to the Greek Testament». T & T Clark, Edinburgh, 1970

Wörterbücher, Grammatiken und Lexika

ThWAT: «Theologisches Wörterbuch zum Alten Testament», 10 Bände. W. Kohlhammer, Stuttgart, 1970–2000

THAT: «Theologisches Handwörterbuch zum Alten Testament», 2 Bände. Theologischer Verlag Zürich, Zürich, 1971/1976

ThWNT: «Theologisches Wörterbuch zum Neuen Testament», 10 Bände. W. Kohlhammer, Stuttgart, 1933–1979

Köhler 1958: L. Köhler, «Lexicon in Veteris Testamenti libros». E. J. Brill, Leiden, 1958

Bauer 1958: W. Bauer, «Griechisch-deutsches Wörterbuch zu den Schriften des Neuen Testaments und der übrigen urchristlichen Literatur». Alfred Töpelmann, Berlin, 1958

Liddell 1996: H. G. Liddell, «Greek-English Lexicon». Clarendon Press, Oxford, 1996

Menge 1991: A. Menge, «Wörterbuch Griechisch – Deutsch». Langenscheidt, Berlin, 1991

Georges 1992: K. E. Georges, «Lateinisch-deutsches Handwörterbuch», 2 Bände. Hahnsche Buchhandlung, Hannover, 1972.

Kluge 1967: F. Kluge, «Etymologisches Wörterbuch der deutschen Sprache». Walter de Gruyter, Berlin, 1967

Blass 1970: F. Blass, «Grammatik des neutestamentlichen Griechisch». Vandenhoeck und Ruprecht, Göttingen, 1970

RGG: «Die Religion in Geschichte und Gegenwart», 3. Auflage, 7 Bände. J. C. B. Mohr, Tübingen, 1957–1965

Der Kleine Pauly: 1979: «Lexikon der Antike», 5 Bände. Deutscher Taschenbuchverlag, München, 1979

Zitierte theologische Werke, Schriften zur Kirchengeschichte, Kommentare und Aufsätze

Bullinger 2004: H. Bullinger, «Schriften», Band 1. Theologischer Verlag Zürich, Zürich, 2004

Bultmann 1961: R. Bultmann, «Theologie des Neuen Testaments». J. C. B. Mohr, Tübingen, 1961

Calvin 1963a: J. Calvin, «Auslegung der Heiligen Schrift», Bd. 17. Neukirchener Verlag des Erziehungsvereins, Neukirchen-Vluyn, 1963

Calvin 1963b: J. Calvin, «Unterricht in der christlichen Religion». Neukirchener Verlag des Erziehungsvereins, Neukirchen-Vluyn, 1963

Conzelmann 1969: H. Conzelmann, «Der erste Brief an die Korinther». Vandenhoeck und Ruprecht, Göttingen, 1969

Dautzenberg 1983: G. Dautzenberg, «Die Frau im Urchristentum». Herder, Freiburg i. Br., 1983

Deissmann 1923: A. Deissmann, «Licht vom Osten». J. C. B. Mohr, Tübingen, 1923

Dibelius 1909: M. Dibelius, «Die Geisterwelt im Glauben des Paulus». Vandenhoeck und Ruprecht, Göttingen, 1909
Dibelius 1966: M. Dibelius, «Die Pastoralbriefe». J. C. B. Mohr, Tübingen, 1966
Gunkel 1977: H. Gunkel, «Genesis». Vandenhoeck und Ruprecht, Göttingen, 1977
Harnack 1902: A. von Harnack, «Die Mission und Ausbreitung des Christentums in den ersten drei Jahrhunderten». J. C. Hinrich'sche Buchhandlung, Leipzig, 1902
Harnack 1928: A. von Harnack, «Κόπος im frühchristlichen Sprachgebrauch». In: Zeitschrift für Neutestamentliche Wissenschaft 27, 1 ff, 1928
Hasler 1978: V. Hasler, «Die Briefe an Timotheus und Titus». Theologischer Verlag Zürich, Zürich, 1978
Hempel 1955/56: J. Hempel, «Der Symbolismus von Reich, Haus und Stadt in der biblischen Sprache». In: Wissenschaftliche Zeitschrift der Ernst Moritz Arndt-Universität Greifswald 5, 1955/56, 123–130
Jeremias 1965: J. Jeremias, «Die Briefe an Timotheus und Titus». Das Neue Testament Deutsch, Band 4. Vandenhoeck und Ruprecht, Göttingen, 1965
Katechismus 1993: «Katechismus der katholischen Kirche». Oldenbourg Verlag, München, 1993
Michel 1955: O. Michel, «Der Brief an die Römer». Vandenhoeck und Ruprecht, Göttingen, 1955
Rad 1958: G. von Rad, «Das erste Buch Mose» (Genesis). Vandenhoeck und Ruprecht, Göttingen, 1958
Rad 1961: G. von Rad, «Theologie des Alten Testaments», Bd. 1. Christian Kaiser, München, 1961
Roloff 1988: J. Roloff, «Der erste Brief an Timotheus». Benziger / Neukirchener, Zürich, 1988
Schlatter 1971: A. Schlatter, «Die Geschichte der ersten Christenheit». Wissenschaftliche Buchgesellschaft, Darmstadt, 1971
Strack 1969: H. L. Strack und B. Billerbeck, «Kommentar zum Neuen. Testament aus Talmud und Midrasch», 6 Bände. C. H. Beck, Munchen, 1969
Weiss 1977: J. Weiss, «Der erste Korintherbrief». Vandenhoeck und Ruprecht, Göttingen, 1977
Zscharnack 1902: L. Zscharnack, «Der Dienst der Frau in den ersten Jahrhunderten der christlichen Kirche». Vandenhoeck und Ruprecht, Göttingen, 1902

Texte und Werke zur Dichtung, Philosophie, Gesellschaft und Geschichte

Aristoteles 1967: Aristoteles, «Die Nikomachische Ethik». Artemis, Zürich, 1967

Aristoteles 1971: Aristoteles, «Politik». Artemis, Zürich, 1971

Beauvoir 1968: S. de Beauvoir, «Das andere Geschlecht». Rowohlt, Hamburg, 1968

Gardner 1995: J. F. Gardner, «Frauen im antiken Rom». C. H. Beck, München, 1995

Homer 1994: Homer, «Odyssee». Artemis und Winkler, Zürich, 1994

Homer 1994: Homer, «Ilias». Artemis und Winkler, Zürich, 1994

Josephus 1982: F. Josephus, «Der jüdische Krieg», 4 Bände. Kösel, München, 1982

Josephus 1998: F. Josephus, «Jüdische Altertümer» («Antiquitates»), Wiesbaden, 1998

Leipoldt 1955: J. Leipoldt, «Die Frau in der antiken Welt und im Urchristentum». Koehler und Amelong, Leipzig, 1955

Musonius 1994: Epiktet, Teles, Musonius. Ausgewählte Schriften. Artemis und Winkler, Zürich, 1994

Ovid 2011: Ovid, «Ars amatoria/Liebeskunst». Sammlung Tusculum. Berlin, 2011

Plato: «Platonis Opera», 5 Bände. Oxford University Press, Ely House, London, 1973–1975

Plutarch 2002: Plutarch, «Moralia», 2 Bände. Harvard University Press, Cambrigde, 2002

Pomeroy 1985: S. B. Pomeroy, «Frauenleben im klassischen Altertum». A. Kröner, Stuttgart, 1985

Sartre 1970: J.-P. Sartre, «L’existentialisme est un humanisme». Les éditions Nagel, Paris, 1970

Vorsokratiker 1989: «Die Fragmente der Vorsokratiker», 3 Bände. Weidmann, Zürich, 1989